AUGUSTE COMTE
MÉCONNU

AUGUSTE COMTE
CONSERVATEUR

EXTRAITS DE SON ŒUVRE FINALE

(1851-1857)

> Les dignes théoriciens doivent systématiquement consacrer la sagesse spontanée des meilleurs praticiens de tous les temps, en reconnaissant que, aujourd'hui comme toujours, et même plus que jamais, il n'existe, au fond, que deux partis réels : celui de l'ordre et celui du désordre ; les conservateurs et les révolutionnaires.
>
> Auguste Comte, 1857.

PARIS
LIBRAIRIE H. LE SOUDIER
174, Boulevard Saint-Germain

1898

AUGUSTE COMTE

CONSERVATEUR

TOURS. — IMPRIMERIE DESLIS FRÈRES

AUGUSTE COMTE
MÉCONNU

AUGUSTE COMTE
CONSERVATEUR

EXTRAITS DE SON ŒUVRE FINALE

(1851-1857)

> Les dignes théoriciens doivent systématiquement consacrer la sagesse spontanée des meilleurs praticiens de tous les temps, en reconnaissant que, aujourd'hui comme toujours, et même plus que jamais, il n'existe, au fond, que deux partis réels : celui de l'ordre et celui du désordre ; les conservateurs et les révolutionnaires.
>
> Auguste Comte, 1857.

PARIS
LIBRAIRIE H. LE SOUDIER
174, BOULEVARD SAINT-GERMAIN

1898

PRÉFACE

> La soumission est la base du perfectionnement.
> Auguste COMTE.

Ces pages immortelles ont été écrites il y a plus de quarante ans. Cependant elles sont restées inconnues du public. La « conspiration du silence » organisée de son vivant autour d'Auguste Comte dure-t-elle toujours ? On parle maintenant beaucoup de lui, en volumes, en brochures, voire dans les journaux et les revues dont deux lui furent spécialement consacrées. Mais, étrangeté des choses humaines, l'épidémie cérébrale, résultée de l'empoisonnement de l'esprit public par deux érudits, est devenue si universelle; telle est la débilité mentale et morale de notre société décomposée, suite trop naturelle de la maladie révolutionnaire, que le « vrai » Auguste Comte est aussi méconnu qu'il l'était à sa mort.

Le « nouveau maître du savoir », plus grand encore de cœur que d'esprit, le seul parmi les penseurs modernes qui soit resté dans la filiation catholique, l'émule de saint Paul, de saint Bernard, de saint François, de saint Ignace, eut le malheur de posséder deux disciples qui ne lui ressemblaient guère : l'un, « de nature incurablement *protestante* »; l'autre, sceptique, corrupteur de la jeunesse. Après sa mort prématurée, tous deux s'acquirent quelque célébrité en commentant l'œuvre restée inachevée. Ils la ravalèrent à leur niveau intellectuel et moral, en laissant essentiellement ignorer les principales notions du positivisme, religieux, moral, esthétique, théorique et pratique, et en dénaturant les autres. *Ils ont revêtu la vérité de la robe du mensonge.*

L'abominable et hideuse caricature qu'ils en firent l'un et l'autre peut seule expliquer comment Auguste Comte, le conservateur le plus systématique, le plus fécond, dont l'œuvre est seule susceptible de grouper en un faisceau compact le parti de l'ordre, reste encore confondu, aux yeux du public, quarante ans après sa mort, dans la foule des rêveurs subversifs dont le facile succès fit la honte du XIXᵉ siècle.

Tous deux firent profession de l'honorer, de l'aimer même ; ils se dirent chargés de continuer l'œuvre. Et c'est peut-être pour le mieux servir que l'un, avec une franchise brutale, le taxa ouvertement de « folie », que l'autre, plus hypocrite, jugea la fin de sa vie remplie « d'illusions ».

Folie ! Illusions ! Mais que de grandeur dans ces illusions ! Quelle folie sublime !

Folie identique à celle de ses immortels précurseurs du moyen âge, qui, eux aussi, rêvaient le genre humain mieux discipliné, dépouillé de ses imperfections sans nombre.

Renouant la chaîne des temps qui paraissait rompue, leur successeur, embrasé du même amour, restaure les splendeurs de l'âge le plus heureux de l'humanité. Il leur infuse une vie nouvelle, avec une doctrine appropriée à sa destination, dans une situation plus favorable et dans un milieu mieux préparé.

Ouvrant des sépulcres séculaires, il ressuscite la chevalerie, le culte de la femme, la vénération, la tendresse, la piété, le dévouement, la primauté du pouvoir spirituel sur le pouvoir temporel, — condition primordiale de toute dignité, de toute liberté, de toute indépendance. — Dominant l'esprit de détail, principal fléau du siècle actuel, par le génie d'ensemble ; subordonnant l'esprit au cœur ; érigeant le sexe affectif en providence morale de notre espèce ; réglant, comme le moyen âge, la vie humaine d'après le sentiment, il brise à jamais le prestige fallacieux, l'orgueilleuse et stérile domination d'une vaine science, anarchique et perturbatrice, qui, n'ayant su rien fonder, assiste, impuissante et indifférente, aux tourmentes qu'elle a déchaînées, trônant sur les ruines dont son règne a couvert le monde.

Réunir les partisans de l'ordre contre ceux du désordre ;
Les disciplinés contre les révoltés ;
Les silencieux contre les discoureurs ;
Les humbles contre les superbes ;
Les réservés contre les agités ;
Ceux qui résistent contre ceux qui poussent à la désorganisation ;

Ceux qui dirigent et ceux qui mettent leur dignité à être dirigés contre les brouillons incurables, également incapables de conduire et d'être conduits ;

Tous ceux qui, acceptant le joug salutaire du passé, se soumettent volontairement à une règle, personnelle, domestique et civique, contre tous ceux qui, abandonnés à leur sens propre, suivent les impulsions de leurs passions aveugles, épuisent leurs forces dans la poursuite de vains remaniements temporels ;

Ceux qui gémissent du dérèglement universel contre ceux *qui dirigent les cornes insolentes d'une fausse liberté* envers tout ce qui est saint et respectable ;

Réunir, en un mot, tous ceux qui ont une religion contre tous ceux qui n'en ont pas, afin de former une force collective irrésistible, capable de réagir profondément sur les destinées de l'Occident.

Telles furent les préoccupations d'un Maître vénéré dans les dernières années de sa vie, préoccupations arrivées à maturité en 1857, où la mort vint briser prématurément de si grands projets, éclipsant pour longtemps de nouveaux horizons d'espérance [1].

Préparer le terrain pour cette noble Ligue religieuse, seule capable de sauver l'Occident de l'immense désordre dont il est menacé ; faire voir à tous que le positivisme y a sa place marquée ; initier le public à quelques-unes des graves et fortes leçons, torrent d'idées, neuves, profondes, consolantes, jaillissant, comme d'une source féconde, de l'œuvre finale d'Auguste Comte, tel est le but de cette compilation.

[1] Voir dans sa correspondance, qui va être publiée incessamment, les lettres de 1857.

Ce n'est point un exposé de sa doctrine : un seul chapitre complet, à titre de spécimen, de la façon dont Auguste Comte traite des questions morales et sociales ; soixante-quinze morceaux détachés, pris presque au hasard, sur la religion, la morale, la politique, l'histoire, etc., dont aucun n'est banal, qui ne ressemblent en rien à l'étrange jargon des prétendus « sociologues » du jour, ni à celui de ses soi-disant disciples.

C'est une lecture sérieuse, qui demande à être faite avec attention. Mais comme on est récompensé d'un léger effort par des fruits abondants et délicieux !

Auguste Comte a construit un boulevard inexpugnable et forgé des armes invincibles contre les sophistes anciens et modernes, pour la défense des institutions fondamentales de toute société, résultant directement de notre immuable nature : religion, gouvernement, famille, propriété.

Remontant à la source, alors inaperçue, de toute anarchie intellectuelle et morale, il dénonçait, il y a plus de soixante ans, la science pure, la science officielle, la science académique, comme le siège du principal désordre, le foyer de corruption, d'où émanait le funeste dérèglement des intelligences contemporaines.

L'esprit de révolte sous toutes ses formes ne sera dompté, l'irruption anarchique du délire occidental enrayée, un ténébreux matérialisme à jamais éteint, les dangers universels de l'irréligion ne seront conjurés que par l'œuvre de salut du noble génie, persécuté, privé de ses moyens d'existence par le monde savant dont il dépendait, mort il y a quarante ans dans une navrante pauvreté, mort obscur, délaissé, méconnu.

Fait le 1er centenaire d'Auguste Comte.

L. K.,

l'un des exécuteurs testamentaires d'Auguste COMTE.

AUGUSTE COMTE
CONSERVATEUR

1851

I

L'esprit positif, longtemps borné aux plus simples études, n'ayant pu s'étendre aux plus éminentes que par une succession spontanée de degrés intermédiaires, chacune de ses nouvelles acquisitions a dû s'accomplir d'abord sous l'ascendant exagéré des méthodes et des doctrines propres au domaine antérieur.

C'est dans une telle exagération que consiste, à mes yeux, l'aberration scientifique à laquelle l'instinct public applique sans injustice la qualification de *matérialisme*, parce qu'elle tend, en effet, à dégrader toujours les plus nobles spéculations en les assimilant aux plus grossières.

Une semblable usurpation était d'autant plus inévitable que partout elle repose sur la dépendance nécessaire des phénomènes les moins généraux envers les plus généraux, d'où résulte une légitime influence déductive, par laquelle chaque science participe à l'évolution continue de la science suivante, dont les inductions spéciales ne pourraient autrement acquérir une suffisante rationalité.

Aussi toute science a-t-elle dû longtemps lutter contre les envahissements de la précédente; et ces conflits subsistent encore, même envers les plus anciennes études.

Ils ne peuvent entièrement cesser que sous l'universelle discipline de la saine philosophie, qui fera partout prévaloir un juste sentiment habituel des vrais rapports encyclopédiques, si mal appréciés par l'empirisme actuel.

En ce sens, le matérialisme constitue un danger inhérent à l'initiation scientifique, telle que jusqu'ici elle dut s'accomplir, chaque science tendant à absorber la suivante au nom d'une positivité plus ancienne et mieux établie.

Le mal est donc plus profond et plus étendu que ne le supposent la plupart de ceux qui le déplorent.

On ne le remarque aujourd'hui qu'envers les plus hautes spéculations, qui, en effet, y participent davantage comme subissant les empiétements de toutes les autres ; mais il existe aussi, à divers degrés, pour un élément quelconque de notre hiérarchie scientifique, sans même excepter sa base mathématique, qui semblerait d'abord en être naturellement préservée.

Un vrai philosophe reconnaît autant le matérialisme dans la tendance du vulgaire des mathématiciens actuels à absorber la géométrie ou la mécanique par le calcul, que dans l'usurpation plus prononcée de la physique par l'ensemble de la mathématique, ou de la chimie par la physique, surtout de la biologie par la chimie, et enfin dans la disposition constante des plus éminents biologistes à concevoir la science sociale comme un simple corollaire ou appendice de la leur.

C'est partout le même vice radical, l'abus de la logique déductive, et le même résultat nécessaire, l'imminente désorganisation des études supérieures sous l'aveugle domination des inférieures.

Tous les savants proprement dits sont donc aujourd'hui plus ou moins matérialistes, suivant la simplicité et la généralité plus ou moins prononcées des phénomènes correspondants.

Les géomètres se trouvent ainsi le plus exposés à cette

aberration, d'après leur tendance involontaire à constituer l'unité spéculative par l'ascendant universel des plus grossières contemplations numériques, géométriques ou mécaniques.

Mais les biologistes qui réclament le mieux contre une telle usurpation méritent, à leur tour, les mêmes reproches, quand ils prétendent, par exemple, tout expliquer en sociologie par des influences purement secondaires de climat ou de race, puisqu'ils méconnaissent alors les lois fondamentales, que peut seule dévoiler une combinaison directe des inductions historiques.

Cette appréciation philosophique du matérialisme explique à la fois la source naturelle et la profonde injustice de la grave méprise dont j'indique ici la rectification décisive.

Loin que le vrai positivisme soit aucunement favorable à ces dangereuses aberrations, on voit, au contraire, qu'il peut seul les dissiper irrévocablement d'après son aptitude exclusive à procurer une juste satisfaction aux tendances très légitimes, dont elles n'offrent qu'une empirique exagération.

Jusqu'ici le mal n'a été contenu que par la résistance spontanée de l'esprit théologico-métaphysique ; et cet office provisoire a constitué la destination, indispensable quoique insuffisante, du spiritualisme proprement dit.

Mais de tels obstacles ne pouvaient empêcher l'énergique ascension du matérialisme, ainsi investi, aux yeux de la raison moderne, d'un certain caractère progressif, par sa liaison prolongée avec la juste insurrection de l'humanité contre un régime devenu rétrograde.

Aussi, malgré ces impuissantes protestations, l'oppressive domination des théories inférieures compromet-elle beaucoup aujourd'hui l'indépendance et la dignité des études supérieures.

En satisfaisant, au delà de toute possibilité antérieure, à ce qu'il y a de légitime dans les prétentions opposées du matérialisme et du spiritualisme, le positivisme les écarte irrévocablement à la fois, l'un comme anarchique, l'autre comme rétrograde.

Ce double service résulte spontanément de la simple fondation de la vraie hiérarchie encyclopédique, qui assure à chaque étude élémentaire son libre essor inductif, sans altérer sa subordination déductive.

Mais cette conciliation fondamentale sera surtout due à l'universelle prépondérance, logique et scientifique, que la nouvelle philosophie pouvait seule procurer au point de vue social.

En faisant ainsi prévaloir les plus nobles spéculations, où la tendance matérialiste est la plus dangereuse et aussi la plus imminente, on la représente directement comme non moins arriérée désormais que son antagoniste, puisqu'elles entravent également l'élaboration de la science finale.

Par là, cette double élimination se trouve même liée à l'ensemble de la régénération sociale, que peut seule diriger une exacte connaissance des lois naturelles propres aux phénomènes moraux et politiques.

J'aurai bientôt lieu de faire aussi sentir combien le matérialisme sociologique nuit aujourd'hui au véritable art social, comme disposant à méconnaître son principe le plus fondamental, la division systématique des deux puissances, spirituelle et temporelle, qu'il s'agit surtout de rendre maintenant inaltérable, en reprenant, sur de meilleures bases, l'admirable construction du moyen âge.

On reconnaîtra ainsi que le positivisme n'est pas moins radicalement opposé au matérialisme par sa destination politique que par son caractère philosophique.

Afin de rendre cette sommaire appréciation, à la fois plus impartiale et plus décisive, j'y ai écarté à dessein les graves inculpations morales que suscite ordinairement une telle accusation.

Même quand elles sont sincères, ces imputations, si souvent démenties par l'expérience, se trouvent, en effet, contraires à la vraie théorie de la nature humaine, puisque nos opinions, saines ou vicieuses, sont heureusement incapables d'exercer sur nos sentiments et notre conduite l'empire absolu qu'on leur attribue communément.

D'après leur relation provisoire avec l'ensemble du mouvement d'émancipation, les aberrations matérialistes furent, au contraire, souvent liées, chez les modernes, aux plus généreuses inspirations.

Mais, outre que cette solidarité passagère a déjà cessé, il faut aujourd'hui reconnaître que, même dans les meilleurs cas, une telle tendance intellectuelle a toujours altéré, à un certain degré, l'essor spontané de nos plus nobles instincts, en disposant à écarter ou à méconnaître des phénomènes affectifs, que ces grossières hypothèses ne pouvaient représenter.

On en voit un exemple trop décisif, dans le déplorable arrêt prononcé par l'éminent Cabanis contre l'admirable chevalerie du moyen âge.

Quoique le cœur de ce philosophe fût aussi pur, et même aussi tendre, que son esprit était élevé et étendu, le matérialisme contemporain l'a essentiellement empêché d'apprécier l'heureuse organisation du culte habituel de la femme chez nos énergiques ancêtres.

II

En concevant l'ordre comme immobile, sa théorie préliminaire a pu surgir dans l'antiquité, et le grand Aristote l'ébaucha admirablement, de même que, en biologie, les spéculations purement statiques y naquirent sans aucune conception dynamique.

Mais toute idée réelle de progrès social était nécessairement étrangère aux philosophes anciens, faute d'une suffisante manifestation historique du mouvement continu de l'humanité.

Ce mouvement a commencé à devenir, au moyen âge, assez prononcé pour susciter un premier instinct réel de notre perfectibilité, par l'universelle persuasion de la supériorité du catholicisme sur le polythéisme et le judaïsme, même avant que la substitution du régime féodal au régime romain complétât cette appréciation spirituelle par une indispensable confirmation temporelle.

Quelque confus que dût être ce sentiment primitif du progrès humain, il présentait déjà un haut degré d'énergie et de popularité, trop amorti ensuite dans les luttes théologico-métaphysiques.

Il faudra toujours remonter jusque-là pour comprendre la véritable origine de cette ardeur progressive, qui distingue l'ensemble de la grande famille occidentale et qui y a spontanément contenu tant d'aberrations doctorales, là surtout où la métaphysique protestante ou déiste a le moins altéré les nobles inspirations du moyen âge.

III

Pour compléter cette indication des tendances propres à la nouvelle situation française, il suffit de noter que la marche générale des débats, et surtout des événements, en faisant mieux ressortir qu'auparavant le besoin fondamental d'une véritable doctrine universelle, propre à contenir les divagations et à éviter ou corriger les perturbations, manifeste aussi la nécessité spéciale de l'autorité spirituelle, qui peut seule assurer l'efficacité pratique d'une telle philosophie.

Au milieu de leurs innombrables divergences, toutes nos sectes métaphysiques s'accordent spontanément sur cette intime confusion des deux puissances élémentaires, qui, depuis le xiv° siècle, constitua de plus en plus, surtout sous l'impulsion protestante, le principal dogme révolutionnaire, en haine du régime propre au moyen âge.

Comme leurs pères grecs, les prétendus philosophes modernes, psychologues ou idéologues, ont toujours convoité la suprême concentration des divers pouvoirs humains ; ils ont même propagé cette aberration chez les savants spéciaux.

Le positivisme systématique fait seul apprécier aujourd'hui l'admirable instinct qui poussa tous les hommes éminents du moyen âge à introduire, entre la puissance morale et la puissance politique, une division fondamentale, chef-d'œuvre social de la sagesse humaine, et seulement trop prématurée alors pour comporter un succès irrévocable, soit d'après la nature théologique des principes dirigeants, soit par le caractère militaire de l'existence active.

Cette séparation nécessaire, principale base du régime final, n'est maintenant comprise et respectée que dans la nouvelle école philosophique, sauf les sympathies spontanées que conservent encore, sans aucune formule, les populations préservées du protestantisme.

Dès le début de la révolution, l'orgueil doctoral a directement tendu vers l'omnipotence sociale qu'il avait toujours rêvée comme le type idéal de la perfection politique.

Quoique les progrès naturels de la raison publique interdisent déjà tout dangereux essor à cette utopie rétrograde, ils sont encore trop peu systématiques pour empêcher, à cet égard, des tentatives caractéristiques.

Tous les novateurs métaphysiques aspirent donc, plus que jamais, à la suprématie pratique et théorique, maintenant que la situation ne borne plus leurs ambitions aux simples existences ministérielles.

La profonde divergence de leurs opinions respectives, et leur commune discordance avec le milieu actuel, empêchent de craindre qu'ils parviennent jamais à entraver sérieusement la liberté de discussion, en nous imposant la vraie consécration légale d'une doctrine quelconque.

Mais ils l'ont assez tenté déjà pour éclairer l'esprit public sur le caractère nécessairement oppressif de toute théorie sociale contraire au vrai principe fondamental de la politique moderne, la séparation normale des deux pouvoirs essentiels.

Cet essor perturbateur des ambitions métaphysiques tendra donc à faire spécialement apprécier les démonstrations décisives de la nouvelle philosophie, qui, de plus en plus, représentera cette division comme également indispensable à l'ordre et au progrès.

Si les penseurs positivistes continuent d'éviter toute séduction contraire à leurs convictions, leur paisible attitude spéculative, au milieu de cette vaine agitation politique, achèvera de réconcilier le public impartial avec cette grande notion, entièrement affranchie désormais des croyances qui durent présider à sa première ébauche historique.

Ce contraste involontaire fera de plus en plus sentir que la vraie liberté, comme la convergence réelle, ne peuvent aujourd'hui émaner que des doctrines positives, seules capables de supporter une discussion complète, parce que seules elles reposent sur de véritables démonstrations.

Mûrie par une situation décisive, la sagesse vulgaire imposera bientôt aux philosophes, avec une irrésistible énergie, l'obligation continue de concentrer tous leurs efforts vers le gouvernement direct des esprits et des cœurs, sans aucune tendance à la domination temporelle, dont la poursuite sera dès lors érigée chez eux en symptôme irrécusable de l'impuissance mentale et même de l'insuffisance morale.

L'abolition de la royauté assure d'ailleurs aux vrais penseurs une pleine liberté d'examen, et même d'exposition, tant qu'ils sauront assez respecter les conditions d'ordre.

Car l'émancipation théologique se trouve ainsi complétée par l'extinction de ce dernier reste du régime des castes, qui jusqu'alors concentrait chez une famille exceptionnelle la décision régulière des hautes questions sociales.

Quelles que puissent devenir les velléités oppressives des magistratures républicaines, cet attribut royal ne saurait passer sérieusement à des pouvoirs purement temporaires, qui, même individualisés, émanent toujours de suffrages incompétents.

La philosophie positive démontrera sans difficulté que de tels mandataires sont presque aussi étrangers que leurs commettants aux conditions logiques et scientifiques qu'exige aujourd'hui toute élaboration systématique des doctrines morales et sociales.

Ces autorités, dépourvues de sanction spirituelle, peuvent bien déterminer l'obéissance au nom de l'ordre ; mais elles ne sauraient obtenir un vrai respect qu'en se renfermant scrupuleusement dans leurs attributions temporelles, sans chercher aucune suprématie mentale.

Avant même que le pouvoir central parvienne à ses vrais organes pratiques, la situation républicaine aura fait assez ressortir cette conséquence nécessaire chez une population déjà purgée de tout fanatisme rétrograde ou anarchique.

Une telle réaction s'y développera d'autant mieux que les sollicitudes croissantes relatives à l'ordre matériel détourneront davantage les autorités actives de toute prétention envers l'ordre spirituel, dont la reconstruction se trouve ainsi pleinement réservée aux libres penseurs.

Il n'y a rien de fortuit, ni même de personnel, dans le pas immense que l'ensemble de ma carrière a déjà réalisé envers la liberté d'exposition, d'abord écrite, puis orale, sous divers régimes oppressifs.

Tout vrai philosophe obtiendra désormais une équivalente faculté, en offrant, comme moi, les justes garanties, intellectuelles et morales, que le public et le magistrat doivent exiger des organes systématiques de l'Humanité.

Quelques violences que puisse jamais inspirer un besoin empirique de comprimer les niveleurs, j'ose assurer que les constructeurs seront toujours respectés, et bientôt invoqués au secours d'un ordre public qui ne peut plus se passer longtemps d'une sanction rationnelle.

IV

D'après une telle disposition générale, le positivisme ne doit jamais dissimuler la relation fondamentale de la réorganisation spirituelle qu'il vient accomplir avec l'admirable ébauche qui constitue le principal caractère du moyen âge.

Loin de proposer à l'humanité une régénération dépourvue de tous antécédents, nous nous honorerons toujours d'appeler aujourd'hui sa maturité à réaliser enfin la noble tentative que conçut son adolescence avant que les conditions mentales et sociales permissent un succès décisif.

Nous sommes trop pleins de l'avenir pour craindre jamais d'être sérieusement taxés de retour au passé. Cette imputation serait surtout étrange chez ceux de nos adversaires qui font aujourd'hui consister la perfection politique dans la confusion primitive, soit théocratique, soit militaire, des deux puissances élémentaires.

Leur séparation au moyen âge constitue le plus grand pas qu'ait pu faire jusqu'ici la théorie générale de l'ordre social. Quoique sa réalisation finale fût réservée à de meilleurs temps, cette tentative caractéristique n'en a pas moins marqué le but essentiel, et même ébauché les principaux résultats.

C'est là que remonte ce dogme fondamental de la subordination continue de la politique envers la morale, qui distingue la sociabilité moderne, et qui, malgré de graves et fréquentes atteintes, a toujours survécu, même à la chute des croyances qui d'abord le proclamèrent, comme le montre aujourd'hui sa sanction républicaine chez la nation la mieux émancipée.

De là date, par suite, cet actif sentiment de la dignité personnelle combinée avec la fraternité universelle, qui caractérise les populations occidentales, surtout celles qui ont échappé au protestantisme.

Il faut y rapporter aussi cette unanime tendance à estimer les hommes suivant leur propre mérite intellectuel et moral, indépendamment de leur office social, tout en respectant l'indispensable classement résulté d'une inévitable prépondérance pratique

On y doit donc rattacher les habitudes populaires de libre discussion morale et même politique, d'après le droit et le devoir de chacun d'appliquer au jugement des actes et des personnes la doctrine universelle établie dans l'éducation commune.

Enfin, il serait superflu d'indiquer la tendance directe de cette grande institution à organiser l'unité occidentale, qui n'avait pas d'autre lien systématique.

Tous ces effets sociaux, vulgairement attribués à l'excellence de la doctrine chrétienne, sont ramenés, par une saine appréciation historique, à leur véritable source principale, la séparation catholique des deux puissances.

Ils sont demeurés propres aux seuls pays où ce régime a pu prévaloir, quoiqu'une morale équivalente, ou même une foi identique, régnât aussi ailleurs.

La décomposition de l'organisme catholique les a, du reste, notablement altérés, malgré leur consécration spontanée par l'ensemble des mœurs modernes, là surtout où l'on s'efforçait de rendre à la doctrine sa pureté et son autorité primitives.

Sous tous ces aspects, le positivisme a déjà rendu au catholicisme une plus complète justice qu'aucun de ses propres défenseurs, sans excepter l'éminent de Maistre, comme l'ont d'ailleurs reconnu quelques organes sincères de l'école rétrograde.

Mais cette équitable appréciation ne repose pas seulement sur la grandeur de la tâche ainsi destinée au moyen âge dans l'évolution totale de l'Humanité.

Elle résulte aussi d'une exacte démonstration historique de la précocité d'une telle entreprise, dont l'avortement politique dépendit surtout de l'imperfection des doctrines dirigeantes et de l'opposition du milieu correspondant.

Quoique le monothéisme répugne beaucoup moins que le polythéisme à la séparation continue des deux puissances, la nature nécessairement absolue de tout esprit théologique tendait toujours à faire dégénérer ce régime en une pure théocratie.

Sa chute fut même déterminée par la prépondérance finale de cette inévitable tendance, contre laquelle les rois devinrent, au xive siècle, les organes spontanés de la réprobation générale.

De même, quoiqu'une telle division se concilie davantage avec les guerres essentiellement défensives du moyen âge qu'avec le système de conquêtes de l'antiquité, cependant tout véritable esprit militaire la repousse radicalement, comme contraire à la concentration d'autorité qu'il exige pour durer.

Aussi cette séparation n'a-t-elle pu alors devenir vraiment systématique, sauf dans la pensée de quelques éminents personnages, spirituels et temporels.

Sa réalisation passagère fut surtout le résultat nécessaire de l'ensemble de la situation mentale et sociale. Elle ne consista presque jamais qu'en une sorte d'équilibre très précaire, flottant toujours entre la théocratie et l'empire.

C'est uniquement à la civilisation positive de l'Occident moderne qu'il appartient d'accomplir aujourd'hui ce qui alors ne put être que tenté, en utilisant d'ailleurs non seulement cette admirable ébauche, mais aussi l'indispensable préparation qu'elle a déterminée.

L'esprit scientifique de la nouvelle philosophie et le caractère industriel de la nouvelle activité concourent naturellement à rendre désormais inévitable, et même vulgaire, une séparation continue, à la fois spontanée et systématique, qui ne pouvait, au moyen âge, être que confusément pressentie, sous les plus heureuses inspirations d'un ardent instinct de progrès.

Mentalement envisagée, elle se réduit, en effet, à la division nécessaire entre la théorie et la pratique, déjà admise, quoique empiriquement, dans tout l'Occident, envers les moindres sujets, et qu'il serait étrange de repousser pour l'art et la science les plus difficiles.

Sous l'aspect social, elle proclame surtout la distinction naturelle entre l'éducation et l'action, ou entre la morale et la politique, dont personne aujourd'hui n'oserait directement méconnaître l'essor continu comme l'un des principaux bienfaits d'une civilisation progressive.

La moralité réelle et la vraie liberté s'y trouvent profondément intéressées, afin que la conduite et le jugement puissent comporter de véritables principes, dont l'application, même la mieux démontrable, serait presque toujours insuffisante, si elle restait livrée à l'impulsion spéciale et directe du commandement ou de l'obéissance.

Pour l'harmonie générale des forces politiques, il est clair que les deux pouvoirs, théorique et pratique, ont des sources et des voies tellement différentes, quant au cœur, à l'esprit et au caractère, que l'influence consultative et l'influence impérative ne sauraient, désormais, appartenir aux mêmes organes essentiels.

Toute tendance sérieuse à réaliser cette utopie rétrograde ne pourrait aboutir qu'à l'intolérable domination de médiocrités également incapables dans les deux genres.

La suite de ce discours montrera d'ailleurs que cette division fondamentale se trouvera de plus en plus placée naturellement sous l'irrésistible protection spéciale des deux éléments sociaux où résident surtout le bon sens et la moralité.

V

Destinée à manifester une irrévocable renonciation au régime ancien, mais sans pouvoir aucunement indiquer la nature de l'état final, la partie négative de la Révolution se résuma tout entière dans une devise profondément contradictoire, *Liberté*, *Égalité*, qui repoussait toute organisation réelle.

Car un libre essor développe nécessairement les différences quelconques, surtout mentales et morales; en sorte que, pour maintenir le niveau, il faut toujours comprimer l'évolution.

Mais cette incohérence radicale n'altérait point l'énergie

négative de cette formule initiale, où la haine du passé
suppléait à la conception de l'avenir.

Sa tendance progressive modérait alors sa nature anarchique, au point d'inspirer la première tentative directe
pour fonder la vraie politique sur l'ensemble de l'histoire,
dans l'ébauche immortelle, quoique avortée, qu'essaya
mon éminent précurseur Condorcet.

Ainsi la prépondérance finale de l'esprit historique
s'annonçait déjà sous le principal ascendant d'un esprit
anti-historique.

La longue rétrogradation qui dut suivre cet ébranlement décisif ne comporta jamais de véritable devise,
d'après la secrète antipathie qu'elle inspira toujours aux
têtes pensantes et aux cœurs énergiques.

Elle ne pouvait laisser d'autres résultats durables que
l'universelle conviction, d'abord expérimentale, puis systématique, de l'impuissance organique de la métaphysique révolutionnaire, et l'élaboration historique qui concourut à préparer le positivisme par une première
appréciation du moyen âge.

Quand une mémorable secousse eut terminé cette réaction rétrograde, commencée par Robespierre, développée
par Bonaparte, et prolongée par les Bourbons, la halte
équivoque qui vient de finir fit surgir une nouvelle devise
passagère.

La célèbre formule *Liberté, Ordre public*, qui prévalut
ainsi pendant une demi-génération, caractérisa fidèle-
ment le milieu social d'où elle émanait.

Sa signification fut d'autant plus réelle que sa source
fut purement spontanée, sans jamais susciter aucune
sanction solennelle.

Elle indiquait une raison publique qui, ne voyant sur
aucun drapeau la vraie formule de l'avenir social, se

bornait à prescrire la conciliation des deux conditions indispensables à sa préparation.

Cette seconde devise se rapprocha davantage que la première du but organique de la Révolution. On y élimina la notion antisociale d'égalité, dont tous les avantages moraux se retrouvent, sans aucun danger politique, dans le sentiment indestructible de la fraternité universelle, qui, en Occident, n'a plus besoin, depuis le moyen âge, d'être distinctement formulé.

La grande notion de l'ordre s'y trouvait empiriquement introduite, avec la réserve propre à un temps où l'anarchie des esprits et des cœurs prescrivait de se borner à l'ordre matériel, intérieur et extérieur.

Cette devise provisoire ne pouvait suffire depuis que l'ascendant politique du principe républicain nous ouvre directement la partie positive de la révolution, déjà commencée, pour les vrais philosophes, quand je fondai la véritable science sociale.

Mais, en abandonnant une telle formule, la raison publique ne saurait la remplacer par une consécration rétrograde de celle qui ne convenait qu'à l'ébranlement initial.

Quoique le défaut total de convictions sociales explique maintenant cette sorte de résurrection officielle, elle n'empêchera point les bons esprits et les cœurs honnêtes d'adopter spontanément la devise systématique de l'avenir, *Ordre et Progrès*.

Son caractère, à la fois philosophique et politique, a été assez expliqué, dans la seconde partie de ce discours, pour que je doive ici me borner à indiquer sa filiation et son avènement.

Elle se rattache à la précédente, ainsi que celle-ci se liait à la première, par l'un des éléments de cette combinaison sociale, nécessairement binaire comme toute autre quelconque, même inorganique. D'ailleurs elle consacre aussi, à sa manière, la notion commune aux deux autres, puisque tout progrès suppose la liberté.

Mais elle accorde directement à l'ordre la prééminence qui lui convient, et sans laquelle il ne peut embrasser l'ensemble de son domaine naturel, à la fois public et privé, théorique et pratique, moral et politique.

En y associant le progrès, comme but et manifestation de l'ordre, elle proclame une notion qui, préparée par l'ébranlement initial, dominera la terminaison organique de la Révolution occidentale. La conciliation, jusqu'alors impossible, de ces deux grands attributs, est déjà systématisée pour tous les esprits avancés.

Quoique la raison publique ne l'ait pas encore sanctionnée, tous les vœux spontanés s'y rapportent depuis la dernière phase de la rétrogradation.

Un contraste décisif annonce son prochain avènement, d'après la coïncidence croissante qui se manifeste maintenant entre les tendances rétrogrades et les tendances anarchiques, de plus en plus liées aux mêmes inspirations.

VI

Après avoir assez défini l'ensemble du domaine mathématique, il convient d'apprécier davantage le caractère logique et la composition scientifique de ses diverses parties fondamentales. Pour mieux diriger cette appréciation spéciale, je dois d'abord indiquer quelques réflexions générales sur le besoin de restreindre et de rectifier les études mathématiques, conformément à leur destination normale dans l'état final de l'humanité.

Depuis que Descartes les a coordonnées, en y organisant

la relation élémentaire entre l'abstrait et le concret, elles ont réellement fait plus de progrès essentiels que pendant tous les siècles antérieurs. Mais cet immense essor a été bientôt altéré par le développement simultané de l'anarchie scientifique, d'après la rupture nécessaire de l'ancienne discipline philosophique.

En même temps, les encouragements naturels émanés de l'admiration publique et de la munificence sociale y ont de plus en plus écarté les vraies vocations théoriques, en y suscitant une culture vulgaire, où le prétendu dévouement à la science couvre presque toujours un orgueil aveugle et une ignoble cupidité. Ces études intéressées ont d'ailleurs tendu graduellement à devenir machinales, d'après une vicieuse appréciation des grands succès dus à l'emploi du calcul.

La géométrie proprement dite, qui constitue le principal domaine mathématique, comme but du calcul et base de la mécanique, a été bientôt envahie par les spéculations algébriques, aspirant aveuglément à un essor indéfini. Toutefois, le développement de la mécanique céleste a longtemps contenu ces aberrations en procurant un utile emploi à l'impulsion analytique.

Mais, depuis que cette construction est terminée, le titre de *géomètre* a été le plus souvent usurpé par de simples algébristes, presque étrangers à toute vraie méditation géométrique. Au lieu de cultiver le calcul pour la géométrie et la mécanique, on ne voit guère, dans ces deux sciences, que des sujets d'exercice pour un facile essor analytique, où les signes tiennent fréquemment lieu d'idées.

C'est ainsi que l'absence de toute discipline philosophique a radicalement vicié la première base du vrai système de nos connaissances théoriques.

L'irrationnelle consécration accordée au prétendu calcul

des chances suffirait à caractériser, pour tous les bons esprits, les ravages scientifiques d'une telle anarchie mathématique.

Par une étrange dégradation, la science du calcul, qui fut le berceau systématique du dogme fondamental de la philosophie naturelle, semble alors, d'après d'immenses progrès, aboutir à des spéculations où l'on suppose les événements dépourvus de toute loi.

La contradiction est d'autant plus décisive que, cependant, on ne ramène point ces phénomènes sous l'empire des anciennes volontés, en sorte qu'ils ne suivent aucun régime, sauf l'académique.

Dans les plus vaines discussions scolastiques du moyen âge, il n'y a peut-être rien d'aussi creux, ni même d'aussi absurde, que les notions officielles de nos algébristes sur la mesure des probabilités et surtout des espérances.

Mais le reste du domaine mathématique n'est guère moins encombré aujourd'hui de spéculations puériles et de conceptions vicieuses, offrant à l'esprit un exercice beaucoup moins salutaire que celui résulté des énigmes vulgaires.

On a peine à concevoir des abus intellectuels aussi dégradants, par exemple, que les efforts relatifs à l'évaluation de stériles intégrales, qu'on ne sait plus déterminer entre des limites autres que celles du thème factice.

Les ravages logiques du régime académique correspondent trop exactement à ses résultats scientifiques. Il a profondément altéré les précieuses propriétés toujours attribuées aux études mathématiques, comme sources élémentaires de la saine méthode philosophique.

L'analyse, où Descartes voyait surtout un puissant moyen de généralisation, fait ainsi prévaloir un misérable esprit de détail, qui tend à détruire toute vue d'ensemble.

Sous l'usurpation algébrique, un vain ergotage et un aveugle mécanisme dénaturent de plus en plus le vrai raisonnement mathématique, qui pourrait offrir les premiers germes de tous les procédés logiques que l'on croit exclusivement propres aux études supérieures.

De là résulte même une sorte de rétrogradation vers le régime métaphysique, par une tendance involontaire à rétablir l'absolu dans les théories qui s'en affranchirent les premières.

L'emploi routinier de la déduction fait totalement oublier la part que l'on y accordait jadis à l'induction, qui y fut encore si puissante chez Descartes.

Aussi les notions fondamentales de géométrie et de mécanique ont-elles pris ainsi un caractère beaucoup moins philosophique que celui qu'elles offraient au XVIIe siècle, avant l'invasion analytique.

Même dans la science du calcul, toutes les conceptions qui exigent des vues d'ensemble sont déjà tombées en dissolution.

L'importante doctrine des séries, si heureusement élaborée par Euler et Lagrange, se trouve aujourd'hui décomposée radicalement sous d'irrationnels scrupules, incompatibles avec son efficacité analytique, et qui tiennent surtout à une confusion empirique entre l'arithmétique et l'algèbre.

Pour bien apprécier cette anarchie mathématique, il faut enfin considérer que ses ravages intellectuels, tant logiques que scientifiques, sont toujours accompagnés de graves dangers moraux.

Si le régime académique rétrécit la raison et flétrit l'imagination, il tend encore davantage à dessécher le cœur et à dégrader le caractère.

Chez les Occidentaux, qui, préservés du protestantisme, ont le mieux conservé l'heureuse culture morale du moyen âge, l'instinct public a pressenti et contenu cette fatale tendance de nos études mathématiques, tant redoutées surtout des mères espagnoles.

En sanctionnant cette antipathie spontanée, la saine philosophie l'explique et la circonscrit, en la rattachant non à la vraie nature d'une telle science, mais à sa dégénération actuelle. La principale source de ces ravages moraux réside, en effet, dans cette même usurpation algébrique d'où dérivent les vices intellectuels que je viens de caractériser.

On sait que les aberrations de l'esprit tiennent presque toujours à la corruption du cœur, qui les fortifie quand elle ne les inspire pas. Le cas actuel confirme profondément cette sentence empirique, aisément explicable aujourd'hui d'après la vraie théorie morale.

Si nos algébristes aspirent à dominer tout le système mathématique, et, par suite, l'ensemble de la philosophie naturelle, sans quitter son plus bas échelon, cette prétention ne vient pas seulement de leur impuissance réelle envers les études supérieures.

Elle est surtout due au secret besoin d'obtenir, à peu de frais, des satisfactions égoïstes, en abusant de l'aveugle crédit que le public continue d'accorder, quoique plus faiblement, à leurs vains travaux.

Quelle que soit leur médiocrité mentale, si leur cœur était pur, ils sauraient ou renoncer loyalement à une carrière qui excède leurs forces, ou diriger noblement leur essor vers sa vraie destination principale.

Chaque science inférieure ne doit être préalablement cultivée qu'autant que l'esprit humain en a besoin pour s'élever solidement à la science suivante, jusqu'à ce qu'il soit ainsi parvenu à l'étude systématique de l'Humanité, sa seule station finale.

Telle est la loi générale du vrai régime préliminaire.

Quoiqu'elle n'ait pu être démontrée que de nos jours, elle fut constamment pressentie des véritables organes de cette grande préparation, ainsi embellie d'un puissant attrait pour leur cœur comme pour leur esprit.

Ce noble instinct est très sensible chez la plupart des savants si dignement appréciés par Fontenelle, et même encore chez ceux que jugea Condorcet. Les moindres d'entre eux s'honoraient de coopérer à la haute mission que Descartes et Bacon avaient assignée à la science moderne pour préparer la saine philosophie, base nécessaire de la vraie rénovation sociale.

Depuis que cette préparation est suffisante, que la construction philosophique a surgi, et que la situation occidentale en réclame l'active consécration, toute tendance à dominer les études supérieures par les inférieures doit être autant flétrie comme preuve d'immoralité que comme signe d'incapacité.

Sous cet aspect décisif, l'abus du calcul en mathématique constitue réellement la première phase spéciale du matérialisme systématique, assez caractérisé, en général, dans mon discours préliminaire.

L'usurpation de la physique par les géomètres, de la chimie par les physiciens, et de la biologie par les chimistes, deviennent ensuite de simples prolongements successifs d'un vicieux régime, dont le principe est toujours le même, et qui ne peut être radicalement rectifié qu'en son germe inaperçu.

Il développe partout un pareil abus de la juste influence déductive que chaque science préliminaire exerce nécessairement sur la suivante, d'après son indépendance et sa généralité plus grandes.

Cette appréciation définitive caractérise à la fois l'extrême importance et la source normale de la rectification mathématique dont il s'agit ici. Ainsi liée aux plus hautes questions philosophiques, et même aux principaux besoins sociaux, elle ne peut émaner que de l'universelle discipline instituée par la religion sociologique.

La science finale reposant sur l'ensemble des sciences préliminaires, toutes la menacent d'usurpations analogues à celle que chacune d'elles subit de la précédente.

Mais ici la résistance est spontanément assurée par la difficulté et l'importance des questions, trop évidemment supérieures à de telles vues déductives, quoiqu'elles puissent et doivent les utiliser beaucoup.

La sociologie se trouve ainsi conduite, en reconnaissant le besoin des diverses études préparatoires, à se réserver toujours leur usage systématique, qu'elle seule peut apprécier.

Par là, elle écarte irrévocablement un ténébreux matérialisme, sans recourir à un vain spiritualisme. La fluctuation, logique et scientifique, de toute notre philosophie naturelle entre la rétrogradation et l'anarchie se résout alors par l'application convenable de ce principe universel : chaque science doit diriger l'emploi normal de la précédente pour sa propre constitution. En puisant ce principe incontestable à sa vraie source sociologique, on lui procure partout l'autorité résultée de ses autres vérifications.

Mais, en outre, on invoque ainsi le sentiment à l'appui de la raison, dont les scrupules et les hésitations disparaissent en présence des graves nécessités morales et sociales qui prescrivent un tel régime intellectuel. C'est là un nouvel exemple décisif de l'intime solidarité finale établie, au chapitre précédent, entre la logique du cœur et celle de l'esprit.

D'après ce principe général, il faut donc que les vrais géomètres, à l'exclusion des purs algébristes, se chargent désormais d'appliquer le calcul aux questions géométriques et mécaniques, en réduisant son domaine à ce qui est indispensable pour cette destination.

Mais, au fond, le même vice renaîtrait sous une autre forme si les géomètres proprement dits devaient, à leur tour, rester exclusifs, au lieu de concevoir leur science comme une simple préparation à la suivante.

On est ainsi conduit, de proche en proche, à reconnaître que de véritables philosophes, dignement voués au sacerdoce de l'Humanité, peuvent seuls désormais cultiver sagement les sciences, même préliminaires, qu'il faut enfin ôter aux purs savants, en brisant avec énergie le régime académique.

Il n'y a pas d'autre moyen pour que les travaux de détail se subordonnent toujours aux vues d'ensemble, comme l'exigent à la fois le bon sens et la morale.

Loin de constituer une véritable innovation, cette indispensable réforme se réduit, au fond, à reconstruire sur de meilleures bases la discipline scientifique, rompue exceptionnellement pendant les deux derniers siècles.

Sa salutaire sévérité dissipera, sans doute, la majeure partie des spéculations actuelles, et rectifiera presque toutes les autres. Mais, loin d'y voir un inconvénient, tous les vrais penseurs se féliciteront, autant que le public, de ces résultats nécessaires, qui ramèneront à de dignes travaux des forces consumées aujourd'hui en divagations stériles, ou plutôt pernicieuses, tant à l'esprit qu'au cœur.

A la vérité, ce régime normal fera quelquefois négliger d'utiles recherches théoriques, qui n'auraient aucune relation, directe ou indirecte, avec les études supérieures. En scrutant davantage ces cas exceptionnels, on reconnaît qu'ils ne peuvent vraiment affecter que des questions susceptibles d'applications pratiques.

Dès lors, les dignes praticiens se chargeront eux-mêmes d'une élaboration dont ils doivent seuls comprendre assez le but et l'esprit, sauf à provoquer, s'il y a lieu, quelques nouveaux développements préalables de la théorie correspondante.

Cet état normal de la culture scientifique sera solidement fondé sur le système complet d'éducation universelle, déjà indiqué au discours préliminaire. Il fait précéder et diriger l'initiation théorique par un essor affectif et une évolution esthétique, dont l'irrésistible ascendant y rappellera toujours la raison au service ou du sentiment ou de l'activité.

La culture scientifique n'est moralement justifiable que par sa nécessité théorique et pratique. Car elle n'exerce point sur le cœur cette précieuse réaction qui procure tant de valeur directe à la culture poétique, seule pleinement adaptée à notre nature.

Tout en lui conférant sa légitime consécration, la vraie religion, toujours attentive à l'ensemble des rapports humains, restreindra donc la science entre ses justes limites, spéciales et générales.

Comme plus ancienne et plus dispersive, la mathématique devra subir davantage cette indispensable épuration finale, qui doit d'ailleurs commencer là, afin de s'étendre ensuite à tous les autres cas, d'après ce type fondamental.

En achevant d'apprécier une telle restriction systématique de chaque science préliminaire à l'essor nécessaire pour constituer la suivante, on reconnaît aisément la profonde rationalité de cette discipline. Car l'étude directe d'une science quelconque ne peut jamais être que provisoire, même envers ses propres conceptions.

Leur principale appréciation résulte toujours, et surtout

en mathématique, de leurs relations essentielles avec les théories supérieures, puisque les sciences ne s'unissent que par leurs grandes faces.

Il faut donc hâter le plus possible ces indispensables préparations, pour s'établir au seul poste d'où l'on puisse embrasser réellement tous les aspects théoriques. Ainsi, la discipline sociologique doit être aussi invoquée au nom même de la vraie dignité scientifique.

C'est seulement en statique sociale que l'on commence à sentir la véritable grandeur des diverses théories préliminaires d'après leurs relations mutuelles, qui ne pouvaient assez surgir auparavant. Mais cette appréciation ne devient même complète que dans la sociologie dynamique, qui les caractérise mieux par leur filiation historique.

Aucune science ne peut être dignement comprise sans son histoire essentielle, et aucune véritable histoire spéciale n'est possible que d'après l'histoire générale. De vrais sociologistes sont donc seuls capables de bien connaître la mathématique, dont les meilleurs géomètres n'ont pu concevoir l'ensemble.

Lagrange en a mieux approché qu'aucun autre, parce que ses principales méditations ont été aussi profondément historiques que son temps le permettait. Pour sentir l'intime réalité d'une telle maxime philosophique, il suffit de reconnaître qu'aucun astronome n'a jamais pu s'expliquer pourquoi Hipparque ne découvrit point les lois de Kepler.

Quelque simple que paraisse une telle question, la sociologie peut seule y répondre, parce qu'elle dépend de la marche réelle de l'évolution humaine, tant sociale que mentale.

VII

A cette base logique de la mécanique rationnelle, succède sa base physique, qui permet aussitôt d'instituer ses diverses théories élémentaires.

Elle consiste dans l'ensemble des trois lois générales du mouvement, respectivement découvertes par Kepler, Galilée et Newton, d'après une saine interprétation des phénomènes les plus vulgaires, où elles furent enveloppées jusqu'à eux, faute d'une convenable disposition mentale.

La première détermine la propre nature de chaque mouvement simple, comme étant toujours rectiligne et uniforme, quelle que soit sa source extérieure.

Dans la seconde loi, on reconnaît l'indépendance totale des mouvements relatifs envers le mouvement commun aux diverses parties d'un système quelconque.

Enfin la troisième proclame l'égalité constante entre la réaction et l'action, pour tous les modes possibles d'influence mutuelle.

Combinées avec l'institution de l'inertie, à laquelle leur réalité est subordonnée, ces trois lois, évidemment irréductibles, fournissent un fondement suffisant à toutes les théories dynamiques.

La première ayant caractérisé les divers mouvements isolés, les deux autres posent aussitôt les règles élémentaires de leur composition et de leur communication, objets respectifs des deux grands problèmes mécaniques.

Aucune nouvelle base inductive ne saurait être indispensable dans une étude dont l'ensemble est ainsi saisi. Tout son essor systématique dépend alors d'une construction purement rationnelle, fondée sur une gradation convenable des principales difficultés.

Quelque lointaines ou détournées qu'y deviennent les déductions, elles doivent toujours offrir la même réalité que le point de départ, dont elles peuvent, à leur tour, confirmer la légitimité.

Outre l'importance propre à ces conséquences, générales ou spéciales, les trois lois fondamentales de la mécanique offrent, en elles-mêmes, un puissant intérêt philosophique, au titre de première manifestation directe du sentiment systématique de l'ordre naturel.

Le positivisme représente chacune d'elles comme le germe nécessaire d'une plus grande loi qui convient à tous les phénomènes d'activité, quoique d'abord elle ait semblé bornée à ceux du mouvement.

Ainsi la loi de Kepler devient un cas particulier de la loi de persistance qui règne partout, et d'où dérivent, par exemple, l'habitude chez les corps vivants, l'instinct conservateur dans les sociétés.

De même, la loi de Galilée se rattache à la loi générale qui concilie toujours l'activité des parties avec l'existence de l'ensemble, et d'où résulte, en sociologie, l'harmonie fondamentale entre l'ordre et le progrès.

Enfin la loi de Newton convient, encore plus clairement, à toutes les mutations possibles, sauf la juste mesure spéciale des actions et des réactions.

Son entière extension mécanique conduit au célèbre principe construit par d'Alembert, pour ramener l'étude du mouvement d'un système quelconque à celle de l'équilibre correspondant.

Or les plus nobles phénomènes permettent aussi, d'après une marche analogue, une équivalente réduction des conceptions dynamiques aux notions statiques.

C'est ainsi que j'ai construit le grand aphorisme sociologique (*le progrès est le développement de l'ordre*) sur lequel repose tout ce traité.

VIII

Pleinement appréciée, cette troisième loi biologique termine la célèbre controverse, encore essentiellement pendante, sur la perpétuité des espèces. Car une telle loi, assurant l'hérédité organique à chaque génération, la prolonge aussi après une succession nouvelle. Elle consiste, au fond, à maintenir spontanément l'intégrité du type, quel que soit le nombre des transmissions.

C'est pourquoi tous ceux qui ont supposé la variabilité indéfinie des espèces se sont trouvés bientôt conduits à concevoir les corps vivants comme pouvant se former, de toutes pièces, par de simples actions chimiques, au moins chez les êtres inférieurs.

De tels paradoxes doivent peu surprendre dans un ordre de spéculations où la positivité n'a pu jusqu'ici surgir que d'en bas. Maintenant que la sociologie permet enfin de l'y faire aussi pénétrer d'en haut, la revision systématique de toutes les études provisoires écartera définitivement ces vains débats.

Ils offrirent d'abord une utilité indirecte, surtout logique, pour poser quelques questions et susciter certaines conceptions. Désormais le même office sera mieux rempli par la culture encyclopédique, qui disposera toujours à saisir l'ensemble des aspects biologiques.

On sentira alors que l'opinion de l'instabilité des espèces est une dangereuse émanation du matérialisme cosmologique, d'après une irrationnelle exagération de la réaction vitale des milieux inertes, qui n'a jamais été bien conçue. Cette aberration serait directement contraire à l'indépendance normale de la biologie, qu'il faut aujourd'hui consolider avant tout.

Quand la spontanéité vitale aura été dignement appréciée, il conviendra de compléter sa théorie fondamentale par celle des modifications dues au milieu. Mais l'introduction prématurée de ces questions complémentaires ne peut aujourd'hui susciter que des débats anarchiques, plutôt contraires que favorables au vrai progrès de la biologie.

Il serait ici superflu de signaler expressément l'importance sociologique, encore plus évidente pour cette dernière loi biologique qu'envers les deux autres. On y sent aussitôt le germe direct de la continuité historique, qui constitue le principal caractère du grand organisme. Dans l'ordre pratique, l'hérédité vitale n'a pas moins de prix, comme première source naturelle de l'hérédité sociale.

1852

IX

Notre dernière crise a fait, ce me semble, irrévocablement passer la République française de la phase parlementaire, qui ne pouvait convenir qu'à une révolution négative, à la phase dictatoriale, seule adaptée à la révolution positive, d'où résultera la terminaison graduelle de la maladie occidentale, d'après une conciliation décisive entre l'ordre et le progrès.

Si même un trop vicieux exercice de la dictature qui vient de surgir forçait à changer, avant le temps prévu, son principal organe, cette fâcheuse nécessité ne rétablirait pas réellement la domination d'une assemblée quelconque, sauf peut-être pendant le court intervalle qu'exigerait l'avènement exceptionnel d'un nouveau dictateur.

D'après la théorie historique que j'ai fondée, l'ensemble du passé français tendit toujours à faire prévaloir le pouvoir central. Cette disposition normale n'aurait jamais cessé si ce pouvoir n'avait pas enfin pris un caractère rétrograde, dès la seconde moitié du règne de Louis XIV. De là provint, un siècle après, l'entière abolition de la royauté française; d'où la domination passagère de l'unique assemblée qui dût être vraiment populaire parmi nous.

Son ascendant ne résulta même que de sa digne subordination envers l'énergique Comité surgi de son sein pour diriger l'héroïque défense républicaine. Le besoin de remplacer la royauté par une vraie dictature se fit bientôt sentir, d'après la stérile anarchie que développait notre premier essai du régime constitutionnel.

Malheureusement, cette indispensable dictature ne tarda point à prendre aussi une direction profondément rétrograde, en combinant l'asservissement de la France avec l'oppression de l'Europe.

C'est uniquement par contraste à cette déplorable politique que l'opinion française permit ensuite le seul essai sérieux qui pût être tenté parmi nous d'un régime particulier à la situation anglaise.

Il nous convenait si peu que, malgré les bienfaits de la paix occidentale, sa prépondérance officielle pendant une génération nous devint encore plus funeste que la tyrannie impériale ; en faussant les esprits par l'habitude des sophismes constitutionnels, corrompant les cœurs d'après des mœurs vénales ou anarchiques, et dégradant les caractères sous l'essor croissant des tactiques parlementaires.

Vu la fatale absence de toute véritable doctrine sociale, ce désastreux régime subsista, sous d'autres formes, après l'explosion républicaine de 1848. Cette nouvelle situation, qui garantit spontanément le progrès et tourna vers l'ordre toutes les graves sollicitudes, exigeait doublement l'ascendant normal du pouvoir central.

Au contraire, on crut alors que l'élimination d'une vaine royauté devait susciter le plein triomphe du pouvoir antagoniste. Tous ceux qui avaient activement participé au régime constitutionnel, dans le gouvernement, dans l'opposition, ou dans les conspirations, auraient dû être, il y a quatre ans, irrévocablement écartés de la scène politique, comme incapables ou indignes de diriger notre République.

Mais un aveugle entraînement leur confia, de toutes parts, la suprématie d'une constitution qui consacrait directement l'omnipotence parlementaire. Le vote universel étendit même aux prolétaires les ravages intellectuels et moraux de ce régime, bornés jusqu'alors aux classes supérieures et moyennes.

Au lieu de la prépondérance qu'il devait reprendre, le pouvoir central, qui perdait ainsi les prestiges d'inviolabilité et de perpétuité, gardait pourtant la nullité constitutionnelle qu'ils voilaient auparavant.

Réduit à une telle extrémité, ce pouvoir nécessaire vient heureusement de réagir avec énergie contre une intolérable situation, aussi désastreuse pour nous que honteuse pour lui.

L'instinct populaire a laissé tomber sans défense un régime anarchique. On sent de plus en plus, en France, que la constitutionnalité convient seulement à une prétendue situation monarchique, tandis que notre situation républicaine permet et exige la dictature.

La plus sage des dix constitutions promulguées depuis 1789 vient d'ailleurs de régulariser, quoique toujours empiriquement, cette dictature républicaine, en sorte qu'elle puisse se modifier paisiblement suivant les vraies exigences sociales et d'après les saines lumières théoriques.

Cette nouvelle phase politique permet enfin d'élaborer directement la réorganisation universelle. Auparavant, il n'y avait d'activement posée, pour l'opinion publique, que la question du progrès, isolée de celle de l'ordre, qui en constitue pourtant la souche nécessaire, tant intellectuelle que sociale. Non moins irrationnelle qu'immorale, une telle thèse ne pouvait convenir qu'aux parleurs, en écartant les penseurs comme les faiseurs.

Une vaine métaphysique, se sentant incapable d'aborder sérieusement l'immense question de l'ordre, avait même tenté de l'interdire, en imposant matériellement un respect légal pour les dogmes révolutionnaires que toute doctrine vraiment organique doit préalablement exclure.

Mais cette indivisible question ayant enfin prévalu dans la situation républicaine, qui seule comporte et réclame sa pleine solution, rien ne peut plus empêcher son ascendant croissant, si notre milieu social contient une doctrine vraiment propre à diriger une telle élaboration. Or vous savez, Monsieur, mieux que personne, combien cette compétence appartient à la philosophie positive que j'ai construite.

X

D'après cette triple appréciation, on reconnaît que, en se bornant même à l'unité personnelle, il faudrait bénir la nécessité extérieure qui nous impose le régime altruiste comme seule base d'une harmonie réelle et stable ; car il devient aussi l'unique garantie du vrai bonheur individuel.

Sanctionnant à jamais les vagues inspirations qui surgirent sous la dernière synthèse provisoire, la raison systématique érige en biens principaux de chaque homme les trois conditions fondamentales de l'existence sociale : l'amour, la foi, et l'espérance.

La première constitue la source intérieure de l'unité, dont la seconde fournit le fondement extérieur ; tandis que la troisième, toujours liée à l'activité, devient d'abord le résultat et ensuite le stimulant de chacune des deux autres.

Cet ordre naturel semble altéré dans les temps d'anarchie, sociale ou personnelle, qui paraissent laisser seulement subsister l'espérance, inséparable de toute vie.

Mais un meilleur examen la montre alors rattachée à un régime antérieur d'amour et de foi qui survit empiriquement à ses garanties systématiques.

D'ailleurs une tendance trop fréquente au désespoir privé ou public confirme spécialement, dans ces états exceptionnels, combien l'amour et la foi sont indispensables à l'espérance.

Quoi qu'il en soit, l'ensemble de ces trois qualités caractérise notre véritable unité, à la fois affective, spéculative et active.

A mesure que l'ordre occidental se rétablira, on sentira, mieux qu'au moyen âge, que ces trois conditions essentielles du bien public fournissent aussi les principales sources du bonheur privé.

La religion de l'Humanité étant reconnue seule propre à constituer pleinement l'unité personnelle, sa prééminence est encore moins contestable envers l'unité sociale, car cette aptitude à rallier résulte directement de son principe affectif et de sa base spéculative, qui tendent également à réunir tous les hommes dans un même sentiment et une même croyance.

Ni la théorie positive de notre nature, ni l'étude historique de notre évolution ne permettent de concevoir aucun autre régime qui puisse établir une active communauté d'amour et de foi entre tous les membres de notre espèce.

Enfants du même Grand-Être, tous deviennent d'abord ses serviteurs objectifs, et enfin ses organes subjectifs. Cette immense connexité ne peut se borner au présent : le cœur et l'esprit s'accordent à y comprendre l'ensemble du passé et l'ensemble de l'avenir humains, l'un comme source, l'autre comme but nécessaires.

Une telle continuité successive caractérise davantage la vraie religion que la simple solidarité actuelle. Elle y détermine la véritable destination de notre existence objective, transmettre amélioré à nos successeurs l'héritage progressif que nous avons reçu de nos prédécesseurs.

Ainsi conçu dans son ensemble, le service de l'Humanité devient essentiellement gratuit. Car chaque génération doit rendre gratuitement à la suivante ce qu'elle-même reçut gratuitement de la précédente.

L'amélioration qu'elle y ajoute ne constitue jamais qu'une faible fraction, d'ailleurs toujours décroissante, de la valeur totale. Il faut étendre à la répartition individuelle la notion ainsi résultée de la transmission collective.

Quand j'établirai, dans la suite de ce volume, la théorie positive du salaire, je montrerai qu'il ne paye jamais la partie essentielle du service correspondant, mais seulement sa partie matérielle.

Tout travail humain consomme certains matériaux, qui ont besoin d'être renouvelés, soit pour remplacer les provisions, soit pour réparer les instruments.

Le salaire consiste toujours dans ce double renouvellement, sans concerner jamais le service rendu, qui ne peut être dignement récompensé que d'après une juste réciprocité.

Cette appréciation, déjà reconnue envers les plus hautes fonctions sociales, est systématisée, par la religion de l'humanité, pour toute coopération réelle. Elle nous purifiera des altérations morales résultées du régime égoïste, et qui entraveraient le régime altruiste, en y excitant l'essor habituel des sentiments qu'il doit comprimer.

Telle est l'aptitude sociale de la vraie religion que toute association durable a toujours tendu spontanément vers une semblable synthèse. Les bons sentiments peuvent seuls nous réunir, et jamais l'intérêt n'a déterminé des liaisons stables, même avec peu d'extension.

Aussi retrouve-t-on partout la consécration des efforts individuels d'après une destination collective et continue, dont la notion, de plus en plus généralisée, prépara graduellement la conception et le sentiment du Grand-Être.

Même quand l'association n'a qu'un but destructeur, elle repose encore sur l'affection mutuelle, alors bornée seulement à une population spéciale. Toutefois, cette activité militaire s'oppose directement à l'unité morale, en excitant habituellement des sentiments hostiles envers la majeure partie de l'humanité.

C'est pourquoi le cœur exige, encore plus que l'esprit, l'extension totale de la communauté humaine à l'ensemble de notre espèce. Aucun antagonisme collectif entre les divers serviteurs de l'Humanité ne peut habituellement se concilier ni avec la notion, ni surtout avec le sentiment, du vrai Grand-Être.

Néanmoins, l'ordre naturel empêchera toujours l'extension absolue du régime altruiste; car l'union ne franchira jamais les limites de notre espèce, sauf les races animales qui peuvent réellement s'y associer.

Hors de cette vaste coalition, destinée à l'exploitation du domaine terrestre, notre planète présente encore une foule d'êtres sensibles, qui ne sont point assimilables, et envers lesquels notre activité restera destructive, sans qu'aucun sophisme puisse nous dissimuler cette cruelle nécessité.

La synthèse altruiste doit donc être toujours relative, quoique son domaine s'étende constamment. Même quand la personnalité serait assez subordonnée à la sociabilité, cet égoïsme collectif ne permettra jamais que l'amour devienne pleinement universel.

Ces limites nécessaires ne sauraient pourtant altérer notre enthousiasme, quoiqu'on doive aujourd'hui les considérer pour mieux éliminer l'absolu. Il faut seulement déplorer que les imperfections naturelles de l'ordre universel nous interdisent un plein essor des affections disposées à tout embrasser.

Pour compléter l'appréciation sociale de la vraie synthèse, on doit remarquer son aptitude spontanée à rallier sans comprimer.

Car la saine notion du Grand-Être consacre autant l'indépendance que le concours, comme également nécessaire au service fondamental, puisque toutes les fonctions collectives exigent finalement des organes individuels.

Une sincère impulsion sociale ne méconnaît jamais la liberté personnelle que faute de lumière, et même d'extension. Ce conflit résulte surtout d'une grossière ébauche, mentale et morale, de la synthèse altruiste, quand elle se borne à la solidarité, en négligeant la continuité.

Il faut donc s'inquiéter peu d'une telle aberration, directement contraire aux conceptions et aux sentiments qui caractérisent le mieux la religion systématique de l'Humanité.

Envers le vrai Grand-Être, le service subjectif domine de plus en plus le service objectif. Or la subjectivité suppose toujours des sources individuelles, que leur libre concours peut seul convertir en impulsions collectives.

Loin d'altérer l'indépendance, la religion positive la sanctifie et la développe, en lui offrant une noble destination. Indispensable à la dignité personnelle, cette condition n'importe pas moins au service social, que paralyserait toute oppression.

Le vrai concours doit toujours être facultatif, sauf la juste appréciation des motifs qui détermineraient à le refuser. En un mot, le régime altruiste suppose et produit la confiance, comme il exige et développe la responsabilité.

D'une autre part, il consacre directement toutes les vraies supériorités, naturelles ou acquises, en vouant toujours les forts au service des faibles.

Loin de disperser la puissance, spirituelle ou temporelle, il la concentre systématiquement pour la mieux adapter à son office social.

En appréciant le passé, il honore dignement les éminentes individualités dont chacune a tant influé sur l'ensemble des destinées humaines.

La religion positive inspire à tous les serviteurs du Grand-Être une sainte émulation pour le représenter autant que possible. Elle appelle la vénération universelle sur chaque personnalité vraiment digne.

Son avènement normal peut seul contenir aujourd'hui les tendances, aveugles ou envieuses, qui poussent à comprimer les inégalités réelles au lieu de les utiliser.

Un juste sentiment de la valeur individuelle doit habituellement seconder la moralité positive, en disposant à mieux combattre les impulsions vicieuses qui altéreraient une force consacrée au Grand-Être.

XI

Les besoins irrésistibles auxquels notre activité doit toujours pourvoir étant nécessairement personnels, notre existence pratique ne saurait immédiatement offrir un autre caractère.

Il s'y développe à la fois de deux manières, l'une positive, l'autre négative, en excitant les instincts égoïstes et comprimant l'essor sympathique.

Outre que les tendances bienveillantes ne correspondent point à un tel but, tant qu'il reste individuel, elles ont trop peu d'énergie naturelle pour imprimer d'abord une suffisante impulsion.

Une semblable appréciation convient encore davantage aux efforts intellectuels que suscite l'activité matérielle.

La préoccupation qu'ils exigent nous détourne spontanément des émotions sympathiques, et ils excitent les instincts personnels en nous procurant un sentiment exagéré de la valeur individuelle.

Ainsi l'activité commandée par nos besoins physiques exerce d'abord une influence doublement corruptrice, directe sur le cœur et indirecte sur l'esprit.

Mais cette fatalité ne prévaut qu'autant que l'existence pratique demeure strictement individuelle; ce qui peut longtemps persister dans les milieux défavorables.

Dès qu'elle commence à devenir sociale, même au simple degré domestique, la coopération continue, soit simultanée, soit surtout successive, tend à transformer de plus en plus le caractère égoïste de toute l'industrie primitive.

Cette transformation décisive, qui fonde nos vraies destinées, ne peut être scientifiquement appréciée qu'en établissant d'abord deux lois corrélatives, méconnues jusqu'ici, envers notre existence matérielle.

Leur combinaison naturelle constitue aussitôt la théorie positive des accumulations, sans lesquelles une semblable modification resterait toujours impossible.

Aussi l'admirable sagesse spontanée qui dirige l'institution graduelle de notre langage a-t-elle partout qualifié de *capital* chaque groupe durable de produits matériels, afin de mieux indiquer son importance fondamentale pour l'ensemble de l'existence humaine.

De ces deux lois économiques, l'une pourrait être dite subjective et l'autre objective, puisque la première se rapporte à nous-mêmes, et la seconde au monde extérieur.

Elles consistent dans ces deux faits généraux : d'abord, chaque homme peut produire au delà de ce qu'il consomme ; ensuite les matériaux obtenus peuvent se conserver au delà du temps qu'exige leur reproduction.

Il faut, évidemment, borner cette double propriété à la simple existence physique ; car, les richesses intellectuelles ne se perdant point par leur propre usage, mais seulement d'après notre incurie, leur accumulation continue ne présente pas les mêmes difficultés.

Aussi ces nobles trésors se forment-ils avant les autres, auxquels ils servent de base initiale, quoique la connexité devienne bientôt réciproque.

Ce sujet élémentaire avait tellement besoin d'un éclaircissement positif que, malgré l'évidence spontanée de la première loi économique, elle a souvent été, de nos jours, niée systématiquement par l'esprit métaphysique.

Dans ses divagations effrénées, il a directement osé prétendre que chaque génération humaine consomme nécessairement tout ce qu'elle produit, comme si le progrès matériel de notre espèce n'était pas entièrement incompatible avec cette absurde hypothèse.

Une telle aberration ontologique peut ici servir, par contraste, à faire mieux ressortir à la fois la réalité et l'importance de la loi positive dont il s'agit. Mais un examen direct la constate suffisamment, même envers les premiers efforts de l'industrie matérielle.

Chez beaucoup d'espèces animales, où cette industrie se borne à recueillir et à garder les substances utiles, sans leur faire subir aucune préparation, l'aptitude à les accumuler au delà du besoin personnel, et même domestique, devient irrécusable, pour peu que l'animal soit actif.

Parmi nous, où le travail consiste surtout en une modification plus ou moins profonde, cette condition ralentit souvent l'efficacité de notre intervention, quoiqu'elle garantisse l'utilité et aussi la stabilité de ses résultats.

Néanmoins, même alors, on reconnaît, jusque chez les plus grossières peuplades, que chaque chef de famille peut produire fort au delà de ce qu'exige sa subsistance et celle des siens.

On n'a point assez examiné le taux réel de cet excédent général, ou combien de ménages peut nourrir habituellement un seul travailleur. Il importerait cependant de connaître cette proportion naturelle, et les lois statiques, ou même dynamiques, de sa variation, afin de mieux déterminer le rapport normal de la population agricole à l'ensemble de la société active.

Quelque simple que soit une telle recherche, elle ne fut abordée jusqu'ici que par un genre d'esprit qui tend toujours à obscurcir les questions qu'il traite, ce qui explique assez l'extrême imperfection actuelle de cette notion.

On y peut cependant assurer, en général, que, dans tous les milieux qui ne sont pas très défavorables, le travail de chaque famille agricole pourrait au moins en nourrir une autre équivalente, et souvent deux ou même trois.

C'est pourtant le seul cas où la première loi économique serait, en apparence, contestable, puisque l'excédent accumulable s'y trouve naturellement moins abondant qu'envers les autres industries matérielles.

Dans tous les arts, mécaniques ou chimiques, relatifs au logement ou au vêtement, chaque opérateur peut aisément suffire aux besoins réels, et même factices, de beaucoup d'autres individus.

J'aurai soin d'établir ailleurs, comme l'une des bases essentielles de la vraie hiérarchie industrielle, la loi naturelle qui concentre l'industrie humaine à mesure que sa destination s'élève par une préparation plus complète.

Quoi qu'il en soit, il suffit ici de reconnaître, en général, la réalité nécessaire de notre première loi économique, fondement initial de toute aptitude réelle à vivre, non seulement pour soi, mais aussi pour autrui, quel que puisse être le vrai motif d'un tel effort habituel.

La seconde condition matérielle de l'existence sociale suppose évidemment la précédente, sans toutefois en résulter aucunement. Sa réalité sera toujours moins contestée par l'esprit sophistique, puisqu'elle concerne le monde extérieur, objet primitif de nos contemplations positives.

On concevrait aisément une constitution terrestre qui rendrait nos productions quelconques tellement altérables qu'elles se trouveraient détruites avant de pouvoir être remplacées.

En s'arrêtant un moment sur une telle hypothèse, on reconnaît aussitôt que toute civilisation deviendrait alors impossible. Mais nos milieux les plus défavorables sont heureusement fort éloignés de cette désastreuse prépondérance, même envers nos produits agricoles les moins susceptibles de conservation.

La chaleur humide des forêts de la Guyane, qui putréfie les viandes en quelques heures, peut être assez surmontée par nos artifices conservateurs pour rendre vraiment habitables ces funestes localités, avant que notre intervention les ait suffisamment assainies.

Dans la plupart des milieux, quelques précautions fort simples, bientôt découvertes chez les moindres peuplades, permettent habituellement de conserver très longtemps presque toutes les substances alimentaires, comme on l'a souvent vu quant aux provisions céréales des villes assiégées.

Cette seconde loi économique, de même que la première, se prononce davantage à mesure que l'industrie matérielle élève sa destination et concentre son élaboration. Tous les arts relatifs au logement en comportent des vérifications séculaires, quelquefois étendues aussi à ceux qui concernent le vêtement.

Après avoir apprécié séparément chacune de ces deux conditions élémentaires, il est aisé de sentir, en les rapprochant, que leur combinaison naturelle permet aussitôt l'accumulation de nos richesses temporelles.

Quand même l'excédent produit resterait beaucoup moindre et se conserverait bien moins de temps que ne l'indiquent les cas ordinaires, il suffit que ce surplus existe et qu'il puisse persister au delà de sa reproduction pour rendre possible la formation des trésors matériels.

Une fois nés, ils grossissent spontanément à chaque génération nouvelle, domestique ou politique, surtout lorsque l'institution fondamentale des monnaies permet d'échanger, presque à volonté, les productions les moins durables contre celles qui passent aisément à nos descendants.

Telle est la première base nécessaire de toute civilisation réelle, d'après la fatalité naturelle qui nous impose sans résistance une constante activité afin de soutenir notre existence matérielle, sur laquelle reposent nos plus sublimes aptitudes.

Quoique notre disposition cérébrale à vivre pour autrui constitue certainement le plus précieux des attributs humains, cette insurmontable condition la rendrait socialement stérile, si nous ne pouvions en effet accumuler, et par suite transmettre, les moyens d'y pourvoir.

Or, une accumulation quelconque exige l'appropriation au moins collective, et même personnelle, des produits altérables qu'elle concerne.

Mais, avant d'apprécier assez les immenses réactions

sociales d'une telle institution sur l'intelligence et le sentiment, d'après l'heureuse transformation du caractère égoïste propre à l'activité spontanée, il faut d'abord examiner la théorie positive des transmissions.

Car, toute l'efficacité civile des accumulations ainsi obtenues résulte de la possibilité d'en transmettre les résultats.

Le travail positif, c'est-à-dire notre action réelle et utile sur le monde extérieur, constitue nécessairement la source initiale, d'ailleurs spontanée ou systématique, de toute richesse matérielle, tant publique que privée.

Car, avant de pouvoir nous servir, tous les matériaux naturels exigent toujours quelque intervention artificielle, dût-elle se borner à les recueillir sur leur sol pour les transporter à leur destination.

Mais, d'un autre côté, la richesse matérielle ne comporte une haute efficacité, surtout sociale, que d'après un degré de concentration ordinairement supérieur à celui qui peut jamais résulter de la simple accumulation des produits successifs du seul travail individuel.

C'est pourquoi les capitaux ne sauraient assez grandir qu'autant que, sous un mode quelconque de transmission, les trésors obtenus par plusieurs travailleurs viennent se réunir chez un possesseur unique, qui préside ensuite à leur répartition effective, après les avoir suffisamment conservés.

Nos richesses matérielles peuvent changer de mains ou librement ou forcément. Dans le premier cas, la transmission est tantôt gratuite, tantôt intéressée. Pareillement, le déplacement involontaire peut être ou violent ou légal.

Tels sont, en dernière analyse, les quatre modes généraux suivant lesquels se transmettent naturellement les produits matériels, qui, ne comportant qu'un usage individuel, permettent, et même exigent, une véritable appropriation, finalement personnelle, comme les besoins correspondants.

Or, dans toute civilisation un peu développée, la transmission influe davantage que la production directe sur la formation des capitaux utiles, de manière à mériter autant d'inviolabilité sociale pour les lois naturelles qui la régissent.

D'après leur dignité et leur efficacité décroissantes, nos quatre modes généraux de transmission matérielle doivent être rangés dans cet ordre normal, qui est aussi celui de leur introduction historique : le don, l'échange, l'héritage, et la conquête.

Les deux modes moyens sont seuls devenus très usuels chez les populations modernes, comme les mieux adaptés à l'existence industrielle qui dut y prévaloir.

Mais les deux extrêmes concoururent davantage à la formation initiale des grands capitaux.

Quoique le dernier doive finalement tomber en désuétude totale, il n'en sera jamais ainsi du premier, dont notre égoïsme industriel nous fait aujourd'hui méconnaître l'importance autant que la pureté.

L'utilité sociale de la concentration des richesses est tellement irrécusable pour tous les esprits que n'égare point une envieuse avidité que, dès les plus anciens temps, une impulsion spontanée conduisit de nombreuses populations à doter volontairement leurs dignes chefs.

Développée et consolidée par la vénération religieuse, cette tendance éminemment sociale devint, dans les antiques théocraties, la principale source des immenses fortunes trop souvent attribuées à la conquête.

Chez les polythéistes de l'Océanie, plusieurs peuplades nous offrent encore d'admirables exemples de la puissance réelle que comporte une telle institution.

Systématisée par le positivisme, elle doit fournir au régime final, comme je l'expliquerai ultérieurement, l'un des meilleurs auxiliaires temporels de l'action continue du vrai pouvoir spirituel pour rendre la richesse à la fois plus utile et mieux respectée.

Le plus ancien et le plus noble de tous les modes propres à la transmission matérielle secondera davantage notre réorganisation industrielle que ne peut l'indiquer la vaine métaphysique de nos grossiers économistes.

Quoi qu'il en soit, la manière dont les produits se transmettent ne saurait influer que sur la rapidité et la stabilité des accumulations ainsi obtenues. Abstraction faite maintenant de tout mode spécial pour la formation primitive des capitaux humains, je dois surtout expliquer ici la réaction fondamentale que la seule existence continue de ces grands réservoirs exerce nécessairement sur l'ensemble de notre nature, personnelle ou sociale.

Provinssent-ils même de la simple conquête, les dépôts nutritifs comportent toujours une haute efficacité mentale et morale, dont la saine appréciation doit aujourd'hui concourir à dissiper des tendances anarchiques, qui discutent l'origine des richesses quand il faudrait en examiner l'emploi.

Je ne puis ici développer davantage cette théorie positive des accumulations graduellement dues à la prépondérance normale du travail humain sur la consommation matérielle.

Mais tout lecteur qui, dans son âge métaphysique, s'arrêta spécialement à la prétendue science des économistes, sentira facilement combien la vraie formation des grands capitaux se trouve radicalement éclaircie d'après sa décomposition nécessaire en trois phases successives : production, conservation, et enfin transmission.

Cette analyse est surtout propre à démontrer que les deux dernières opérations sont indispensables à la haute efficacité sociale du résultat, et dès lors méritent autant de respect que la première, seule appréciée par notre raison anarchique.

Néanmoins, quelque importance que doive acquérir une telle notion, quand mes successeurs l'auront assez élaborée, je ne dois pas oublier qu'elle constitue ici un simple incident dans une immense question de statique sociale.

Sa position même doit faire mieux ressortir l'inanité radicale des spéculations relatives à l'existence matérielle de l'humanité, quand on les isole de l'ensemble des conceptions sociologiques.

Car la théorie que je viens d'ébaucher ne doit me servir qu'à bien caractériser la vraie réaction normale de l'activité sur le sentiment et l'intelligence, et, par suite, son influence fondamentale sur toute l'organisation sociale, d'abord domestique, puis politique.

Nous avons ci-dessus reconnu que, sans les accumulations, au moins simultanées, et même successives, les besoins matériels imprimeraient nécessairement à l'ensemble de l'existence humaine un profond caractère d'égoïsme.

Il faut maintenant apprécier comment l'institution des capitaux tend à transformer radicalement une telle impulsion, de manière à permettre finalement la prépondérance universelle de l'altruisme.

Cette transformation décisive résulte, en général, de ce que chaque travailleur, cessant alors de diriger sa principale activité vers ses seules satisfactions personnelles, lui procure spontanément une certaine destination sociale, ou au moins domestique. En effet, on ne produit des trésors quelconques qu'afin de les transmettre.

Or, parmi les quatre modes naturels distingués ci-dessus pour la transmission matérielle, les deux derniers peuvent être conçus réellement comme rentrant, au fond, dans les deux autres.

Car l'héritage ne constitue qu'une modification du don, quand les lois ou les coutumes suppléent aux volontés formelles du testateur. De même, l'efficacité matérielle de la conquête consiste en une sorte d'échange, où le vaincu cède la liberté pour obtenir la vie.

Quoique ce double rapprochement ne doive point annuler les distinctions correspondantes, il permet ici de traiter toujours la transmission matérielle comme si elle était essentiellement volontaire.

Ainsi conçue, l'institution des capitaux devient la base nécessaire de la séparation des travaux, dans laquelle, au début de la science réelle, l'incomparable Aristote plaça le principal caractère pratique de l'harmonie sociale.

Pour que chacun se borne à produire un seul des divers matériaux indispensables à l'existence, il faut, en effet, que les autres produits nécessaires se trouvent préalablement accumulés ailleurs, de manière à permettre, ou par don ou par échange, la satisfaction simultanée de tous les besoins personnels.

Un examen mieux approfondi conduit donc à regarder la formation des capitaux comme la vraie source générale des grandes réactions morales et mentales que le plus éminent des philosophes attribua d'abord à la répartition des offices matériels.

Cette indispensable rectification serait beaucoup fortifiée si l'on avait égard à ma décomposition normale des capitaux en provisions et instruments.

Mais, pour maintenir la généralité abstraite qui convient à la sociologie statique, je dois écarter ici cette importante distinction, comme ne pouvant s'appliquer assez aux premiers âges sociaux, où les matériaux sont plutôt accumulés en vue des travailleurs qu'afin de seconder leurs opérations.

Néanmoins, il importe de sentir déjà que, dans toute civilisation développée, chaque praticien dépend encore davantage des autres quant aux instruments qu'il emploie que par les provisions qu'il consomme.

XII

SYSTÈME DE POLITIQUE POSITIVE
TOME II

CHAPITRE TROISIÈME
THÉORIE POSITIVE DE LA FAMILLE HUMAINE

La répartition générale des opinions modernes au sujet de la famille fait nettement ressortir l'importance et la difficulté d'une théorie vraiment positive sur cette institution fondamentale.

Malgré le pas immense du moyen âge vers l'état final de notre constitution domestique, les conceptions systématiques, restées, à cet égard, fort inférieures aux notions empiriques, ont presque toujours conservé le caractère essentiellement anarchique qu'elles offrirent dans l'antiquité.

Sauf l'incomparable Aristote, seul supérieur à toutes les graves aberrations, les philosophes grecs avaient entièrement méconnu la véritable nature de la famille humaine et ses relations nécessaires avec la société.

Or, les penseurs modernes, quoique placés dans un meilleur milieu, ne pouvant davantage élever leur métaphysique au vrai point de vue social, se bornèrent habituellement, même sous l'inspiration catholique, à reproduire ces utopies subversives comme le type normal de l'ordre futur.

C'est seulement depuis que l'ébranlement révolutionnaire mûrit toutes les méditations morales et politiques que la raison théorique commence, envers ce grand sujet, à se rapprocher assez de la sagesse pratique.

Mais cette indispensable harmonie reste encore le privilège caractéristique de l'admirable école rétrograde, qui, au début du siècle actuel, démontra si complètement l'inanité sociale de la métaphysique négative propre au xviiie siècle.

Les lumières décisives que l'illustre Bonald sut tirer de l'expérience égyptienne et surtout romaine pour rectifier les sophismes grecs n'ont pas été réellement adoptées jusqu'ici par l'ensemble des penseurs progressistes.

Au contraire, toutes les utopies actuelles se trouvent, comme les précédentes, profondément livrées aux aberrations anti-domestiques.

Telle est donc la gravité de notre situation intellectuelle que, sur les notions mêmes les plus fondamentales et en apparence les plus faciles, l'ordre appartient aux purs rétrogrades, chez lesquels il reste sans efficacité, tandis que le progrès demeure entièrement anarchique et dès lors radicalement stérile.

Cette double contradiction ne pouvait être irrévocablement dissipée que par le positivisme, qui, dès sa naissance, sut également accepter la succession de de Maistre et celle de Condorcet.

Mes premiers travaux sociologiques, réimprimés dans le dernier volume du présent traité, attaquèrent systématiquement la métaphysique révolutionnaire, avec plus de vigueur que n'avait pu le faire l'école théologique, et pourtant au nom du progrès le plus avancé.

Quoiqu'ils dussent spécialement concerner l'ordre politique proprement dit, leur influence nécessaire s'étendait implicitement jusqu'à l'ordre domestique.

Celui-ci devint ensuite le sujet direct de quelques explications décisives dans la grande élaboration philosophique qui résulta d'un tel programme social.

Toutefois, c'est seulement ici que la vraie théorie de la famille, fondée sur une exacte connaissance de la nature humaine, pouvait susciter une construction définitive, préparée par mes cours oraux.

Avant d'y procéder, il convient de considérer encore, du point de vue historique, l'incohérence qu'elle doit résoudre, comme un indice, confus mais énergique, de la dernière transformation que subira prochainement la constitution générale de la famille moderne pour devenir la base nécessaire de la vraie régénération.

Sur ce sujet difficile, les meilleures conceptions de l'école rétrograde eurent inévitablement le grave défaut de supposer immuable une constitution qui chemine continuellement vers un type naturel qu'elle ne peut jamais atteindre.

C'est, en sociologie, le vice ordinaire des théories purement statiques, isolées de toute impulsion ou destination dynamique.

Mais cette inévitable imperfection des conceptions d'Aristote sur l'ordre ancien ne devait pas se reproduire envers l'ordre moderne, dont la nature progressive était assez appréciable depuis le moyen âge.

L'erreur n'a dès lors persisté que d'après l'impuissance personnelle des penseurs qui prétendaient maintenir la philosophie absolue en un temps où la philosophie relative pouvait seule convenir à la réorganisation sociale.

Malgré leurs décisions doctorales, la prétendue immobilité de la constitution domestique révoltait la raison moderne, qui, d'après le spectacle, irrécusable quoique confus, des modifications antérieures, pressentait vaguement les futurs perfectionnements.

Tant que la loi naturelle de ces variations normales n'a pas été connue, leur inévitable contemplation a dû exercer une influence essentiellement anarchique, en paraissant autoriser toutes les hypothèses arbitraires que pouvait suggérer un aveugle instinct de progrès.

Mais, depuis que j'ai fondé la véritable science sociale, ces spéculations délicates n'offrent aucun danger radical pour l'harmonie pratique de l'existence moderne.

Tous les sophismes y peuvent être complètement atteints par des démonstrations positives, où les besoins du perfectionnement se trouvent toujours conciliés nécessairement avec les conditions de la conservation, suivant l'esprit fondamental qui partout caractérise la nouvelle philosophie.

D'après l'ensemble de ce chapitre, les grandes modifications que doit bientôt subir la constitution générale de la famille humaine deviendront la suite inévitable et le complément indispensable de celles qu'elle éprouva successivement pendant la longue initiation propre à notre espèce.

Loin de tendre jamais à dissoudre la famille dans la société, elles consisteront surtout à mieux consolider et à développer davantage le vrai régime domestique indiqué par la saine connaissance de notre nature.

Appréciées ici sous le simple aspect statique, c'est-à-dire quant au type fondamental vers lequel elles tendent toujours, les variations normales de ce régime spontané se trouveront ensuite déterminées avec plus de précision d'après l'étude dynamique propre au volume suivant.

Mais partout on reconnaîtra, même dans le chapitre actuel, que leurs lois spéciales constituent seulement une nouvelle application du grand principe qui toujours subordonne l'un à l'autre les deux éléments essentiels de la sociologie positive : *le progrès est le développement de l'ordre*

On peut construire la vraie théorie de la famille humaine d'après deux modes très distincts, mais également naturels, l'un moral, l'autre politique, qui concourent nécessairement, et dont chacun convient mieux à certaines destinations essentielles.

Tous deux conçoivent la famille comme l'élément immédiat de la société, ou, ce qui est équivalent, comme l'association la moins étendue et la plus spontanée.

Car la décomposition de l'humanité en individus proprement dits ne constitue qu'une analyse anarchique, autant irrationnelle qu'immorale, qui tend à dissoudre l'existence sociale au lieu de l'expliquer, puisqu'elle ne devient applicable que quand l'association cesse.

Elle est aussi vicieuse en sociologie que le serait, en biologie, la décomposition chimique de l'individu lui-même en molécules irréductibles, dont la séparation n'a jamais lieu pendant la vie.

A la vérité, quand l'état social se trouve profondément altéré, la dissolution pénètre, à un certain degré, jusqu'à la constitution domestique, comme on ne le voit que trop aujourd'hui.

Mais, quoique ce soit là le plus grave de tous les symptômes anarchiques, on peut alors remarquer, d'une part, la disposition universelle à maintenir, autant que possible, les anciens liens domestiques, et, d'une autre part, la tendance spontanée à former de nouvelles familles, plus homogènes et plus stables.

Ces cas maladifs confirment donc eux-mêmes l'axiome élémentaire de la sociologie statique : la société humaine se compose de familles, et non d'individus.

Suivant un principe philosophique posé, depuis longtemps, par mon ouvrage fondamental, un système quelconque ne peut être formé que d'éléments semblables à lui et seulement moindres.

Une *société* n'est donc pas plus décomposable en *individus* qu'une surface géométrique ne l'est en lignes ou une ligne en points.

La moindre société, savoir la famille, quelquefois réduite à son couple fondamental, constitue donc le véritable élément sociologique.

De là dérivent ensuite les groupes plus composés qui, sous les noms de classes et de cités, deviennent, pour le Grand-Être, les équivalents des tissus et des organes biologiques, comme je l'expliquerai bientôt.

Toutefois, cette manière de concevoir la famille ne convient de préférence qu'au début de la religion positive, où la notion et le sentiment de l'Humanité n'ont pu encore prévaloir assez.

Quand l'éducation régénérée aura suffisamment familiarisé les esprits et les cœurs occidentaux avec le principe affectif et rationnel de la synthèse finale, les familles sembleront devoir être tellement combinées que leur séparation abstraite exigera quelques efforts habituels.

Au lieu de définir la société humaine d'après la famille, alors prévaudra la disposition inverse, et l'on concevra les familles comme les moindres sociétés susceptibles de persistance spontanée.

Car, si l'existence politique repose d'abord sur l'existence domestique, celle-ci finit par trouver dans l'autre la principale source de son perfectionnement et même la meilleure garantie de sa consolidation. Les notions de famille et de société ne sont donc séparables que provisoirement, tant que dure la grande initiation propre à notre espèce.

Dans le régime final, elles caractériseront seulement deux degrés inégaux, mais connexes, d'une même existence, et la science réelle ne les isolera qu'afin de mieux connaître les lois générales de l'organisme collectif, en étudiant d'abord sa moindre complication.

Cette union mutuelle des familles constitue, en effet, le principal caractère de notre véritable existence domestique. Pour trouver des familles sans société, il faut descendre parmi les animaux ; mais alors la famille cesse d'être permanente et ne subsiste réellement que pendant l'éducation des petits.

Quand elle dure au delà de ce temps, on observe aussi une tendance constante à former des associations de plus en plus vastes, dont l'extension n'est vraiment bornée, chez les races sociables, que par la prépondérance de l'Humanité, comme je l'ai expliqué en biologie.

Ainsi, dans l'ordre humain, seul type complet de l'ordre universel, il n'existe pas davantage de familles sans société que de société sans familles.

Le développement continu du vrai Grand-Être identifie de plus en plus l'existence domestique et l'existence politique, d'après une connexité croissante entre la vie privée et la vie publique.

Mais, à raison même d'une telle harmonie, les lois naturelles de toute association humaine doivent être dogmatiquement expliquées d'abord envers le moindre degré, quoique le degré supérieur ait pu seul être assez décisif pour les dévoiler à nos premières méditations positives.

D'après cette explication fondamentale, nécessairement commune à toutes les manières possibles d'envisager la famille humaine, il faut distinguer soigneusement les deux modes généraux ci-dessus indiqués quant à cet élément social.

Il doit être conçu tantôt comme source spontanée de notre éducation morale, tantôt comme base naturelle de notre organisation politique.

Sous le premier aspect, chaque famille actuelle prépare la société future ; sous le second, une nouvelle famille étend la société présente.

Tous les liens domestiques prennent réellement leur place dans l'un et l'autre mode ; mais leur introduction n'y est pas également spontanée, et l'ordre de leur succession ne s'y trouve point identique.

C'est pourquoi je dois ici les apprécier séparément, sauf à les rapprocher ensuite, comme l'indique déjà mon discours préliminaire.

Faute de les avoir assez distingués, mes meilleurs précurseurs n'ont pu présenter que des notions trop confuses, où la famille humaine restait vaguement confondue avec l'ensemble des familles animales.

Envers chacun d'eux, l'appréciation qui va suivre convient également au régime primitif et au régime définitif, suivant le véritable esprit de la statique sociale, où ces deux régimes coïncident essentiellement, puisque le second n'y peut être que le plein développement du premier.

Mes explications actuelles devront donc faciliter beaucoup celles qui seront propres au quatrième volume de ce traité, pour mieux caractériser une existence alors reconnue comme atteignant sa complète maturité, mais dont tous les traits principaux doivent être ici marqués déjà.

L'efficacité morale de la vie domestique consiste à former la seule transition naturelle qui puisse habituellement nous dégager de la pure personnalité pour nous élever graduellement jusqu'à la vraie sociabilité.

Cette aptitude spontanée repose toujours sur la loi générale établie, dans le chapitre précédent, d'après ma théorie cérébrale, quant aux relations spéciales entre les instincts égoïstes et les penchants altruistes.

En effet, l'énergie supérieure des affections domestiques ne provient pas seulement d'une destination mieux circonscrite que celle des affections sociales proprement dites. On doit surtout l'attribuer à ce que leur nature est moins pure, d'après un mélange nécessaire de personnalité.

L'instinct sexuel et l'instinct maternel, seuls particuliers à la vie de famille, sont, en eux-mêmes, presque autant égoïstes que le simple instinct conservateur, assisté des deux instincts de perfectionnement ; et leur caractère est encore plus personnel que celui des deux instincts d'ambition.

Mais ils suscitent des relations spéciales éminemment propres à développer tous les penchants sociaux ; de là résulte leur principale efficacité morale, qui ne comporte aucun équivalent.

C'est donc en vertu de leur imperfection même que les affections domestiques deviennent les seuls intermédiaires spontanés entre l'égoïsme et l'altruisme, de manière à fournir la base essentielle d'une solution réelle du grand problème humain.

Dès lors leur vrai perfectionnement doit consister, en général, à devenir de plus en plus sociale ou de moins en moins personnelle, sans rien perdre de leur intensité. Tel est, en effet, le sens nécessaire des variations continues que leur imprime l'évolution normale de l'humanité, comme je l'expliquerai dynamiquement.

Il suffit ici d'indiquer, à la fin de ce chapitre, le principe statique d'une pareille tendance, due à la réaction croissante de la société sur la famille.

Ayant ainsi déterminé le vrai caractère général de l'influence morale propre aux affections domestiques, je dois compléter cette appréciation en la spécifiant davantage envers chacune des phases naturelles d'une telle existence.

Dans la famille humaine, l'éducation graduelle du sentiment social commence spontanément par les relations involontaires qui résultent de notre naissance. Elles nous font d'abord sentir la continuité successive, puis la solidarité actuelle.

Nous subissons le joug du passé avant que le présent nous affecte : ce qui doit mieux repousser les tendances subversives, qui, concentrant la sociabilité sur les existences simultanées, méconnaissent aujourd'hui l'empire nécessaire des générations antérieures.

Dans cette première phase de l'initiation morale, le mélange entre l'égoïsme et l'altruisme devient aisément appréciable. La soumission de l'enfant étant alors forcée, elle n'y développe d'abord que l'instinct conservateur.

Mais les relations continues qu'il contracte ainsi suscitent bientôt l'essor graduel d'un penchant supérieur, aussi naturel, quoique moins énergique.

La vénération filiale vient dès lors ennoblir une obéissance longtemps involontaire et compléter le premier pas fondamental vers la vraie moralité, consistant surtout à aimer nos supérieurs.

Une fois introduit sous l'irrésistible impulsion des besoins les plus personnels, ce respect subsiste et grandit par son propre charme, à mesure que les services sont mieux appréciés, et il survit même à toute protection objective.

Des relations étroites qui l'ont fait naître, il peut s'étendre graduellement jusqu'aux plus vastes influences analogues, de manière à comprendre non seulement tous les ancêtres proprement dits, mais aussi l'ensemble des prédécesseurs quelconques, et enfin le Grand-Être lui-même.

Ce fondement filial de toute notre éducation morale se trouve bientôt accompagné, dans le cas normal, d'un autre essor sympathique, spécialement relatif à la simple solidarité. Les rapports fraternels viennent alors développer en nous le pur attachement, exempt de toute protection et concurrence, surtout quand la diversité des sexes écarte mieux les pensées de rivalité.

Mais la perfection même d'un tel penchant confirme la loi précédente sur l'intensité supérieure des tendances altruistes unies à des motifs égoïstes ; car la fraternité la plus pure est ordinairement la plus faible. On saisit ainsi la frivolité des appréciations émanées de l'anarchie moderne contre les anciennes inégalités fraternelles.

Loin que la hiérarchie domestique du moyen âge pût réellement devenir, pendant la splendeur de ce régime transitoire, une source habituelle de discorde entre les frères, elle augmentait nécessairement leur union générale.

D'abord elle fortifiait l'attachement par la vénération chez les inférieurs et la bonté parmi les supérieurs. En outre, elle appelait, de part et d'autre, les impulsions personnelles au secours des affections sociales.

Sous ces divers aspects, la systématisation finale devra se rapprocher davantage des institutions empiriques de nos ancêtres chevaleresques que des usages anarchiques propres à leurs descendants révolutionnaires.

Quoi qu'il en soit, la fraternité termine toujours l'essor involontaire de notre sociabilité, en développant l'affection domestique la mieux susceptible d'extension extérieure, et qui, en effet, fournit partout le type spontané de l'amour universel.

A ces deux phases forcées de notre éducation morale, la vie de famille fait enfin succéder deux autres ordres de relations, que leur nature essentiellement volontaire doit rendre plus intimes et plus efficaces. Inversement aux précédentes, elles développent d'abord la solidarité et puis la continuité.

Le premier et principal de ces deux derniers liens consiste dans l'union conjugale, la plus puissante de toutes les affections domestiques. Sa prééminence est trop reconnue, même à travers l'anarchie actuelle, pour exiger ici aucun autre travail spécial qu'une meilleure analyse, fondée sur la vraie connaissance de la nature humaine, et propre à dissiper irrévocablement tout sophisme perturbateur.

L'excellence de ce lien consiste d'abord en ce que seul il développe à la fois les trois instincts sociaux, trop isolément cultivés dans les trois autres relations domestiques, qui pourtant ne stimulent pas chacun d'eux autant que peut le faire un véritable mariage.

Plus tendre que l'amitié fraternelle, l'union conjugale inspire une vénération plus pure et plus vive que le respect filial, comme une bonté plus active et plus dévouée que la protection paternelle.

Ce triple essor simultané, toujours accru de la réaction naturelle entre des organes connexes et contigus, s'accomplit nécessairement à mesure que le mariage humain tend mieux vers ses conditions essentielles.

Depuis l'institution décisive de la monogamie, on a de plus en plus senti que le sexe actif et le sexe affectif, en conservant à chacun son vrai caractère, doivent s'unir par un lien à la fois exclusif et indissoluble, qui résiste même à la mort.

Tandis que le temps affaiblit spontanément tous les autres nœuds domestiques, il resserre davantage, dans le cas normal, la seule liaison qui puisse déterminer une complète identification personnelle, objet constant de tous nos efforts sympathiques.

En second lieu, l'intensité supérieure de l'affection conjugale résulte de sa connexité naturelle avec le plus puissant des instincts égoïstes autres que celui de la conservation directe.

C'est le cas le plus propre à manifester l'aptitude générale des motifs intéressés pour stimuler les inclinations bienveillantes qui s'y rattachent, parce que la liaison ne saurait être ailleurs aussi profonde.

Mais l'insuffisante théorie de la nature humaine, qui prévalut jusqu'à l'avènement décisif du positivisme, conduit encore à beaucoup exagérer une telle réaction, sur laquelle on fait reposer une appréciation, non moins irrationnelle qu'immorale, de l'institution la plus fondamentale.

Le plus pur théologisme, musulman ou même chrétien, persiste à représenter le mariage comme uniquement relatif à la propagation de l'espèce, en érigeant le célibat complet en type exclusif de la perfection morale.

Cette double aberration résulte nécessairement d'une fausse théorie de l'humanité, où l'on suppose que les affections désintéressées sont étrangères à notre nature, et dès lors soustraites à toute loi réelle, pour n'obéir qu'aux impulsions arbitraires d'une puissance chimérique.

Déjà rectifiée directement dans mon discours préliminaire, et dissipée indirectement par l'ensemble de ce traité, elle s'y trouvera spécialement appréciée encore, quand mon volume final déterminera la pleine maturité de notre constitution domestique.

Sans devoir donc nous y arrêter davantage, je me borne à rappeler ici que l'impulsion sexuelle, quelque indispensable qu'elle soit d'ordinaire, surtout aux mâles, ne peut que mieux disposer à l'affection conjugale, qu'elle serait incapable de produire à défaut d'un penchant direct.

L'instinct charnel suscite seulement des rapports qui souvent conduisent l'homme à bien apprécier la femme. Mais quand l'attachement s'est ainsi formé, il subsiste et croît par son propre charme, indépendamment de toute brutale satisfaction, suivant la loi commune de telles réactions cérébrales.

Il devient même à la fois plus intense et plus fixe,

lorsqu'il résulte de relations toujours pures, quoique l'impulsion sexuelle reste encore sensible, au moins chez l'homme, dans ce cas exceptionnel, où l'affection se trouve d'ailleurs fortifiée matériellement.

Dans mon quatrième volume, j'expliquerai comment cette perfection conjugale doit être beaucoup développée par le régime final, pour régler enfin la procréation humaine, jusqu'ici livrée aux plus aveugles impulsions, malgré les sages institutions relatives aux animaux.

Mais, sans repousser ordinairement les satisfactions charnelles, il suffit que le mariage soit destiné surtout au perfectionnement mutuel des deux sexes, comme l'institue aujourd'hui la religion positive, d'après la vraie théorie cérébrale.

Alors l'attachement conjugal tend d'autant mieux à fortifier la vénération et la bonté que chaque sexe s'y trouve à la fois protecteur et protégé, d'après un heureux concours entre la prééminence affective de l'un et l'active prépondérance de l'autre.

Notre évolution morale se complète, dans l'existence domestique, par un dernier ordre d'affections, plus faible et moins volontaire que le précédent, mais lié spécialement au plus universel des trois instincts sympathiques. Comme fils, nous apprenons à vénérer nos supérieurs, et comme frères à chérir nos égaux.

Mais c'est la paternité qui nous enseigne directement à aimer nos inférieurs. La bonté proprement dite suppose toujours une sorte de protection, qui, sans être incompatible avec les rapports filiaux et fraternels, n'en constitue pas un élément essentiel.

Elle n'appartient encore au mariage que chez l'homme, et le régime positif pourra seul l'y rendre habituellement réciproque, quand le véritable office de la femme sera suffisamment senti.

Même alors l'affection paternelle conservera son aptitude naturelle à développer, mieux qu'aucune autre, le plus vaste sentiment social, celui qui nous pousse directement à satisfaire aux besoins de nos semblables.

La protection y présente spontanément un charme et une intensité qui ne sauraient exister ailleurs, parce qu'elle s'y trouve exempte de toute équivoque réciprocité.

Toutefois, ce grand sentiment reste naturellement trop faible chez le sexe prépondérant, qui pourtant devrait le posséder davantage, du moins dans la présente constitution de la famille humaine, où tout le protectorat appartient au père. En outre, le défaut de choix empêche alors le plein essor d'une providence, qui tend toujours à préférer le dévouement volontaire.

Ces graves imperfections sont, à la vérité, compensées ordinairement par le concours de la plupart des impulsions personnelles. La paternité habituelle est, en effet, le moins pur de tous les sentiments domestiques; l'orgueil et la vanité y participent beaucoup, la cupidité proprement dite s'y fait même remarquer souvent.

Aucune autre relation ne peut autant confirmer la loi naturelle qui caractérise la puissance des motifs intéressés pour fortifier les inclinations bienveillantes.

Néanmoins, la paternité constitue évidemment le complément indispensable de notre éducation morale par l'évolution domestique. Sans elle, le sentiment fondamental de la continuité humaine ne saurait être assez développé; puisqu'elle seule étend à l'avenir la liaison d'abord sentie envers le passé.

C'est ainsi que les deux termes extrêmes de l'initiation domestique nous disposent, l'un à respecter nos prédécesseurs, l'autre à chérir nos successeurs. La complication supérieure des influences affectives qui déterminent habituellement la paternité réelle permet d'ailleurs d'en modifier davantage le résultat général.

Aussi ce lien domestique a-t-il subi plus qu'aucun

autre des variations normales, que j'apprécierai dynamiquement, et qui tendirent toujours à l'épurer spontanément. Son perfectionnement systématique devra surtout consister, d'après les indications précédentes, à le rendre à la fois moins factice et plus volontaire, en augmentant l'influence des mères et développant l'usage de l'adoption.

Telle est la série normale de phases essentielles, qui, dans l'existence domestique, dégage spontanément le cœur humain de sa personnalité primitive, pour le préparer graduellement à la vraie sociabilité, dont aucun autre apprentissage ne peut autant seconder l'essor naturel.

Cette théorie morale de la famille va maintenant permettre l'établissement de sa théorie politique, où surgira la constitution qui doit correspondre à une semblable destination affective. Les fonctions et les sentiments étant ainsi devenus connexes, la coordination des unes pourra définitivement représenter celle des autres.

Il faut donc regarder seulement l'appréciation précédente comme fournissant la base morale d'une théorie domestique, qui devra finalement consister surtout dans la conception politique à laquelle je vais consacrer le reste de ce chapitre.

Notre indispensable préambule ne prévaudra directement que pour les spéculations sociales qui concernent spécialement l'éducation. En tout autre cas, l'ensemble de ce traité appliquera davantage la théorie politique de la famille que sa théorie morale, comme étant à la fois plus complète et plus systématique.

Car les relations domestiques vont s'y trouver toujours rangées suivant leur énergie décroissante et leur extension croissante, conformément au principe fondamental de toute classification positive. Au contraire, l'appréciation morale, où l'ordre des âges a dû prévaloir, ne fournit pas une série pleinement homogène.

Ce double principe de classement ne s'y trouve respecté qu'envers les deux termes dont se compose chacun des deux groupes essentiels : le passage d'un groupe au suivant s'y accomplit en sens inverse; d'où résulte un ensemble discordant.

Mais, en étudiant la famille comme la vraie unité sociale, les relations volontaires s'y placent naturellement avant les autres, et la série domestique devient enfin homogène, en même temps qu'elle se complète par un terme indispensable, qui ne pouvait surgir assez.

Cette étude directe de la constitution domestique nous importe d'autant plus qu'elle prépare nécessairement celle de la constitution politique proprement dite, d'après l'identité fondamentale qui existe naturellement entre ces deux régimes.

En effet la famille humaine n'est, au fond, que notre moindre société ; et l'ensemble normal de notre espèce ne forme, en sens inverse, que la plus vaste famille.

Toute véritable famille, même chez les animaux, commence spontanément par le couple propagateur, auquel elle reste souvent réduite; car la polygamie ne produit réellement qu'un mélange de familles diverses, au lieu d'une famille unique. D'ailleurs, cet état confus ne persiste que dans celles des espèces sociables où l'instinct sexuel se trouve très développé, tandis que l'attachement l'est trop peu.

Parmi nous, il constitue seulement une préparation plus ou moins prolongée, pendant laquelle une excessive concentration des richesses oblige, surtout d'après le régime théocratique, à cumuler sur un seul mâle l'alimentation de plusieurs femelles.

Il est maintenant superflu de réfuter directement la

superficielle appréciation qui jadis attribuait au climat la nature monogame ou polygame de l'union domestique. Aucune vraie combinaison ne saurait être plus que binaire, encore mieux dans l'ordre moral que dans l'ordre physique.

La statique sociale, qui partout considère l'état normal, sans s'occuper spécialement des préparations qu'il exige, doit donc avoir seulement en vue la monogamie, comme base nécessaire de toute constitution domestique.

Dans ce degré fondamental de la famille humaine, les lois naturelles qui régissent des associations quelconques deviennent aisément vérifiables, parce que l'extrême simplicité du cas n'y permet aucune illusion durable, quoiqu'elle eût empêché d'abord de les y découvrir.

On y sent, mieux qu'ailleurs, que toute union permanente doit reposer à la fois sur les trois parties essentielles de l'existence cérébrale, sentiment, intelligence, activité ; car le lien le plus cimenté par l'affection s'altère profondément et souvent se dissout, quand une foi commune n'y consolide pas l'amour mutuel.

Lors même que la conformité des opinions y fortifie l'harmonie affective, il faut encore une certaine coopération habituelle entre des activités distinctes, pour que l'union puisse résister assez aux divers ébranlements extérieurs ou intérieurs.

C'est ainsi que le meilleur type d'association manifeste clairement toutes les conditions fondamentales de la religion, un concours permanent entre l'amour et la foi, destiné toujours à perfectionner une fatalité modifiable.

Le vrai sentiment de l'ordre civil doit d'abord se raffermir d'après ce cas élémentaire, où la démonstration positive peut mieux écarter les subterfuges métaphysiques.

Ainsi reconnues indispensables envers la plus intime union, les conditions de foi et d'activité pourraient-elles être éludées pour des associations plus complexes et moins naturelles, où les perturbations spontanées doivent devenir plus graves ?

Outre cette vérification décisive du triple concours cérébral qu'exige une association quelconque, la théorie positive du mariage confirme nettement l'axiome fondamental de toute saine politique : il ne peut exister davantage de société sans gouvernement que de gouvernement sans société.

Les plus audacieux niveleurs n'osent point étendre ordinairement leurs utopies subversives jusqu'à la communauté conjugale, qu'ils sentent naturellement incompatible avec leur égalité chimérique.

Entre deux êtres seulement, que rallie spontanément une profonde affection mutuelle, aucune harmonie ne saurait persister que si l'un commande et l'autre obéit.

Le plus grand des philosophes, en ébauchant, il y a vingt-deux siècles, la vraie théorie de l'ordre humain, disait, avec une admirable délicatesse, trop méconnue chez lui : « La principale force de la femme consiste à surmonter la difficulté d'obéir. »

Telle est, en effet, la nature de la subordination conjugale qu'elle devient indispensable à la sainte destination que la religion positive assigne au mariage.

C'est afin de mieux développer sa supériorité morale que la femme doit accepter avec reconnaissance la juste domination pratique de l'homme.

Quand elle s'y soustrait d'une manière quelconque, son vrai caractère, loin de s'ennoblir, se dégrade profondément, puisque le libre essor de l'orgueil ou de la vanité empêche alors la prépondérance habituelle des sentiments qui distinguent la nature féminine.

Cette funeste réaction affective résulte même d'une indépendance passivement due à la richesse ou au rang.

Mais elle se développe davantage si la révolte exige des efforts artificiels, où la femme détruit aveuglément sa principale valeur, en voulant fonder sur la force un ascendant que peut seule obtenir l'affection.

La théorie morale établie ci-dessus quant à la vraie nature de l'union conjugale dissipe également toutes les autres difficultés que peut faire naître la constitution du mariage.

Après le besoin général d'un gouvernement pour maintenir une association quelconque, la société domestique vérifie aussi la décomposition fondamentale du pouvoir humain, si tardivement étendue à la société politique.

L'esclavage des femmes n'empêche pas même une certaine appréciation initiale de la division spontanée entre les deux puissances élémentaires, qualifiées ensuite de spirituelle et temporelle, dont l'une modère la prépondérance nécessaire de l'autre.

Mais la vraie monogamie met en pleine évidence cette affectueuse réaction du conseil sur le commandement, sans laquelle le mariage ne pourrait aucunement remplir son office fondamental pour le perfectionnement mutuel des deux sexes.

De là résultent aussi les deux caractères essentiels de la véritable constitution conjugale, établis déjà par mon discours préliminaire, l'affranchissement de tout travail extérieur chez la femme et sa surintendance générale de l'éducation domestique.

Sous ce double aspect, la dynamique sociale confirmera pleinement, dans le volume suivant, une telle théorie statique, en démontrant que l'ensemble des variations normales du mariage humain tendit toujours à mieux développer ce type naturel.

Ainsi, l'étude positive du mariage ne vérifie pas seulement l'axiome fondamental : « Il n'existe pas de société sans gouvernement; » mais aussi l'aphorisme complémentaire. « Tout gouvernement suppose une religion, pour consacrer et régler le commandement et l'obéissance. »

En systématisant l'ordre élémentaire sur lequel repose l'ensemble de l'organisation sociale, on est donc conduit à construire, envers le cas le plus simple et le moins contestable, des notions positives qui, convenablement étendues, suffisent ensuite à toute la vraie politique.

Mais cette identité naturelle n'est pas moins utile en sens inverse, pour mieux consacrer le mariage en faisant dignement sentir que les sophismes qui tendent à l'ébranler coïncident radicalement avec toutes les autres maximes anarchiques.

Après avoir assez apprécié l'organisation domestique quant au nœud fondamental qui la constitue, il faut étendre plus sommairement la même théorie, d'abord aux fonctions qui perpétuent la famille et ensuite aux relations qui la lient directement à la société générale.

Pour simplifier cette explication, je dois considérer à la fois les deux états connexes de paternité et de filiation, ou plutôt me borner essentiellement au premier, qui seul importe à notre étude politique.

Le second, presque passif à cet égard, n'exige un examen spécial que dans la théorie morale de la famille, suffisamment exposée ci-dessus.

Remarquons-y seulement qu'il se place après le premier, quand on range les diverses relations domestiques, à partir du mariage, suivant l'énergie décroissante et la généralité croissante des affections correspondantes; car la vénération est moins ardente que la bonté.

La paternité consolide et développe la constitution domestique fondée sur l'union conjugale. Quoique la famille puisse pleinement développer sa principale efficacité sociale quand elle se réduit au couple fondamental, il est pourtant certain que la procréation, outre sa propre importance, en augmente à la fois la consistance et l'activité.

Un but commun, également cher aux deux époux, fortifie alors leur tendresse mutuelle et tend sans cesse à prévenir ou à modérer les conflits provenus d'une insuffisante conformité d'opinions ou même d'humeurs.

Cette précieuse réaction ne peut, évidemment, se réaliser assez que dans l'état monogame, hors duquel un tel lien s'affaiblit beaucoup, tant chez les parents que parmi les enfants, faute d'une suffisante concentration affective.

Il en résulte même un nouveau motif essentiel en faveur de la loi du veuvage, que la vraie religion prescrit d'après la destination fondamentale du mariage, comme l'explique mon discours préliminaire, pour constituer la pure monogamie.

La sagesse occidentale déplore, depuis longtemps, la triste situation où les enfants se trouvent presque toujours placés par les secondes noces.

Ainsi l'entière fixité du lien conjugal, déjà si précieuse directement, peut seule garantir assez la stabilité qu'exigent les relations paternelles et filiales pour comporter une pleine efficacité morale et même politique.

D'après sa moindre énergie, la paternité est plus exposée que le mariage aux atteintes sophistiques émanées de toute anarchie morale ou mentale ; la communauté des enfants fut toujours moins repoussée que celle des femmes par les utopies métaphysiques.

Cependant le pouvoir paternel ne cessera jamais de fournir spontanément le meilleur type d'une suprématie quelconque.

La juste réciprocité entre la bonté et la vénération ne

saurait exercer ailleurs une influence aussi naturelle, ni aussi complète pour régler dignement l'obéissance et le commandement.

Mais cette seconde partie essentielle de la constitution domestique est à la fois plus modifiable et plus perfectible que la première, comme dépendant d'une plus grande complication affective.

Son caractère normal ne peut être bien saisi que d'après une saine appréciation de sa principale destination sociale, en rapportant à l'humanité ce que la civilisation préparatoire rattacha seulement à la famille.

J'y devrai donc revenir en traitant ci-dessous des relations nécessaires entre le régime domestique et le régime politique proprement dit.

Néanmoins, la théorie morale de la famille détermine déjà la nature générale des perfectionnements graduels du pouvoir paternel, puisqu'ils doivent aussi tendre toujours à mieux développer la sainte réaction d'une telle discipline sur les sentiments respectifs des enfants et des parents.

Cette règle prescrit d'abord une meilleure répartition du pouvoir entre le père et la mère, conformément à la vraie nature de chaque sexe.

Si l'enfant doit toujours recevoir de l'un sa protection matérielle, c'est surtout à l'autre qu'est réservée sa préparation morale et même intellectuelle, du moins jusqu'à la fin de l'éducation purement domestique, suivant le plan indiqué dans mon discours préliminaire.

Il faut d'ailleurs rectifier, d'une manière analogue, l'aveugle empirisme qui régit encore la sollicitude temporelle des pères. Elle tend à s'exercer aujourd'hui, du moins chez les riches, comme quand toutes les fonctions sociales étaient essentiellement héréditaires. Une folle tendresse veut encore transmettre à l'enfant une position équivalente à celle du père.

Mais, en faisant dignement prévaloir la destination morale propre à l'existence domestique et la juste subordination de la famille à la société, on reconnaît aussitôt les limites normales de la providence temporelle des pères envers les fils.

Quand ils ont reçu l'éducation complète, ceux-ci ne doivent attendre de ceux-là, quelle que soit leur fortune, que les secours indispensables à l'honorable inauguration de la carrière qu'ils ont choisie.

Toute forte largesse ultérieure qui tend à dispenser du travail constitue, en général, un véritable abus d'une richesse toujours confiée tacitement pour une destination sociale, sans aucune vaine prédilection personnelle.

En second lieu, si la sollicitude naturelle des pères doit avoir une intensité moins aveugle, il importe que son champ devienne plus étendu, d'après un meilleur usage de la grande institution de l'adoption.

Le régime final de l'humanité développera beaucoup ce précieux perfectionnement, qui, spontanément surgi de la civilisation initiale, fut ensuite trop entravé par l'organisation des castes, dont nous subissons encore les restrictions, quoique devenues intempestives.

En expliquant, dans mon quatrième volume, la systématisation positive de la procréation humaine, je ferai sentir comment l'adoption procurera les douceurs de la paternité à beaucoup de couples très dignes de les bien goûter, et pourtant voués à une stérilité complète, surtout volontaire. Sans cette libre répartition, les couples propagateurs se trouveraient d'ailleurs surchargés fréquemment.

Mais la principale destination de l'adoption consiste, moralement, à perfectionner l'affection protectrice d'après un heureux choix, et politiquement à permettre une meilleure transmission des offices sociaux, comme je l'expliquerai ultérieurement.

Je ne la signale ici que pour indiquer combien la seconde partie nécessaire de la constitution domestique reste encore inférieure à son type normal, et quel est le caractère général de cet état définitif.

Un dernier élément naturel complète ordinairement chaque famille humaine et permet seul de la lier directement à d'autres, quand l'inceste primitif est assez réprimé. Les espèces animales deviennent, en général, d'autant moins fécondes qu'elles occupent un rang plus élevé dans la grande hiérarchie biologique.

C'est pourquoi notre race serait la moins abondante de toutes si sa providence artificielle n'avait toujours compensé de plus en plus son infériorité naturelle. Malgré sa stérilité comparative, la pluralité des enfants y constitue pourtant une condition évidente de sa perpétuité et de son accroissement.

Puisque l'existence s'y prolonge ordinairement jusqu'au double de l'âge où commencent moyennement les fécondations utiles, il faut que chaque couple normal y produise au moins un enfant de chaque sexe. Mais, outre que ce nombre rendrait la population humaine seulement stationnaire, il ne suffirait pas même pour y compenser une fréquente stérilité et la mortalité antérieure au développement.

On est ainsi conduit à faire provenir de chaque mariage humain trois enfants dont le sexe diffère, suivant l'usage statistique de compter cinq têtes par ménage. Ce nombre suffit, surtout dans l'ordre moderne, pour que notre population se maintienne et même s'accroisse lentement, comme l'indique une judicieuse observation, qui rectifie les dangereuses aberrations d'une fameuse école économique.

Les rapports fraternels se trouvant ainsi dégagés de

toute apparence fortuite, je dois ici caractériser rapidement ce complément normal de la constitution domestique, sans revenir d'ailleurs sur son appréciation morale, assez indiquée ci-dessus.

Moins énergiques que toutes les autres, ces dernières relations de famille ont dû être plus affectées par les diverses influences perturbatrices. Elles ne furent vraiment réglées que pendant le moyen âge, et seulement chez les classes supérieures, où l'entière suprématie du fils aîné tendit à perpétuer la puissance propre à chaque maison illustre.

Ces institutions étaient, en réalité, moins défavorables au développement moral de la vraie fraternité que l'anarchique égalité qui leur a passagèrement succédé.

Néanmoins, on reconnaît aisément que, même alors, cette partie finale de la constitution domestique fut encore moins adaptée que les deux autres à la destination affective qui caractérise la famille humaine.

Rien ne peut indiquer jusqu'ici quelle heureuse efficacité comporteront habituellement les liens fraternels, quand la religion positive aura dignement érigé l'existence domestique en fondement normal de l'existence politique chez les Occidentaux régénérés.

D'antiques exemples de monstrueuse inimitié manifestent combien la fraternité fut altérée par la transmission héréditaire des fonctions sociales. Il en est de même, à un moindre degré, quand l'hérédité se borne à la richesse.

Mais, en rapportant toujours la famille à la société, le régime final dégagera l'autorité paternelle de toute entrave inspirée par l'égoïsme domestique. Pleinement libres de tester sous une juste responsabilité morale, les pères pourront alors transmettre hors de la famille les capitaux acquis ou conservés, même indépendamment de l'adoption.

Les divers fils cessant ainsi de convoiter à l'envi la richesse paternelle, comme ils ont déjà renoncé à la succession des offices, rien ne troublera plus le développement naturel de leur affection mutuelle.

Une commune vénération la consolidera davantage, lorsque la loi du veuvage, complétant enfin la monogamie, assurera l'entière fixité des relations filiales.

En outre, les frères se sentiront activement réunis par leur commun protectorat envers les sœurs, habituellement exclues de la succession paternelle.

Je devais indiquer ici ces diverses vues anticipées sur la constitution domestique, qui ne devront se développer que dans mon volume final, afin de mieux signaler combien les relations fraternelles sont encore loin de leur vraie systématisation.

Ces aperçus font aussi sentir comment le régime positif utilisera, pour l'ensemble de l'éducation morale, le genre d'affections domestiques qui rapproche directement plusieurs familles, indépendamment d'un heureux usage de l'adoption.

La tendance spontanée à prendre la fraternité pour type habituel du plus vaste sentiment social constitua, chez nos ancêtres, une touchante anticipation des mœurs réservées à nos descendants, quand le régime systématique aura suffisamment remplacé le régime empirique.

Pour que la constitution de la famille soit pleinement caractérisée, il faut encore y comprendre un supplément naturel, trop méconnu dans l'anarchie moderne, envers la domesticité proprement dite. Sa spontanéité et son importance devraient nous être toujours rappelées par le langage habituel, qui n'a jamais cessé d'y puiser toutes les expressions collectives sur l'association élémentaire.

Même sous l'antique servitude, l'étymologie du mot *famille* indique nettement l'assimilation des esclaves aux enfants, comme les derniers sujets du chef commun.

Depuis l'entière abolition de l'esclavage, la domesticité tendit toujours, malgré l'anarchie croissante, à instituer un ordre complémentaire de relations privées, directement propre à lier intimement les riches et les pauvres.

Quand il sera dignement réglé, il peut concourir heureusement à l'essor graduel de la vraie sociabilité, par un développement spécial de la vénération et de la bonté, respectivement appliquées à y sanctifier l'obéissance et le commandement.

Moins naturelles et moins intimes que les relations fraternelles, mais plus libres et plus vastes, ces affections supplémentaires doivent habituellement former la dernière transition normale entre les liens de famille et les rapports sociaux proprement dits.

Une superficielle appréciation de l'existence moderne les fait ordinairement supposer bornées à des classes très restreintes. Mais un examen approfondi relève leur importance, en les montrant douées, sous diverses formes, d'une généralité presque totale.

Au moyen âge, les plus nobles natures s'honoraient de remplir les offices domestiques, pourvu que ce fût envers des chefs assez éminents. Cet exercice faisait alors une partie essentielle de toute éducation chevaleresque, même sous une subordination féminine.

Quand l'existence industrielle s'est spontanément organisée, une véritable phase de domesticité a partout surgi dans la libre préparation habituelle du travailleur moderne. Le régime final régularisera cette institution élémentaire, en l'étendant convenablement à toutes les classes.

Elle y formera, pour l'ensemble de chaque éducation morale, un état intermédiaire entre l'âge des liens involontaires et celui des relations volontaires. Sa destination sociale devra consister spécialement à nous préparer au commandement par l'obéissance.

J'expliquerai plus tard comment les mœurs finales ennobliront une telle existence, même dans le cas où elle deviendra perpétuelle, suivant les heureuses indications que fournissent déjà les populations préservées de la sécheresse protestante et de l'égoïsme industriel.

Cet ordre supplémentaire de relations domestiques conduit naturellement à sentir que, pour développer entièrement la théorie morale de la famille, il faut y joindre aussi tous les rapports privés indépendants de la naissance.

A chacune des cinq affections que je viens d'apprécier, correspond, en effet, hors de la famille, un sentiment analogue, quoique ordinairement moins prononcé, susceptible d'une semblable réaction intime.

En se bornant aux cas principaux, on voit ainsi le maître ou le protecteur, l'ami et le disciple, représenter habituellement, à un degré moindre, le père, l'époux ou le frère et le fils.

Le régime final doit utiliser beaucoup ces diverses relations normales, pour mieux lier chaque vie privée à la vie publique, d'après une suite de liens intermédiaires, qui forme entre elles une transition presque insensible.

L'ensemble de cette théorie positive de la famille humaine justifie maintenant mes premières indications sur la connexité nécessaire de ses deux parties essentielles.

On voit ainsi que, sous tous les aspects, la constitution politique de la famille se trouve profondément subordonnée à sa destination morale, seule source normale de toutes les explications propres à cette étude fondamentale.

Mais on y sent aussi que, réciproquement, l'organisation devient la seule garantie réelle de l'efficacité. C'est par là que l'ordre domestique se lie le mieux à l'ordre politique proprement dit.

Je n'aurais donc pas approfondi suffisamment ce grand sujet, si, après avoir traité de la famille en elle-même, je ne complétais ce chapitre en examinant ses rapports généraux avec la société.

Quoique le régime politique repose toujours sur le régime domestique, les variations normales de celui-ci ne peuvent jamais s'expliquer que d'après les modifications graduelles de l'autre.

Si donc cette grande réaction n'était point assez appréciée, la théorie positive de la famille manifesterait trop peu le caractère essentiellement relatif qui la distingue le mieux des théories absolues ébauchées par mes prédécesseurs métaphysiques.

Pour faciliter autant que possible cette appréciation décisive, je dois d'abord résumer en une seule conception l'ensemble de la double théorie qui précède. A cet effet, il suffit de concevoir la famille comme destinée à développer dignement l'action de la femme sur l'homme.

D'après le chapitre précédent, le caractère naturellement égoïste de l'activité qui domine toute l'existence humaine ne saurait être convenablement transformé sans cette douce influence continuellement émanée du sexe affectif.

Comme mère d'abord, et bientôt comme sœur, puis comme épouse surtout, et enfin comme fille, accessoirement comme domestique, sous chacun de ces quatre aspects naturels, la femme est destinée à préserver l'homme de la corruption inhérente à son existence pratique et théorique.

Sa supériorité affective lui confère spontanément cet office fondamental, que l'économie sociale développe de plus en plus en dégageant le sexe aimant de toute sollicitude perturbatrice, active ou spéculative.

Tel est le but essentiel de l'existence domestique et le caractère général de ses perfectionnements successifs.

Dans chacune de ses phases naturelles, l'influence féminine se présente toujours comme devant prévaloir, d'après une meilleure aptitude au mode correspondant d'évolution morale.

Nous sommes, à tous égards, et même physiquement, beaucoup plus les fils de nos mères que de nos pères.

Pareillement, le meilleur des frères, c'est assurément une digne sœur ; la tendresse de l'épouse surpasse ordinairement celle de l'époux ; le dévouement de la fille l'emporte sur celui du fils.

Il serait d'ailleurs superflu d'expliquer la supériorité habituelle de la domesticité féminine. La femme constitue donc, sous un aspect quelconque, le centre moral de la famille.

Quoique cette destination normale n'ait pu être suffisamment réalisée par le régime préliminaire de l'humanité, elle a néanmoins assez surgi jusqu'ici pour faire nettement concevoir les mœurs finales.

Ainsi, la théorie positive de la famille humaine se réduit enfin à systématiser l'influence spontanée du sentiment féminin sur l'activité masculine.

Un tel résumé permet ici de caractériser directement la connexité fondamentale entre l'existence domestique et l'existence politique, en concevant l'une et l'autre comme les deux éléments nécessaires de la seule solution réelle que comporte le grand problème humain, la subordination habituelle de l'égoïsme à l'altruisme.

L'activité continue à laquelle nous sommes irrésistiblement voués ne peut être d'abord dirigée que par les instincts personnels, intimement liés aux organes spéciaux des besoins matériels qu'elle doit satisfaire.

Mais le chapitre précédent démontre que son essor collectif tend naturellement à lui procurer un vrai caractère sympathique, à mesure que s'accomplit notre évolution sociale.

Néanmoins, cette grande transformation ne pourrait jamais se réaliser spontanément sous les seules impulsions émanées de notre situation nécessaire.

A ces tendances provenues du dehors doivent correspondre, au dedans, des dispositions directement propres à développer nos meilleurs instincts, dont l'inertie native peut être ainsi compensée par un exercice assidu.

Or cette impulsion intérieure résulte du concours habituel de deux influences très distinctes, mais susceptibles de se combiner assez, l'une morale, l'autre intellectuelle.

La première se réduit à l'essor spontané de nos affections bienveillantes, sans lesquelles un tel résultat serait toujours impossible.

Il faut regarder la seconde comme consistant surtout dans une suffisante appréciation de l'ordre extérieur qui nous domine, et des modifications que nous pouvons y introduire.

Ces deux forces sont respectivement développées, d'une manière spéciale, par les deux modes généraux de notre existence sociale, d'abord domestique, puis politique.

La vie de famille modifie profondément l'ensemble de notre constitution affective, d'après des relations à la fois assez intimes et assez variées pour cultiver habituellement tous nos penchants sympathiques, de manière à nous en faire dignement apprécier le charme caractéristique.

Des liens continus, d'abord forcés, puis volontaires, y tendent de plus en plus à confondre chacun de nous avec les seuls êtres qu'il lui sera jamais permis de bien connaître.

Quoique cette appréciation privée doive souvent paraître illusoire à ceux qui n'y peuvent assez participer, sa réalité ordinaire devient incontestable aux yeux de quiconque en juge sainement la difficulté et les conditions.

Une disposition indifférente est loin de faciliter la rectitude de nos jugements envers une nature aussi compliquée que la nôtre. En reprochant à l'amour de devenir souvent aveugle, on oublie que la haine reste toujours telle, et à un degré bien plus funeste.

Il faut reconnaître, au contraire, que, sans la bienveillance continue avec laquelle nous contemplons les nôtres, nous ne pourrions jamais apprécier assez leurs principales dispositions. D'ailleurs une telle continuité développe en eux des attributs que ne peuvent bien manifester des relations plus vagues.

Sans adopter toujours les jugements émanés de l'épouse, de la mère, ou du fils, il faut les regarder habituellement comme investis d'une exactitude qui doit échapper à tous les yeux étrangers.

C'est ainsi que l'existence domestique, vouée surtout à la culture décisive des affections sympathiques, nous procure aussi la plus difficile et la plus précieuse de toutes les connaissances réelles, celle de la nature humaine.

Quoique son étude demeure nécessairement empirique, on ne peut en puiser ailleurs des germes équivalents. Pour devenir assez systématique, il ne lui reste ainsi qu'à se compléter ensuite par une suffisante appréciation de l'existence sociale proprement dite.

Mais ce complément n'a pu vraiment surgir que d'après le récent accomplissement de la grande initiation propre à notre espèce. C'est donc à la vie de famille que l'on dut essentiellement toutes les notions, incohérentes, mais réelles, obtenues jusqu'ici sur la nature morale, et même intellectuelle, de l'homme.

Principal organe spontané de leur transmission comme de leur acquisition, la femme restera toujours, dans l'intimité domestique, notre meilleure initiatrice à ces précieuses connaissances, sans lesquelles nos méditations sociologiques ne pourraient ensuite trouver aucune base.

Ainsi la vie de famille, directement appréciée dans son centre féminin, n'est pas seulement propre à développer une culture sympathique qui ne saurait ailleurs surgir assez.

Cette principale destination s'y trouve naturellement accompagnée d'une préparation intellectuelle qu'on n'obtiendrait pas autrement.

Une telle coïncidence détermine le concours spontané des deux éléments qu'exige l'impulsion fondamentale indiquée ci-dessus comme devant graduellement transformer le caractère propre à notre activité continue.

Pendant que la vie pratique de la cité nous dévoile empiriquement les lois naturelles de l'ordre matériel, la vie affective de la famille nous initie pareillement à la connaissance de l'ordre moral qui doit le modifier sans cesse.

Cette double instruction se concentre spontanément autour du foyer domestique, où le père et la mère président respectivement à ses deux parties, dont la combinaison théorique devient ensuite le dernier résultat de toute l'initiation mentale.

Malgré la précieuse culture intellectuelle qui surgit ainsi dans la famille, c'est seulement d'après une association plus vaste et moins intime que l'esprit humain peut acquérir son essor caractéristique.

L'existence domestique reste essentiellement vouée au sentiment. Toutes les connaissances morales dont elle fournit le germe spontané ne prennent une vraie consistance que quand la vie sociale les applique à des relations plus générales.

Nos émotions y sont même trop vives et trop continues pour permettre un essor distinct de nos facultés esthétiques, qui ne commencent à se manifester assez qu'afin d'exprimer des affections étrangères à notre naissance.

Ainsi, l'existence politique, dominée par notre activité permanente, devient la source essentielle de notre développement intellectuel, à la fois théorique et pratique.

Telle est sa destination propre, d'après laquelle nous identifions souvent la marche de l'esprit humain et celle de l'état social.

Sans doute elle étend aussi l'exercice du sentiment, mais seulement en lui procurant de nouvelles applications, qui n'en changent jamais l'essence.

Des trois instincts sympathiques admis par la théorie positive de la nature humaine, aucun n'appartient exclusivement à la vie publique. Tous reçoivent dans la famille leur essor décisif.

C'est uniquement d'après cette évolution initiale que la société peut ensuite leur offrir un développement supérieur, qui ne comporterait aucune vraie consistance sans une telle base.

Il semble cependant que l'existence politique possède encore un autre attribut caractéristique, plus frappant même que l'essor intellectuel, d'après son aptitude exclusive à susciter des forces collectives, qui réagissent profondément sur toutes nos destinées.

Mais, en établissant les lois naturelles de leur formation, je prouverai bientôt que leur source réelle est surtout mentale, d'après les opinions communes qui consolident les pouvoirs émanés de la vie active.

Le sentiment et l'intelligence fournissent donc les caractères essentiels respectivement propres à l'existence domestique et à l'existence politique, quoique chacune d'elles tende aussi à développer indirectement celui qui appartient à l'autre.

Dans la famille, la sympathie s'exerce spontanément d'après des relations continues, qui sont d'abord involontaires ; la société fait surgir l'essor mental, pour diriger la coopération croissante qui la distingue.

Pendant que l'une nous pousse graduellement à l'entière générosité des sentiments, l'autre nous fait tendre de plus en plus vers la pleine généralité des pensées.

Voilà comment la vie privée et la vie publique doivent naturellement concourir à la transformation fondamentale qui constitue le but permanent de toute évolution humaine.

L'impulsion affective et l'influence spéculative tendent alors à rendre de plus en plus sympathique le caractère primitivement personnel de notre activité dominante.

Pour mieux concevoir leur concours, il faut regarder chacune d'elles comme concentrée dans le siège qui lui est propre. La condensation morale s'accomplit spontanément autour de la femme qui en constitue toujours le principal organe.

Mais la concentration mentale, qui correspond à un essor plus complexe, reste longtemps dépourvue d'un ministère assez distinct.

Néanmoins la sociologie statique, qui doit surtout considérer l'état normal sans trop examiner son avènement, peut déjà traiter ce second élément régénérateur comme aussi centralisé que le premier.

Son centre naturel consiste, en effet, dans le sacerdoce proprement dit, quelles qu'en soient, d'ailleurs, la source et l'organisation.

Aussitôt que la conception, fictive ou réelle, de l'ordre universel a pris assez de consistance pour diriger notre activité, elle ne tarde point à former le domaine habituel d'une classe ou caste distincte, autour de laquelle se condense toute l'influence spirituelle.

Une telle corporation accomplit, dans l'organisme politique, un office fondamental essentiellement équivalent à celui que la femme exerce dans l'organisme domestique.

Elle tend à modifier par l'intelligence, comme celle-ci par le sentiment, la puissance matérielle naturellement surgie de notre existence pratique.

Ces deux éléments nécessaires de l'impulsion régénératrice exigent une longue et difficile préparation, qui constitue le principal objet de la grande initiation humaine.

Ni le sexe affectif ni la classe contemplative n'ont encore atteint suffisamment leur vrai caractère et assez obtenu leur juste dignité sociale.

Pourtant leurs destinations respectives sont pleinement appréciables depuis longtemps, de manière à laisser apercevoir leurs germes spontanés dans le premier état de notre espèce.

Tandis que chacune de ces influences modératrices se développe spécialement, leur but commun doit aussi les combiner de plus en plus, quoique leur concours soit moins avancé jusqu'ici que leur essor respectif.

D'après cette comparaison abstraite entre la famille et la société, notre vie privée et notre vie publique offrent essentiellement la même nature statique et, par suite, doivent comporter une semblable appréciation dynamique, sauf la diversité des degrés.

Si la constitution domestique se réduit à systématiser l'influence de la femme sur l'homme, on peut dire également que la constitution politique consiste surtout à régler l'action du pouvoir intellectuel sur la puissance matérielle.

La préparation simultanée de ces deux éléments régénérateurs forme la principale destination de notre régime préliminaire, et leur combinaison normale doit devenir la base essentielle de notre état définitif.

Ainsi conçu, l'organisme collectif se trouve radicalement conforme à l'organisme individuel, comme l'exige leur subordination naturelle.

Dans l'existence sociale, à la fois domestique et politique, de même que dans la simple existence personnelle, le sentiment et l'intelligence concourent pour diriger l'activité.

Partout on reconnaît des éléments analogues, comme une semblable combinaison.

Un tel rapprochement ramène enfin au point de vue fondamental que le premier chapitre de ce volume a constitué d'avance pour dominer l'ensemble des conceptions sociologiques.

En effet, cette double organisation, commune à l'individu et à l'espèce, caractérise, de part et d'autre, le véritable état religieux, c'est-à-dire une complète unité.

La vraie théorie de la famille et la saine théorie de la société deviennent ainsi des conséquences nécessaires de la théorie positive de la religion.

Ayant d'abord fondé l'état synthétique sur le concours entre l'amour et la foi, je devais ensuite retrouver le sexe affectif et la classe contemplative comme les éléments connexes de l'ordre humain.

Mais, en sens inverse, l'accomplissement d'une telle vérification doit ici manifester davantage la réalité et la fécondité de ma théorie fondamentale.

Suivant ces notions générales sur la connexité naturelle entre la constitution domestique et la constitution politique, je vais compléter l'étude statique de la famille en y appréciant la réaction normale de la société, sans laquelle ses modifications de temps et de lieu resteraient inexplicables.

Cette influence générale résulte de deux sources distinctes : l'une principale, qui est involontaire, et même ordinairement inaperçue jusqu'ici ; l'autre secondaire, qui, étant plus ou moins volontaire, fut seule sentie habituellement, quoique mal jugée.

La première consiste dans les changements spontanés qu'éprouve la constitution domestique d'après la marche naturelle de l'activité qui domine toute l'existence humaine.

Mais la seconde peut se réduire aux institutions introduites pour mieux conformer les modifications de la famille à celles que subit ainsi la société, sans qu'on doive d'ailleurs considérer ici les opinions qui ont dirigé ou préparé ces efforts successifs, à moins qu'elles n'aient directement agi.

Quoique ces deux influences ne se soient presque jamais exercées immédiatement que sur les classes supérieures, elles ont affecté finalement toute la masse sociale, d'après sa tendance naturelle, à la fois volontaire et forcée, vers les changements essentiels qui furent d'abord adoptés par ses chefs.

Pour mieux concevoir la direction générale de cette double puissance, d'après laquelle la société modifie sans cesse la famille, il faut maintenant apprécier les imperfections radicales que présente toujours l'existence domestique et qui doivent ainsi subir graduellement d'heureuses transformations.

D'abord, comme je l'ai ci-dessus expliqué, les affections qu'elle développe ne sont jamais entièrement pures.

Il s'y mêle constamment une influence, plus ou moins prononcée, des instincts égoïstes, principale source de leur énergie caractéristique.

C'est même d'un tel concours que dépend l'aptitude fondamentale de la vie de famille, afin de constituer la seule transition possible entre la simple personnalité et la vraie sociabilité.

Si, d'un côté, l'existence domestique est la plus propre à nous faire bien apprécier le charme de vivre pour autrui, elle nous place, d'une autre part, dans la situation qui permet le plus à chacun d'abuser des autres.

Elle peut donc, par sa nature, développer l'égoïsme ou l'altruisme, suivant la direction qui prévaut ; ce qui explique, sans les justifier, les jugements opposés qu'elle a toujours suscités chez les philosophes.

Or cette direction prépondérante se trouve nécessairement déterminée surtout, dans l'ensemble des cas, par l'influence supérieure que chaque société exerce continuellement sur les familles qui la composent.

Voilà comment, malgré d'irrationnelles critiques, l'existence domestique développe habituellement nos instincts sympathiques, seuls pleinement compatibles avec les contacts sociaux.

Tel est donc le perfectionnement nécessaire de la famille par la société, qui en épure sans cesse le caractère dominant, de manière à réaliser de plus en plus sa grande destination morale.

Outre cette dégénération trop fréquente, où elle développe l'égoïsme au lieu de l'altruisme, l'existence domestique comporte naturellement une autre imperfection radicale, principale ressource des déclamateurs anarchiques.

Car, en constituant une unité très compacte, elle tend spontanément à la faire indûment prévaloir.

Il semble donc que, quand la vie de famille ne stimule pas la personnalité proprement dite, elle ne peut éviter de susciter un égoïsme collectif presque aussi funeste, et d'ailleurs très propre à lui servir de voile.

Mais, sans dissimuler un tel danger, on n'y doit voir qu'un inconvénient plus ou moins commun à toute association partielle.

Or, jusqu'ici nulle société ne put être vraiment générale, c'est-à-dire embrasser l'ensemble de notre espèce.

Tous les groupes limités tendent d'abord à des hostilités mutuelles, toujours d'autant plus prononcées que chacun d'eux a plus de consistance.

Malgré l'inconséquence ordinaire aux sophistes, la patrie mérite réellement des reproches analogues à ceux que comporte la famille, et pourtant sa bienfaisante influence morale n'est pas contestable.

D'après la théorie positive de la nature humaine, il faut surtout dégager nos instincts sympathiques de leur torpeur initiale, quelques dangers que puissent ensuite offrir les impulsions susceptibles d'une telle efficacité.

Car l'essor ultérieur des penchants bienveillants peut finalement corriger cette impureté primitive, quand la situation devient assez favorable.

Or, c'est ce qui résulte nécessairement de la pression que la société exerce sans cesse sur la famille, pour l'adapter à une destination plus générale.

Si la Patrie, malgré son féroce caractère initial, put seule nous élever graduellement à l'Humanité, comment l'existence domestique, douée naturellement d'une efficacité morale plus vive et plus assidue, ne nous pousserait-elle point au pur sentiment social, quoique d'après un égoïsme collectif ?

La société tend donc, sous ce second aspect comme sous le premier, à corriger de plus en plus les principales imperfections propres à la famille humaine, et à faire mieux prévaloir sa destination fondamentale.

Elle y développe cette salutaire influence par chacun des deux modes simultanés que j'ai distingués ci-dessus.

Il n'appartient qu'à la sociologie dynamique d'apprécier leur efficacité successive. Mais la statique sociale doit en indiquer déjà la source normale.

On peut ainsi reconnaître surtout que la marche graduelle de notre existence pratique a dû profondément modifier notre constitution domestique.

Cette réaction nécessaire n'est pas seulement sensible envers le changement principal, quand l'activité humaine devient enfin purement industrielle au lieu de rester essentiellement militaire, ce qui tend à perfectionner radicalement la famille par la société.

Mais une semblable tendance caractérise aussi, quoique à un moindre degré, toutes les modifications que le passé nous offre dans la vie guerrière.

Je prouverai, en dynamique sociale, que l'établissement primitif de la monogamie occidentale et son perfectionnement au moyen âge doivent être respectivement attribués à la prépondérance de l'activité militaire sur la stagnation théocratique, et à la transformation de la conquête en défense.

Quant à l'influence, accessoire mais volontaire, que j'ai ci-dessus distinguée de cette principale subordination de la famille envers la société, sa participation est tellement évidente qu'on l'a presque toujours exagérée de la manière la plus vicieuse.

Elle s'est même exercée lorsque l'activité collective offrait un caractère vraiment prononcé, qui suscita des institutions propres à y mieux adapter l'existence domestique.

Mais elle se manifeste aussi, sous une forme plus spéciale, quand la constitution politique permet au sacerdoce une suffisante indépendance.

On le voit alors occupé surtout de perfectionner systématiquement la famille humaine, quoique d'après une théorie essentiellement vicieuse, d'abord dans les antiques théocraties, et ensuite pendant le triomphe du monothéisme.

Il n'appartient qu'à mon volume final de caractériser directement la régénération fondamentale que notre existence domestique doit bientôt manifester, en résultat nécessaire de l'ensemble des modifications antérieures. Mais la statique sociale, qui détermine la tendance commune de ces variations successives, permet aussi d'en concevoir l'avènement général, quoique sans pouvoir en fixer l'époque et le mode.

On le voit ici résulter naturellement du concours normal, impossible auparavant, des deux influences ci-dessus considérées, et dont la seconde, cessant alors d'être purement accessoire, servira désormais à régler la première.

En faisant enfin prévaloir irrévocablement une activité pacifique, la nouvelle existence humaine dissipera la contradiction forcée qui existait jadis entre les bienveillantes inclinations de la famille et les instincts sanguinaires de la société.

D'une autre part, elle développera la vie de famille dans l'immense milieu qui peut le mieux la goûter, et auquel fut essentiellement interdite jusqu'ici cette unique compensation morale de sa détresse matérielle.

Alors la famille deviendra partout la base évidente de la société; et l'existence politique se présentera, réciproquement, comme destinée surtout à consolider et à perfectionner l'existence domestique.

Mais, tandis que la femme obtiendra son juste ascendant,

le sacerdoce pourra développer enfin sa légitime influence, d'après la seule religion capable d'embrasser toute la nature humaine, tant collective qu'individuelle.

Une théorie vraiment positive servira de guide habituel à son action systématique sur notre perfectionnement moral, dès lors directement relatif, dans la société comme dans la famille, aux inclinations bienveillantes dont l'existence était méconnue, ou même niée, par les synthèses antérieures.

Elle seule peut enfin dissiper l'affreuse alternative où flottent aujourd'hui tant d'observateurs consciencieux, entre une immense dissolution de l'ordre humain, à la fois domestique et politique, et la pleine réalisation des admirables vœux vainement indiqués dans toutes les utopies.

Une telle conclusion pour l'ensemble de ce chapitre doit faire sentir la justesse universelle du principe fondamental par lequel je commençai cet ouvrage : toute systématisation partielle exige la synthèse générale.

Puisé d'abord dans l'ordre purement scientifique, je l'étendis ensuite à la connexité nécessaire entre la coordination intellectuelle et la réorganisation sociale.

Enfin, on reconnaît ici que l'existence domestique et l'existence politique ne sauraient être régénérées que l'une par l'autre.

Cette conviction, que la situation occidentale développera de plus en plus, peut mieux caractériser à la fois l'immense difficulté de la synthèse moderne et les dispositions, de cœur ou d'esprit, qu'exige partout son élaboration graduelle.

XIII

C'est ainsi que le seul principe de la coopération, sur lequel repose la société politique proprement dite, suscite naturellement le gouvernement qui doit la maintenir et la développer.

Une telle puissance se présente, à la vérité, comme essentiellement matérielle, puisqu'elle résulte toujours de la grandeur ou de la richesse.

Mais il importe de reconnaître que l'ordre social ne peut jamais avoir d'autre base immédiate.

Le célèbre principe de Hobbes sur la domination spontanée de la force constitue, au fond, le seul pas capital qu'ait encore fait, depuis Aristote jusqu'à moi, la théorie positive du gouvernement.

Car l'admirable anticipation du moyen âge envers la division des deux pouvoirs fut plutôt due, dans une situation favorable, au sentiment qu'à la raison : elle ne put ensuite résister à la discussion que quand je la repris à mon début.

Tous les odieux reproches qu'encourut la conception de Hobbes résultèrent seulement de sa source métaphysique, et de la confusion radicale qui s'y trouve par suite entre l'appréciation statique et l'appréciation dynamique, qu'on ne pouvait alors distinguer.

Mais cette double imperfection n'aurait abouti, chez des juges moins malveillants et plus éclairés, qu'à faire mieux apprécier la difficulté comme l'importance de ce lumineux aperçu, que la philosophie positive pouvait seule utiliser assez.

J'ai déjà montré ci-dessus combien ce fondement matériel de toute association humaine est naturellement inévitable.

Pour le reconnaître comme indispensable, il suffit ici de supposer un instant qu'il manque ou disparaît, suivant le cas trop commun des temps d'anarchie.

Tous ceux que choque la proposition de Hobbes trouveraient, sans doute, étrange que, au lieu de faire reposer l'ordre politique sur la force, on voulût l'asseoir sur la faiblesse.

Or, c'est là pourtant ce qui résulterait de leur vaine critique, d'après mon analyse fondamentale des trois éléments nécessairement propres à toute puissance sociale.

Car, faute d'une véritable force matérielle, on serait obligé d'emprunter à l'esprit et au cœur des fondements primitifs que ces chétifs éléments sont toujours incapables de fournir.

Uniquement aptes à modifier dignement un ordre préexistant, ils ne sauraient accomplir aucun office social là où la force matérielle n'a point d'abord établi convenablement un régime quelconque.

Quand cette première base politique n'existe pas ou ne suffit plus, le cœur et l'esprit, loin de tenter d'y suppléer, doivent noblement tendre à la reconstruire ou à la réparer, en utilisant assez la situation correspondante.

Ce serait donc vouloir tenir la science sociale à jamais enveloppée dans les nuages métaphysiques que d'éprouver aujourd'hui la moindre répugnance envers un principe philosophique qui, combiné avec celui d'Aristote, pût seul préparer assez la sociologie.

Pour mieux apprécier sa nécessité, il faut consulter la théorie positive de la nature humaine, établie par mon premier volume.

J'en ai déjà déduit ci-dessus la prépondérance cérébrale

des penchants qui nous entraînent à commander sur ceux qui nous disposent à obéir.

Or, les premiers, ne pouvant être convenablement satisfaits que chez quelques familles, doivent naturellement pousser tous les autres à la révolte chronique contre un régime quelconque.

L'ensemble du passé ne confirme que trop cette tendance, quoique notre longue initiation théologique et militaire fût surtout apte à constituer la puissance sociale en consolidant la soumission.

Ces impulsions perturbatrices bouleverseraient sans cesse l'humanité, de manière à y empêcher tout progrès continu, si une force assez énergique, c'est-à-dire matérielle, ne leur offrait constamment une salutaire résistance.

Nos temps d'anarchie sont très propres à confirmer un tel besoin, d'après la fréquente insuffisance de ce premier frein social, depuis la rupture de l'ancienne discipline mentale et morale.

Tous voulant aujourd'hui commander, et pouvant souvent espérer d'y parvenir, chacun n'obéit ordinairement qu'à la force, sans céder presque jamais par raison ou par amour.

De là résulte habituellement une affligeante dégradation, chez ceux-là même qui déplorent amèrement la prétendue servilité de leurs prédécesseurs.

Mais, après cette explication nécessaire sur le premier fondement de toute organisation sociale, il n'importe pas moins de reconnaître son insuffisance naturelle.

La force proprement dite a toujours besoin d'être d'abord doublement complétée et ensuite convenablement réglée, pour servir de base durable au gouvernement politique.

Car sa suprématie doit surtout fournir un digne organe

à la fonction générale ci-dessus reconnue comme résultant du régime coopératif.

Or, cette puissance n'émanant, d'ordinaire, que des pouvoirs partiels qui président aux opérations élémentaires, elle ne peut jamais avoir spontanément un esprit d'ensemble assez exercé pour correspondre à une telle destination.

Du moins, cette aptitude n'y saurait être qu'exceptionnelle et ne doit même suffire qu'envers les sociétés peu développées.

Pour saisir l'ensemble d'une économie aussi compliquée, de manière à le faire comprendre et respecter de tous, il faut au pouvoir politique une culture intellectuelle, envers le passé et l'avenir, que ne suppose point, et même que ne comporte guère, cette origine habituelle.

Une telle conciliation, déjà rare dans la civilisation militaire, où les opérations partielles sont pourtant plus synthétiques, restera toujours impossible au sein des sociétés industrielles, où les plus vastes conceptions pratiques demeurent nécessairement trop étroites.

Sous ce premier aspect, la force prépondérante a donc besoin d'un complément intellectuel, sans lequel son principal office ne saurait être assez rempli, même quant à la simple répression, et surtout envers la direction proprement dite.

En second lieu, l'influence morale lui est également indispensable pour obtenir ou conserver la juste vénération qu'exige toujours sa destination sociale, et d'abord même sa propre existence.

N'oublions pas, en effet, que l'ascendant politique résulte, directement ou indirectement, d'un concours plus ou moins volontaire, d'ailleurs actif ou passif, constamment susceptible d'être rompu quand l'harmonie affective devient insuffisante.

Même sans que les opinions dominantes soient réellement anarchiques, un pouvoir toujours surveillé et envié peut être renversé, dans les États les mieux réglés, si les sentiments publics le repoussent assez.

Son ascendant spontané ne peut donc pas le dispenser davantage d'une consécration morale que d'un guide intellectuel.

XIV

Telles sont les cinq oppositions essentielles, intimement liées l'une à l'autre, qui rendent irrécusable la séparation fondamentale des deux puissances élémentaires.

Chacun de ces rapprochements conduit à reconnaître l'indépendance du sacerdoce, soit comme conseiller, consécrateur et régulateur des autorités pratiques, soit comme principal organe de la solidarité universelle, et surtout de la continuité humaine.

Mais, en même temps, tous ces motifs concourent à démontrer la nécessité, morale et mentale, de lui interdire toujours la domination temporelle et, par conséquent, la richesse.

Pour développer et maintenir la généralité de pensées et la générosité de sentiments qui conviennent à sa destination sociale, il doit soigneusement écarter les diverses sollicitudes spéciales.

Tout commandement lui devient doublement funeste, soit en préoccupant son esprit de détails qui gênent la vue de l'ensemble, soit en corrompant son cœur par l'habitude d'employer la force au lieu de la raison et de l'amour.

On doit sans doute admirer l'incomparable Aristote, qui, dans un temps où les deux pouvoirs étaient pleinement confondus, sut seul éviter toujours les puissantes séductions de la pédantocratie métaphysique.

Mais, depuis la séparation propre au moyen âge, l'anarchie moderne ne saurait excuser les penseurs qui, sous une ambition vulgaire, méconnurent une obligation aussi conforme aux lois les mieux établies de la nature humaine.

En voyant, par exemple, Descartes et Leibnitz échapper dignement à cette dégénération, on s'afflige d'y voir pleinement succomber Bacon, dont l'esprit ne peut là se trouver justifié qu'aux dépens de son cœur.

Mais la raison publique ne tardera point à seconder l'utile résistance des gouvernements actuels, pour repousser radicalement les aveugles prétentions politiques de nos prétendus penseurs.

Sous l'impulsion systématique du positivisme, elle flétrira directement toute aspiration réelle des théoriciens à la puissance temporelle, comme un symptôme certain de médiocrité mentale et d'infériorité morale.

XV

Il ne faut jamais exagérer la nouveauté réelle de la formule sacrée des positivistes, que je destinai toujours à représenter l'ensemble de l'existence humaine, individuelle ou collective, et chacun de ses modes essentiels: *l'Amour pour principe; l'Ordre pour base; et le Progrès pour but.*

Un tel tableau n'est vraiment neuf que dans sa construction systématique; mais les plus anciennes ébauches en représentent nécessairement le fond spontané, qui résulte directement de notre immuable nature.

Cela devient évident quant au moyen terme, par lequel la formule commença chez les antiques théocraties, où il enveloppait les deux autres sans les dissimuler.

Envers le premier, j'ai déjà noté que l'influence continue des affections bienveillantes ne date pas de leur récente appréciation théorique.

Avant que la doctrine religieuse pût les consacrer, leur existence était pleinement reconnue par tous les esprits qui ne s'assujettissaient point à la coordination systématique, et surtout chez les anciens poètes.

On peut même porter un jugement analogue à l'égard du dernier terme de cette formule, malgré l'opinion longtemps consacrée sur l'immobilité de l'ordre humain.

Dans l'existence privée, la poursuite continue du progrès moral est déjà représentée comme le noble but de l'Humanité, par les plus antiques monuments de notre sagesse, les admirables livres propres à la théocratie hébraïque.

Quant à la vie publique, le sentiment d'une semblable destination se trouve pareillement indiqué, aussitôt que surgit une véritable activité collective, par le libre essor du régime militaire, inspirant toujours la pensée universelle d'une croissante domination.

Ainsi, la formule qui convient explicitement à l'état adulte de l'humanité s'applique aussi, quoique implicitement, à son enfance et à son adolescence, qu'elle rend mieux appréciables.

On reconnaît également que la constitution normale du sacerdoce, malgré sa réalisation très tardive, se retrouve, au fond, dans les plus antiques tentatives de systématisation humaine ; car elle correspond à une constante destination sociale, d'après une nature non moins fixe.

Chacune de ces conditions essentielles se trouve spontanément appréciée de très bonne heure, quoique leur coordination systématique ne pût s'accomplir avant moi.

La plus décisive de toutes, une sincère et constante renonciation à la grandeur, et même à la richesse, fut toujours sentie empiriquement, soit par les dignes types sacerdotaux, soit d'après l'instinct universel, comme autant indispensable à l'esprit qu'au cœur.

En subissant la fatalité historique qui l'entraînait à violer enfin cette prescription fondamentale, en vertu même de la précocité de son admirable tentative, le catholicisme du moyen âge y craignit une source trop réelle d'intime dégénération.

Quand ce sacerdoce, d'après une nécessité temporaire, mais irrésistible, expliquée au volume suivant, s'imposa la règle du célibat, il sentit encore mieux que cette exception était directement contraire à la loi naturelle qui érige les affections domestiques en source et garantie du vrai sentiment social.

Car la sagesse théocratique, vulgarisée par la poésie ancienne, ne pouvait laisser, à cet égard, aucun doute essentiel.

Enfin, si l'on considère la constitution du pouvoir spirituel non seulement en elle-même, mais aussi quant à son double appui social, on voit que les indications de mon discours préliminaire envers le régime final furent toujours senties spontanément.

Malgré l'infériorité de la condition civile des femmes chez les anciens, l'affinité naturelle du sexe affectif envers la classe contemplative, et leur commune opposition à la prépondérance matérielle, n'ont jamais cessé d'offrir au sacerdoce un précieux auxiliaire.

Longtemps avant le moyen âge, qui seul émancipa dignement la femme, les théocraties de l'Égypte, de la Chaldée et de l'Inde, comme ensuite celles du Mexique et du Pérou, utilisèrent profondément cette assistance domestique pour mieux remplir leur office social.

Il en est de même envers l'énergique appui populaire, dont le plein essor dut être encore plus tardif.

Dès le premier âge théocratique, la décomposition naturelle de la force matérielle en concentrée et dispersée, expliquée au chapitre précédent, fournit au sacerdoce un secours analogue à celui du prolétariat moderne, et seulement moins développé.

Le régime militaire ne put même empêcher une semblable influence, qui poussa si fréquemment les soldats contre les officiers, d'après les instigations, souvent légitimes, des prêtres de la haute antiquité.

Sous tous les rapports, on doit donc éviter soigneusement la tendance métaphysique qui dispose à confondre l'avènement systématique des diverses institutions humaines avec leur essor spontané, toujours aussi ancien que notre civilisation.

L'esprit positif prescrit au nouveau sacerdoce de concevoir, au contraire, toute systématisation comme fondée sur une longue préexistence empirique.

Au fond, la constitution propre du vrai pouvoir spirituel, celui qui modifie les volontés sans commander les actes, dut toujours être essentiellement la même.

Seulement elle n'a pu devenir que fort tard pleinement systématique, en se dégageant assez des fictions mystiques qui dissimulaient sa destination sociale.

Elle est donc aujourd'hui plus directe et plus complète, dès lors mieux appréciable.

Mais, après l'avoir ainsi saisie dans le cas le plus favorable à sa vraie manifestation, nous pouvons et nous devons transporter ce type à tous les âges antérieurs, afin d'en éclaircir l'étude positive.

Une puissante considération morale confirme aussitôt cette obligation rationnelle, en imposant au sacerdoce positiviste une généreuse solidarité envers l'ensemble de ses précurseurs théologistes, et même fétichistes.

La religion qui développe le mieux la conception et le

sentiment de la continuité humaine prescrit naturellement à ses ministres de se regarder toujours comme les héritiers de l'ensemble des sacerdoces antérieurs.

Sans cette constante disposition d'esprit et de cœur, ils ne pourraient pas même étendre aujourd'hui leur notion du vrai Grand-Être à toute la planète humaine, dont les divers territoires offrent encore des distinctions religieuses analogues à celles des différents âges sociaux.

XVI

Envers les deux autres parties de l'existence sociale, le tableau normal que j'ai dû tracer, d'après la vraie théorie de la nature humaine, diffère beaucoup, sans doute, du spectacle habituel qui partout prévaut aujourd'hui.

Mais ce fatal contraste devient encore plus complet pour ce troisième mode, dont les deux précédents doivent régler la suprématie nécessaire.

L'existence morale, quoique gravement altérée, est, au fond, la moins troublée dans l'anarchie occidentale, où le sentiment soutient presque seul l'unité personnelle et sociale.

Notre vie intellectuelle offre des perturbations plus profondes, caractérisées surtout par la prépondérance habituelle des parleurs sur les penseurs.

Toutefois, le principal désordre affecte aujourd'hui l'existence matérielle, où les deux éléments nécessaires de la force dirigeante, c'est-à-dire le nombre et la richesse, vivent dans un état croissant d'hostilité mutuelle, qui doit leur être également reproché.

Quoique le premier, d'après le concours qu'il suppose, apprécie mieux les impulsions sympathiques et les pensées synthétiques, ses tendances ordinaires sont profondément subversives, non seulement par l'esprit, mais même par le cœur.

Il accueille avidement les plus absurdes utopies, sans reconnaître aucune vraie discipline mentale, sauf envers les jongleurs ou les rêveurs.

Toutes ses aspirations sociales l'entraînent à fonder une brutale oppression contre les chefs nécessaires des opérations pratiques.

Mais la force concentrée reste encore plus déréglée maintenant que la force dispersée; ou, du moins, ses perturbations se font mieux sentir, comme étant plus chroniques.

Quoique l'ensemble du régime préliminaire dût plutôt tendre à développer tous nos pouvoirs qu'à les discipliner, cependant leur réaction spontanée institua toujours un frein quelconque, surtout envers le plus abusif, tant que l'influence intellectuelle assista suffisamment l'impulsion morale.

Pendant la longue splendeur de la théocratie initiale, la richesse fut activement soumise à de sévères obligations sociales.

La grande transition militaire maintint et développa ces prescriptions sacerdotales, sous l'invocation, souvent vicieuse d'ailleurs, du salut public.

Elles furent profondément perfectionnées par la civilisation féodale, qui, dans sa fréquente pratique des confiscations, ébaucha même le caractère sociocratique de la propriété, dont l'institution théocratique avait jusqu'alors prévalu.

C'est seulement depuis que l'anarchie moderne a détruit toutes les constructions provisoires, émanées d'un régime admirable, mais insuffisant, que l'emploi de la richesse occidentale se trouve habituellement dépourvu de règles quelconques.

Le lâche égoïsme que Dante, au nom du moyen âge, excluait même des honneurs infernaux, a fini par être érigé légalement en état normal des riches, auxquels les mœurs ont d'ailleurs cessé d'imposer aucun devoir social.

Notre sacerdoce officiel, loin de combattre cette double dégradation, y participa de plus en plus, jusqu'à tourner contre les pauvres sa mission régulatrice.

Quand l'abus a suscité des réclamations décisives, elles ont seulement développé les tendances négatives que je viens d'indiquer.

Même leur essor habituel indique moins un désir sincère de régénération qu'un besoin de l'envie ou un calcul de l'ambition.

Soit donc qu'on pousse les pauvres contre les riches, ou qu'on sanctionne l'indifférence des riches envers les pauvres, l'harmonie matérielle se trouve altérée plus profondément que l'unité morale, ou même intellectuelle.

Il ne faut pas s'étonner de voir plus troublée qu'aucune autre l'existence la plus compliquée, et d'ailleurs la plus exposée aux passions perturbatrices.

Ne pouvant être suffisamment réglée que d'après le concours habituel de l'influence intellectuelle avec l'influence morale, le désordre qu'éprouvent celles-ci doit maintenant retomber sur elle.

Enfin, l'anarchie moderne a dû d'autant plus affecter notre régime pratique qu'elle s'est développée pendant qu'il subissait spontanément sa transformation la plus intime et la plus difficile, pour le passage définitif de la vie guerrière à l'activité industrielle.

XVII

D'après une fausse théorie de la nature humaine, notre longue révolte contre toute autorité, actuelle ou antérieure, a fait profondément méconnaître les tendances respectives de l'obéissance et de l'insubordination.

Malgré les apologies intéressées qu'on prodiguait à celle-ci et les outrages systématiques dont celle-là devenait l'objet, l'instinct pratique a rectifié, chez les prolétaires et les femmes, les aberrations sophistiques de leurs guides provisoires.

Les lois générales de la nature humaine, toujours subies avant d'être connues, ont fait partout sentir empiriquement combien la soumission est moralement supérieure à la révolte.

Depuis que la saine théorie cérébrale permet de systématiser cet instinct universel, on peut reconnaître, même envers les animaux, que les penchants d'où dépend l'obéissance volontaire, seule vraiment durable, surpassent en noblesse les tendances indisciplinables.

Outre l'admirable maxime du grand Corneille (*on va d'un pas plus ferme à suivre qu'à conduire*), les populations modernes ne se regarderont pas comme dégradées par la fatalité sociale qui leur prescrit une soumission habituelle.

Au contraire, chacun sentira la tendance normale d'une telle situation à développer en nous les instincts de vénération et d'attachement les plus propres à consolider le vrai bonheur humain, tant public que privé.

En reconnaissant la nécessité du commandement, on regardera ses organes exceptionnels comme toujours exposés à de graves dégénérations morales par une active personnalité, dont toute âme sage se félicitera d'être préservée.

En effet, cette funeste corruption, encore plus nuisible au bonheur privé qu'au bien public, ne peut être alors prévenue ou réparée que d'après un vaste essor de la sociabilité, qui ne saurait assez surgir tant que la prépondérance temporelle reste trop dispersée.

La rectification normale des principales déviations de l'existence pratique résulte donc de son propre cours, puisqu'elle consiste surtout dans son institution sociale, vers laquelle il tend nécessairement.

Ce caractère civique ennoblit à la fois le commandement et l'obéissance, en même temps qu'il les discipline, d'après un actif sentiment des divers devoirs.

Son essor spontané constitue le meilleur attribut de notre initiation militaire, mais seulement chez une population partielle, et sous les conditions convenables.

Au contraire, cette systématisation sociale devient la principale difficulté de notre existence définitive, d'après la marche privée que conserve longtemps l'évolution industrielle.

Elle s'y complique d'une grave question, relative à l'office général des capitaux humains, dont l'examen abstrait doit ici compléter cette appréciation statique de la vie active.

Quoique la répartition des richesses ait finalement troublé le régime militaire, elle n'y pouvait offrir les mêmes dangers que dans l'ordre industriel.

Tant que la conquête laissa l'espoir de multiplier beaucoup les nouvelles acquisitions, la possession des anciennes fut aisément respectée, outre sa consécration théocratique, et cette tendance permit, en effet, des accumulations qui devinrent ensuite impossibles.

Mais depuis que, chez l'élite de l'humanité, les capitaux ne peuvent plus se concentrer ordinairement par la violence, leur lente condensation sous la libre influence du don et de l'échange a suscité de graves difficultés sociales envers leur distribution effective.

En même temps, ils ont pris dans l'existence industrielle une importance que la vie guerrière n'admettait pas.

Quand celle-ci prévalait, la richesse ne devenait le signe de la puissance que comme manifestant son résultat naturel, mais sans jamais former sa source nécessaire.

Toutefois, cette dernière transformation dut commencer au moyen âge, sous la prépondérance du régime défensif, et d'après la dispersion correspondante du commandement militaire.

On voit, en effet, la richesse, au moins territoriale, acquérir alors une haute importance sociale, souvent supérieure aux mœurs aristocratiques. Ainsi s'annonçait l'office encore plus fondamental que lui réservait finalement l'existence industrielle.

Depuis que celle-ci prévaut, la richesse n'est plus seulement le signe de la force matérielle, mais aussi sa principale source habituelle, d'après l'empire qu'elle procure sur la masse active.

J'ai donc pu la désigner, au chapitre précédent, comme constituant la force concentrée, par contraste à la force dispersée qui résulte du nombre.

Dans ce mode final de l'existence pratique, la possession des capitaux fournit le principal titre à la direction des travaux spéciaux.

Une incapacité exceptionnelle pourrait seule empêcher un tel avantage de prévaloir sur la meilleure aptitude industrielle dépourvue de ces instruments nécessaires.

Le développement de la saine éducation universelle doit consolider cette disposition naturelle, en rendant plus rare et moins nuisible une telle exception.

Sous le régime guerrier, outre que la richesse avait moins d'influence, le mérite personnel était plus indispensable aux chefs pratiques.

Dans l'ordre moderne, ceux-ci deviennent principalement les administrateurs nécessaires des capitaux humains, et leurs fonctions supportent davantage la médiocrité.

Quand cet ordre sera dignement systématisé, cette différence y permettra plus de régularité, en y diminuant l'influence individuelle.

Mais, tant que dure l'anarchie occidentale, un tel caractère doit, au contraire, aggraver les perturbations suscitées par d'envieux déclamateurs et des rivaux acharnés, en affaiblissant le respect qu'exige une telle prépondérance.

Toutefois, ce danger permanent trouve aussi sa réparation normale dans une digne systématisation sociale de l'existence industrielle.

Car, si l'administration des capitaux humains exige, en effet, aussi peu de mérite personnel que le supposent nos utopistes, ce doit être un motif de plus pour maintenir, chez ses organes actuels, une fonction dont la stabilité et la sécurité sont socialement indispensables.

Les riches indignement oisifs, comparables à ceux que Dante plaçait au vestibule de son enfer, restent donc les seuls qui doivent vraiment redouter une sérieuse appréciation sociale.

Mais cette classe, de plus en plus exceptionnelle, tend évidemment à disparaître et comporte d'ailleurs une heureuse transformation qu'expliquera mon quatrième volume, et qui doit essentiellement dispenser de toute violence envers ces parasites.

Quant aux riches actifs, seuls véritables chefs temporels de la société moderne, ils ne peuvent que gagner beaucoup, aussi bien en stabilité qu'en vénération, à prendre moralement un vrai caractère social, sous l'impulsion systématique de la religion positive.

Le nouveau sacerdoce, non moins indépendant du prolétariat que du patriciat, saura consacrer profondément cet office nécessaire, dont les dignes organes deviendront ainsi les ministres de la providence matérielle instituée par le Grand-Être envers l'ensemble de ses serviteurs.

Cette consécration subjective sera d'autant plus respectée, et la discipline correspondante d'autant plus efficace, que ces chefs temporels doivent être à la fois moins nombreux et plus puissants que ne le comporte l'anarchie actuelle, afin de mieux remplir leur destination sociale.

Les envieux débats suscités par l'abus des richesses depuis l'irrévocable rupture de l'ancienne synthèse à la fin du moyen âge disposent aujourd'hui les cœurs et les esprits révolutionnaires à d'ombrageuses défiances et à des restrictions tyranniques envers une telle force.

Mais la masse des prolétaires et des femmes, sincèrement pure de toute prétention au partage, au moins dans les villes, sent, comme le petit nombre des vrais philosophes, que la concentration des capitaux et la sécurité de leur emploi importent beaucoup à leur efficacité civique.

Suivant la maxime posée dans mon discours préliminaire, de grands devoirs supposent de grandes forces.

Le vrai régime de l'avenir, fondé sur la théorie positive de la nature humaine, individuelle et collective, est surtout caractérisé par la confiance et la liberté, conditions normales d'une sage responsabilité.

Cette garantie continue doit rester essentiellement

morale et ne devenir politique que dans les cas extrêmes, dont la diminution graduelle fournira la meilleure mesure de l'ensemble du perfectionnement humain.

Sous la salutaire prépondérance de la religion positive, l'anarchie métaphysique se trouvera définitivement discréditée, comme également incapable de soutenir aucune discussion décisive et de fournir aucun véritable remède.

Le patriciat industriel, devenu plus digne et mieux respecté, se sentira voué directement à l'incomparable félicité résultée d'une activité soutenue des trois instincts sociaux, l'attachement au sexe affectif, la vénération pour le sacerdoce et la bonté envers le prolétariat.

Patron temporel de toutes les existences utiles, il sentira sincèrement la supériorité religieuse des trois autres providences humaines, dont il doit garantir la sécurité matérielle afin de mieux subir leur réaction morale, intellectuelle et sociale.

Ce sont les classes transitoires, militaires et métaphysiques, interposées maintenant entre ces quatre éléments essentiels de l'ordre normal qui produisent ou perpétuent nos principales perturbations.

XVIII

Appréciée sous un aspect plus général, cette institution didactique tend directement à caractériser profondément la religion correspondante.

Car elle fait spontanément ressortir la nature fondamentale du régime positif, qui, destiné surtout à discipliner systématiquement toutes les forces humaines, repose principalement sur le concours continu du sentiment avec la raison pour régler l'activité.

Or, cette suite d'entretiens représente toujours le cœur

et l'esprit se concertant religieusement afin de moraliser la puissance matérielle à laquelle le monde réel est nécessairement soumis.

La femme et le prêtre y constituent, en effet, les deux éléments essentiels du véritable pouvoir modérateur, à la fois domestique et civique.

En organisant cette sainte coalition sociale, chaque élément procède ici selon sa vraie nature : le cœur y pose les questions que résout l'esprit.

Ainsi la composition même de ce catéchisme indique aussitôt la principale conception du positivisme : l'homme pensant sous l'inspiration de la femme, pour faire toujours concourir la synthèse et la sympathie, afin de régulariser la synergie.

D'après une telle institution du nouvel enseignement religieux, il s'adresse de préférence au sexe affectif.

Cette prédilection, déjà conforme au véritable esprit du régime final, convient surtout à la transition extrême, où toutes les influences propres à l'état normal doivent toujours fonctionner plus fortement, mais moins régulièrement.

Quoique les dignes prolétaires me semblent devoir bientôt accueillir beaucoup cet opuscule décisif, il convient davantage aux femmes, surtout illettrées.

Elles seules peuvent assez comprendre la prépondérance que mérite la culture habituelle du cœur, tant comprimée par la grossière activité, théorique et pratique, qui domine l'Occident moderne.

C'est uniquement dans ce sanctuaire qu'on peut aujourd'hui trouver la digne soumission d'esprit qu'exige une régénération systématique.

Pendant les quatre dernières années, un déplorable exercice du suffrage universel a profondément vicié la raison populaire, jusqu'alors préservée des sophismes constitutionnels et des complots parlementaires, concentrés chez les riches et les lettrés.

Développant un aveugle orgueil, nos prolétaires se sont crus ainsi dispensés de toute étude sérieuse pour décider les plus hautes questions sociales.

Quoique cette dégénération soit beaucoup moindre chez les Occidentaux du Midi, que la résistance catholique abrita contre la métaphysique protestante ou déiste, des lectures négatives commencent à l'y trop propager.

Je ne vois partout que les femmes, qui, d'après leur salutaire exclusion politique, puissent m'offrir un point d'appui suffisant pour faire librement prévaloir les principes d'après lesquels les prolétaires deviendront enfin capables de bien placer leur confiance théorique et pratique.

La profonde anarchie des intelligences motive d'ailleurs cet appel spécial de la religion positive au sexe affectif, rendant plus nécessaire que jamais la prépondérance du sentiment, qui maintenant préserve seul la société occidentale d'une entière et irréparable dissolution.

Depuis la fin du moyen âge, c'est uniquement l'intervention féminine qui contient secrètement les ravages moraux propres à l'aliénation mentale vers laquelle tendit de plus en plus l'Occident, et surtout son centre français.

Ce délire chronique étant désormais à son comble, puisque aucune maxime sociale ne surmonte une discussion corrosive, les sentiments soutiennent seuls l'ordre occidental.

Mais eux-mêmes se trouvent déjà fort altérés d'après les réactions sophistiques, toujours favorables aux instincts personnels, qui, d'ailleurs, ont plus d'énergie.

Parmi les trois penchants sympathiques propres à notre vraie constitution cérébrale, les deux extrêmes sont très affaiblis, et le moyen presque éteint, chez la plupart des hommes qui maintenant participent activement à l'agitation occidentale.

En pénétrant au sein des familles actuelles, on voit combien l'attachement conserve peu de force dans les relations qui doivent le développer le mieux.

Quant à la bonté générale, tant prônée aujourd'hui, elle indique davantage la haine des riches que l'amour des pauvres. Car la philanthropie moderne exprime trop souvent une prétendue bienveillance avec les formes propres à la rage ou à l'envie.

Mais le plus usuel des trois instincts sociaux, comme offrant la seule base directe de toute vraie discipline humaine, est encore plus altéré que les deux autres.

Cette dégénération, sensible surtout parmi les lettrés et les riches, s'étend même chez les prolétaires, à moins qu'une sage indifférence ne les détourne du mouvement politique.

La vénération peut cependant persister au milieu des plus grands égarements révolutionnaires, dont elle fournit spontanément le meilleur correctif.

J'en fis jadis l'épreuve personnelle pendant la phase profondément négative qui dut précéder mon essor systématique. Alors l'enthousiasme me préserva seul d'une démoralisation sophistique, quoiqu'il m'exposât spécialement aux séductions passagères d'un jongleur superficiel et dépravé.

La vénération constitue aujourd'hui le signe décisif qui caractérise les révolutionnaires susceptibles d'une véritable régénération, quelque arriérée que soit encore leur intelligence, surtout parmi les communistes illettrés.

Mais, quoique ce précieux symptôme se vérifie maintenant chez l'immense majorité des négativistes, il manque certainement à la plupart de leurs chefs, sous une anarchie qui fait partout prévaloir temporairement les mauvaises natures.

Ces hommes vraiment indisciplinables exercent, malgré leur petit nombre, une vaste influence, qui dispose à la fermentation subversive tous les cerveaux dépourvus de convictions inébranlables.

Envers cette peste occidentale, il ne peut maintenant exister d'autre ressource habituelle que le mépris des populations ou la sévérité des gouvernements.

Mais la doctrine qui seule régularisera cette double garantie ne saurait d'abord comporter d'autre appui décisif que le sentiment féminin, bientôt assisté par la raison prolétaire.

Sans la digne intervention du sexe affectif, la discipline positive ne parviendrait point à refouler aux derniers rangs ces prétendus penseurs, qui tranchent en sociologie, quoiqu'ils ignorent l'arithmétique.

Car le peuple, partageant encore, à beaucoup d'égards, leurs vices principaux, reste incapable jusqu'ici de seconder le nouveau sacerdoce contre ces dangereux parleurs.

Je ne puis, du moins, espérer immédiatement un concours collectif que chez les prolétaires demeurés étrangers à nos débats politiques, quoique spontanément attachés, comme les femmes elles-mêmes, au but social de la grande révolution. Tel est le double milieu préparé pour ce catéchisme.

XIX

L'explication que vous voulez bien me demander sur la déplorable exception que nous subissons maintenant peut se réduire au simple prolongement de notre entretien de septembre. Car, au fond, la situation républicaine de la France n'a pas réellement changé ; sa suspension actuelle reste purement officielle. Un dictateur tyrannique s'y trouve simplement transformé en un ridicule personnage de théâtre, le vrai *mamamouchi* de Molière. Il se croit, et on le croit *légalement*, devenu inviolable et héréditaire, d'après la décision des paysans français, qui pourraient, avec autant d'efficacité, lui voter deux cents ans de vie ou l'exemption de la goutte. Mais les affaires humaines ne se conduisent point selon de tels caprices ; les lois qui les dirigent ont, depuis longtemps, détruit à jamais la royauté française, où s'était condensée toute la rétrogradation moderne. Cette irrévocable abolition fut réellement accomplie le 10 août 1792, après un siècle de putréfaction croissante, qui l'annonçait de loin, sans que cet arrêt historique ait ensuite été révoqué, malgré les fictions officielles, puisque aucun de nos dictateurs successifs ne fut héréditaire ni même inviolable, en dépit de ses prétentions légales.

La parodie actuelle constitue la plus vaine et la moins durable de ces illusions monarchiques. Aussi personne ne la prend au sérieux. Hors du monde officiel, on ne peut prononcer sans rire le titre d'*Empereur :* cet *empire* sans victoires est encore plus du ressort du *Charivari* que ne l'était auparavant notre *montagne* sans échafauds.

Je viens d'écrire au digne tzar Nicolas une longue lettre, qui sera publiée, vers le milieu de 1853, dans la Préface du tome troisième de ma *Politique positive*, dont j'envoie à cet homme d'Etat les deux premiers volumes avec le *Catéchisme positiviste*. Pour lui donner brièvement une juste idée de la situation française, je me suis trouvé conduit à insérer, dans cette lettre, le petit *itinéraire* de notre empirisme républicain, que j'eus le plaisir de vous montrer en septembre, et qui ne tenait aucun compte de l'*Empire*, en tant que rédigé le 17 juin. Or, la seule modification que j'aie cru devoir indiquer au tzar sur cet incident se réduit à cette petite note envers la crise prévue comme devant concilier la dictature avec la liberté : « Le vain épisode qui s'accomplit en ce moment sous un rétrograde démagogue doit plutôt hâter que retarder cette quatrième crise, en augmentant ses motifs et diminuant ses obstacles. »

En effet, cet *empire* de trois semaines paraît déjà vieux, parce que son chef était préalablement jugé d'après une dictature irrécusable. S'il avait pu supplanter Louis-Philippe dans les audacieuses tentatives de Strasbourg ou de Boulogne, le public français lui aurait certainement accordé quelques années de libre épreuve impériale ; car alors il était encore vierge et pouvait être pris à l'essai comme l'autre. Même l'an dernier il aurait encore pu devenir, pour quelque temps, un *empereur* sérieux, s'il eût osé remplacer ainsi le régime parlementaire, parce que le cas était analogue, aux yeux des hommes impartiaux, qui sentaient combien son pouvoir antérieur était annulé par l'assemblée anarchique.

Aujourd'hui, rien de semblable. Il arrive à trôner après avoir constaté son insuffisance politique et son caractère irrévocablement rétrograde, d'après une année de pleine dictature, que lui-même ne peut jamais désavouer comme incomplète. Cet avènement présente d'ailleurs le contraste décisif d'un changement, légalement censé fort grave, auquel on n'applique aucun motif sérieux : c'est une simple fantaisie personnelle, ou tout au plus nationale, qui détermine la transformation de la république en monarchie, c'est-à-dire la plus grande de toutes les modifications politiques, si elle était réelle.

L'ordre n'est aucunement invoqué pour l'appuyer, et jamais il ne pourrait l'être sans condamner la dictature antérieure. Aussi ceux-là mêmes qui l'exploitent montrent, par leur empressement à piller la France, combien ils sentent la fragilité de cette sorte de *cent-jours* en sens contraire.

Le protocole officiel indique déjà la fausseté d'une situation sans motifs, où l'autorité tâche de s'étayer entre Dieu et le Peuple, suivant la ridicule devise de Mazzini, malgré l'impuissance de l'un des appuis et la fluctuation de l'autre.

Il n'existe d'ailleurs aucun intérêt collectif qui soit sérieusement lié à cette *mamamouchade*, pas seulement au degré d'adhésion qu'avait obtenu Louis-Philippe.

Ce *régime* est trop rétrograde pour convenir aux prolétaires, surtout urbains, et trop démagogique pour plaire aux riches, qui craignent qu'on ne veuille se populariser à leurs dépens.

Quant au respect, on sent ce qu'il peut être d'après la source d'un pouvoir résulté de suffrages, méprisables pour la plupart d'après leur incompétence mentale et morale, et même méprisés, sauf l'admiration de chaque votant envers son propre vote, laquelle ne l'empêche point de déplorer l'incapacité ou l'indignité des autres suffragants.

La force matérielle qui l'appuie seule commence à sentir sa fausse position sociale. Auparavant, elle pouvait se regarder comme assurant l'ordre ; maintenant, elle n'est qu'au service d'un personnage discrédité et devient une escorte théâtrale. Car le renversement d'un tel régime n'entraîne plus aucune crainte sérieuse et générale d'anarchie politique. L'alternative de l'an dernier n'existe plus.

Entre l'*empire* et la *démagogie* rouge, ce personnage a lui-même tracé d'avance le véritable intermédiaire, la *dictature républicaine*, devenue seulement progressive au lieu d'être rétrograde, sous un autre chef, en respectant la pleine liberté d'exposition et de discussion.

De plus, une telle domination suspend spontanément les dissidences profondes qui séparent entre eux les divers genres de républicains, tous ainsi ralliés contre une même oppression.

Or, leur nombre est aujourd'hui devenu beaucoup plus

grand qu'il ne le fut sous la Convention. Les quatre dernières années ont irrévocablement détruit le prestige qui soutint les rétrogradateurs antérieurs, en prouvant que la république pouvait prévaloir ici sans guillotinades, et qu'elle comportait même en faveur de l'ordre des mesures plus énergiques que la monarchie, par cela même qu'elle garantit le progrès.

Cet épisode ne peut donc durer que le temps nécessaire pour stimuler et rallier les diverses influences qui doivent concourir à sa terminaison nécessairement violente. Un tel dénouement est trop prochain pour que le positivisme y puisse intervenir, autrement qu'en le prévoyant, quelque favorable que soit à notre avènement politique une situation qui nous représente comme les seuls républicains véritables, dans un pays où la révolution se résume par la république, comme la contre-révolution par la royauté.

Depuis que la démagogie aboutit à la rétrogradation, nul ne peut soutenir comme républicaines les doctrines métaphysiques que le positivisme a toujours combattues radicalement sur la souveraineté du peuple et l'égalité, qui maintenant conduisent au *mamamouchat*. Nous qui proclamons l'évolution sociale régie par des lois immuables, indépendantes de toutes volontés, tant humaines que divines, nous devenons donc les seuls défenseurs systématiques de la république, à laquelle un sentiment indestructible attache de plus en plus la population dirigeante.

Mais notre nombre est encore trop petit pour que nous puissions aucunement diriger le prochain ébranlement, qui continuera donc à dépendre des républicains empiriques, auxquels nous en devons, nous simples spectateurs, laisser les bénéfices et les charges, en nous contentant de participer au profit universel résulté de la liberté d'exposition dont nous saurons, j'espère, nous servir dignement. Toutefois, nous pouvons aujourd'hui modifier

heureusement ce nouveau mouvement politique, en nous
efforçant d'améliorer l'empirisme républicain, de manière
à le rendre moins anarchique, et dès lors mieux accep-
table.

J'ai surtout conseillé de modifier l'ancienne devise (que
M. Bonaparte n'a pas remplacée, malgré son mémorable
adage : *on ne détruit que ce qu'on remplace*), en y supprimant l'*égalité*, qui toujours caractérisa le mauvais esprit
révolutionnaire. Si la bannière républicaine reparaît avec
la seule inscription *Liberté et Fraternité*, la bourgeoisie
sera déjà rassurée, et la portée d'un tel changement éli-
minera bientôt les révolutionnaires vraiment indisciplinables, les *rouges* de Londres et de Bruxelles, seuls assez
arriérés désormais pour tenir encore au suffrage universel après son aboutissant mamamouchique.

D'après ces indications sommaires, que ma plume vous
esquisse en courant, j'espère que vous concevrez combien,
loin d'être aucunement découragé par la présente situation, quelque honteuse qu'elle soit, je la regarde comme
la plus favorable qui se soit jusqu'ici présentée pour hâter
l'avènement politique du positivisme, ainsi devenu clairement l'unique ressource de la Révolution française. La
même confiance inspire les jeunes disciples ou adhérents
qui m'entourent, et parmi lesquels j'ai la satisfaction de
ne voir aucun affaissement. Il n'y a de découragement
sérieux que chez ceux qui, comme M. Littré surtout, se
séparèrent de nous l'an dernier envers la dictature,
d'après l'inconséquence qui les empêcha d'apprécier cette
abolition du régime parlementaire comme le premier
acheminement réel à la dictature positiviste.

1853

XX

La morale individuelle constitue l'unique domaine qui convienne directement à la discipline théologique, surtout depuis le monothéisme, dogmatiquement incompatible avec l'existence collective, où son influence ne saurait jamais devenir immédiate ni systématique.

Mais, envers ce fondement général du régime humain, le catholicisme réalisa d'admirables perfectionnements, quoiqu'il dût y maintenir, et même y consacrer davantage, la personnalité des motifs, en réservant au positivisme leur transformation sociale.

Le principal progrès, trop méconnu maintenant, y consista dans la prépondérance normale que la culture des sentiments obtint alors sur l'accomplissement des actes, d'après la séparation spontanée entre le conseil et le commandement, due davantage à la situation qu'à la doctrine.

Tant que le sacerdoce avait pu directement prescrire la conduite, il ne s'était point efforcé de régler les affections qui l'inspirent, quoique leur ascendant ne lui fût pas inconnu, comme le témoignent les livres théocratiques, surtout juifs.

Cette disposition naturelle, où concourent notre orgueil et notre inertie, ne serait pas même rectifiée par le positivisme, malgré sa théorie de la constitution humaine, s'il ne devait point réduire irrévocablement la classe contemplative à sa vraie destination.

Mais, quand les prêtres ne peuvent point commander les actes, ils entreprennent, comme les femmes, de modifier les volontés. Telle est la transformation que fit enfin surgir la situation occidentale au moyen âge, où le sacerdoce régla les tendances, faute de dominer les résultats.

Vraiment opportune déjà, cette institution fondamentale, quelle que fût sa source historique, persista nécessairement, même à travers les graves altérations émanées de l'anarchie moderne.

Elle caractérisera toujours le premier pas de l'Occident vers la saine morale, à la fois théorique et pratique, en systématisant l'universelle prépondérance du sentiment, spontanément proclamée par le fétichisme, mais devenu trop implicite sous le double polythéisme.

Au moyen âge, l'amélioration directe de nos propres dispositions suscite, enfin, dans tout l'Occident, une culture décisive, où l'on apprécie moins les résultats extérieurs de chaque conduite que les tendances intérieures qu'elle manifeste ou provoque.

Spécialement envisagée, cette discipline catholique de l'existence individuelle se rapporta surtout au plus perturbateur de tous nos penchants.

L'instinct nutritif avait été mieux réglé par la théocratie qu'il ne put l'être sous le catholicisme, malgré l'efficacité personnelle et la réaction sociale des prescriptions relatives au jeûne.

Il faut étendre le même jugement aux autres habitudes qui concernent notre conservation matérielle, et principalement aux institutions de propreté, publique et privée, alors trop compromises d'après l'incurie catholique, malgré les dispositions spontanées de l'Occident.

Étroitement préoccupé de la pureté morale, le catholicisme oublia que la purification physique constitue nécessairement le premier degré de la discipline individuelle, ainsi négligé comme inutile au salut éternel.

Mais la transition affective développe une incontestable supériorité quant à l'instinct sexuel, qui ne pouvait auparavant être assez réglé, parce qu'il dépend davantage des impulsions cérébrales que des besoins corporels.

Plus modifiable qu'aucun autre, en tant que relatif à des exigences aisément réductibles, il est plus susceptible d'une vicieuse persistance, en vertu même de sa moindre nécessité, dans une constitution où les tendances sont mal proportionnées aux résultats, surtout à cet égard.

C'est pourquoi sa vraie discipline fut et sera toujours regardée comme le principal triomphe de la sagesse humaine, qui ne saurait rencontrer ailleurs un concours équivalent de l'importance du but avec la difficulté des moyens.

Une telle répression se trouvait réservée au catholicisme, comme exigeant directement notre plus intime culture, négligée jusqu'au moyen âge.

Elle dut spécialement inspirer la sollicitude dominante d'un sacerdoce que le célibat poussait à régler surtout chez lui-même ces puissantes tentations.

Les vrais prêtres purent ainsi reconnaître, mieux que les dignes femmes, l'importance capitale de la pureté sexuelle pour l'ensemble du perfectionnement humain, non seulement moral, mais aussi mental, et même corporel.

Après ce pas décisif, qui, malgré d'anarchiques altérations, affectera toujours nos destinées, le principal mérite de la morale catholique consista dans le règlement direct de notre meilleure personnalité, que sa dignité supérieure rend à la fois plus dangereuse et moins disciplinable.

L'orgueil et la vanité n'avaient jamais comporté de répression spéciale, et chacun se sentit même enclin à s'en honorer individuellement, quoique souvent choqué de leurs résultats chez les autres.

Mais le besoin occidental de discipliner les forces humaines dut pousser le catholicisme à régler les sentiments qui déterminaient alors leurs principaux abus, comme ils avaient d'abord dirigé leur essor décisif.

Précurseur spontané du principe positif, l'instinct catholique osa dignement ériger ces deux puissants mobiles en infirmités radicales de la nature humaine.

Quoique la prescription de l'humilité dût partager le discrédit de la doctrine qui l'inaugura, le positivisme lui procure une consistance inébranlable, en l'incorporant à la notion fondamentale de notre perfectionnement, où l'on suppose nécessairement le sentiment continu de notre imperfection.

Je dois enfin signaler, dans la systématisation catholique de la morale individuelle, un troisième progrès, consistant dans l'interdiction générale du suicide.

Malgré ses motifs égoïstes et son caractère absolu, cette innovation, dédaignée pendant l'anarchie moderne, concourut à préparer les Occidentaux au régime sociocratique, où les enfants de l'humanité disposeront moins arbitrairement de leur vie que des autres moyens dus et voués au Grand-Être.

Une règle aussi contraire aux mœurs antérieures ne pouvait s'introduire que d'après une doctrine où chacun, isolé par la suprême domination, devenait coupable en brisant à son gré les liens providentiels.

Envers l'existence domestique, la transition affective accomplit deux améliorations décisives, où ses deux éléments prirent une égale part : la juste émancipation des femmes, le digne règlement de l'autorité paternelle et conjugale.

Quant à la première, trop exclusivement attribuée au principe catholique, il n'y put influer qu'en instituant la pureté, comme je viens de l'expliquer.

Les mœurs romaines indiquaient assez, depuis la dictature, que, sans un tel préambule, la libération privée du sexe affectif, au lieu de permettre l'essor de la vraie tendresse, aurait suscité des désordres universels.

Mais, d'après cette base, le sentiment féodal présida seul aux principaux perfectionnements de la monogamie occidentale, à laquelle le catholicisme dut préférer le commun célibat, en traitant le mariage comme une concession exigée par notre vicieuse nature.

Outre l'influence affective toujours propre à la vie civique, une existence plus sédentaire, en vertu d'une activité moins continue, manifesta davantage aux chefs pratiques la dignité de la femme et le prix des liens domestiques.

Telle fut la principale source de l'indissolubilité du mariage et de la liberté féminine, double condition, graduellement sentie, de l'efficacité morale du sexe affectif, d'où le sexe actif faisait enfin dépendre son bonheur et son perfectionnement.

Ces émotions décisives devaient rester essentiellement inertes chez un sacerdoce célibataire, qui ne pouvait assez comprendre que les satisfactions charnelles.

Il ne sut pas même honorer le veuvage aussi dignement que dans les divers régimes antérieurs, puisqu'il lui préféra toujours la virginité.

Relativement à la discipline intérieure de la famille, l'influence du catholicisme surpassa celle de la féodalité, mais sans comporter des fruits aussi décisifs qu'envers le perfectionnement principal, où l'impulsion pratique avait prévalu.

L'intervention normale du sacerdoce dans l'existence domestique fut d'ailleurs indépendante de la doctrine occidentale, et due seulement à la séparation spontanée des deux puissances, de manière à cesser graduellement quand cette division prématurée disparut sous l'usurpation temporelle.

Néanmoins, le monothéisme défensif put assez durer pour rompre irrévocablement la suprématie absolue des chefs de famille, conservée dans la civilisation romaine, surtout envers les enfants.

Destiné, dès son début, à régler les forces humaines, le sacerdoce catholique devint alors le digne organe des tendances sociocratiques de l'Occident, où nul pouvoir n'admettrait une vraie discipline, tant que la plus précieuse des propriétés resterait arbitrairement régie.

En vertu même d'une telle connexité, le sentiment féodal, malgré ses vœux exagérés d'indépendance personnelle, seconda spontanément une innovation conforme à sa disposition civique, déjà prononcée quant aux biens matériels, qui cependant la comportaient moins.

XXI

Quoique la chevalerie, qui résuma spontanément l'ensemble temporel du moyen âge, n'ait pu formuler qu'au XVIe siècle sa règle générale de conduite, par son dernier représentant, cette incomparable sentence caractérisait toute la civilisation féodale.

Fais ce que dois, advienne que pourra, constituera toujours la première manifestation de notre tendance directe à sortir du régime égoïste pour instituer l'existence altruiste.

Une telle maxime se trouvait d'avance résumée par une expression décisive, profondément familière à nos ancêtres, et qui même conserve aujourd'hui sa plénitude, du moins officielle, chez les Occidentaux où le régime féodal persista le mieux.

Car le mot *loyauté* combine admirablement les deux qualités essentielles du moyen âge, le dévouement et la sincérité.

Je dois d'ailleurs noter que la morale chevaleresque, ainsi formulée doublement, indique une émancipation mentale plus complète qu'on ne l'a cru jusqu'ici, puisque cette prescription du devoir, indépendamment des conséquences quelconques, s'étend même à l'avenir surnaturel.

Dans un régime déjà fondé sur l'opinion publique, où chacun aspirait davantage à revivre en autrui qu'au ciel, la certitude d'une éternelle souffrance ne pouvait arrêter l'accomplissement d'une obligation sociale.

Condorcet signala justement, comme type de cette disposition pratique, le cas du duel, où les meilleurs croyants bravèrent, pendant plusieurs siècles, toutes les menaces chrétiennes ; tandis que la prépondérance des mœurs industrielles suffit aujourd'hui pour dissiper cette coutume militaire.

Toutes ces tendances de la morale chevaleresque résultèrent surtout de la situation féodale, caractérisée par la transformation défensive de l'activité collective. Avant de s'éteindre en Occident, l'existence guerrière exerçait spontanément sa meilleure réaction affective.

Devenue défensive, en restant collective, l'activité militaire comportait une pleine moralité, toujours incompatible avec son essor antérieur, où l'ardeur et l'importance du succès rendaient peu scrupuleux sur les moyens, en manifestant davantage les actes que les sentiments.

C'est seulement au moyen âge que le respect continu de la vérité prévalut irrévocablement avec l'accomplissement des promesses quelconques et l'horreur de toute trahison.

Ainsi se trouva spontanément posée la base générale de la morale sociocratique, que le positivisme se borne à condenser dans l'obligation de vivre au grand jour.

L'examen concret va me permettre de spécifier, par des résultats décisifs, la tendance du moyen âge vers la sociocratie, alors développée avec plus de constance et de netteté que pendant la transition romaine, malgré la résistance dogmatique.

On n'y peut attribuer au catholicisme d'autre influence propre qu'une impulsion, plus négative que positive, d'après sa suppression radicale de l'hérédité sacerdotale, dernier vestige réel de l'institution des castes, dont elle avait marqué le début.

Cette disposition sociale, principale source du célibat ecclésiastique, permet ici de résoudre l'apparente anomalie résultée de l'extension que le moyen âge sembla procurer à l'autorité de la naissance.

L'avènement du mérite restant alors prématuré, malgré les aspirations catholiques et les pressentiments féodaux, le progrès s'accordait avec l'ordre pour exiger une telle restauration, dans une situation où la succession élective aurait pleinement développé ses tendances subversives.

Spontanément conforme à la nature défensive de l'activité collective, comme à son exercice intermittent, l'hérédité devint, au moyen âge, une garantie nécessaire du double résultat propre à la transition affective, surtout envers l'émancipation des travailleurs.

Au fond, le pouvoir y fut attribué davantage à la richesse qu'à la naissance, qui procurait moins d'ascendant politique que dans l'antiquité, quand elle se trouvait réduite à son crédit moral.

Les obligations croissantes que le régime féodal prescrivit à la possession territoriale, plus aristocratique cependant qu'aucune autre, vont bientôt montrer combien l'hérédité, déjà devenue spontanément sociocratique, différait alors de son type théocratique.

Pour compléter ce jugement abstrait des propriétés sociales du moyen âge, il suffit ici de les indiquer sommairement envers les plus vastes relations humaines. Dans l'ordre purement occidental, le catholicisme dut y concourir directement avec la féodalité, d'après une foi commune, régie par un même sacerdoce, tandis que la convergence défensive et la conformité de mœurs instituaient l'homogénéité pratique.

Ainsi put surgir le principal résultat du monothéisme défensif, la substitution décisive de l'agrégation libre à l'incorporation forcée, chez les cinq peuples assez préparés.

Mais, hors de l'Occident, l'impulsion temporelle reprend alors sa supériorité politique sur l'inspiration spirituelle, contrairement à leur contraste normal.

En effet, malgré ses prétentions à l'universalité, la foi catholique dut toujours consacrer, par son caractère exclusif, la haine et l'oppression des populations qui la rejetaient.

Ces aspirations empiriques devinrent aussi dérisoires que funestes, quand un autre monothéisme, non moins absolu, vint irrévocablement partager l'ancien domaine romain entre deux cultes inconciliables.

L'essor simultané de la chevalerie chez ces deux populations prouva bientôt que la similitude, même imparfaite, de leurs situations sociales y secondait, mieux qu'aucun théologisme, islamique ou catholique, l'universalité vers laquelle tendait le régime humain.

Avant de commencer le jugement concret du monothéisme défensif, dont je viens d'achever l'appréciation abstraite, je dois la résumer par un tableau synthétique de la constitution catholico-féodale, sans lequel les principaux résultats de la transition affective ne sauraient être assez expliqués.

Sous quelque aspect qu'on examine le régime propre au moyen âge, on le voit toujours émaner ou de la séparation des deux pouvoirs, ou de la transformation de l'activité militaire.

Ces deux caractères fondamentaux déterminèrent, l'un l'ensemble de la constitution catholique, l'autre celui de la constitution féodale.

Ainsi provenue d'une seule source, chacune d'elles fut pleinement homogène, et leur harmonie mutuelle résulta de la connexité spontanée de leurs bases respectives.

Dans le catholicisme, cette filiation sociale ne se borne point au régime proprement dit; elle domine aussi le culte, et même le dogme.

Le chapitre précédent démontre comment, dès l'origine du monothéisme occidental, le besoin de séparer les deux puissances, pour systématiser la morale universelle, détermina le caractère qui distingue sa révélation.

Or, cette incarnation nécessaire conduisit naturellement aux institutions dogmatiques qui devaient la compléter : d'une part, la chute et la rédemption ; de l'autre, la trinité combinée avec le mystère eucharistique.

L'ensemble de ces cinq dogmes constitue une doctrine vraiment indivisible, que la sociologie peut seule expliquer, en dévoilant sa destination transitoire, d'abord dans le tout, puis envers les parties, dont chacune concourt spécialement au but social.

Cette appréciation historique peut être aisément étendue aux institutions secondaires, comme le purgatoire, le culte des saints, la confession avec absolution, etc.

On les trouvera toujours motivées, ou par la mission morale d'un tel système, ou d'après l'indépendance spirituelle qu'exigeait son efficacité.

La damnation de tous les non-croyants, qui dut finalement inspirer, au cœur plus qu'à l'esprit, d'invincibles répugnances, devint nécessaire pour consolider la foi, condition fondamentale de toute la constitution monothéique.

En voyant le grand Mahomet pleurer, sur la tombe de sa mère, par le regret de ne pouvoir pas prier pour elle, on reconnaît combien une telle réprobation se trouvait indispensable à la consistance d'une doctrine indémontrable.

Sans cette douloureuse exclusion, dont l'efficacité fut d'ailleurs plus passagère que sa destination, l'esprit de discussion inhérent au monothéisme, surtout occidental, n'aurait jamais permis l'accomplissement des résultats moraux de la transition affective, ainsi livrée à des doutes indéfinis.

Le positivisme, quoiqu'il doive aussi recommander sa propre foi, pourra seul respecter des croyances quelconques, soit qu'il apprécie leurs tendances nécessaires vers sa doctrine, soit que sa théorie de la nature humaine le préserve d'exagérer l'influence des convictions sur la conduite.

Quant à la constitution intérieure du sacerdoce catholique, elle fut toujours altérée par un intime conflit entre le principe de la naissance, qu'elle dut écarter, et celui du mérite, dont l'avènement restait prématuré ; ce qui la conduisit à trop conserver l'élection.

La tendance révolutionnaire s'y trouvant ainsi consacrée, son inévitable extension troubla souvent l'ascendant central, qui ne pouvait surmonter une influence à laquelle chaque pape devait sa propre élévation.

Au fond, les conciles constituèrent toujours un embarras pour la papauté, qui, sans eux, aurait mieux traité les questions incidentes sur la croyance ou la discipline.

Le positivisme pourra seul développer pleinement l'autorité spirituelle, en la préservant de toute assemblée officielle, d'après une doctrine constamment démontrable, où le nombre ne saurait jamais être invoqué comme expédient final contre le doute.

En second lieu, la constitution sacerdotale du catholicisme fut essentiellement contradictoire envers le célibat ecclésiastique, indispensable à l'abolition de l'hérédité, précieux pour l'indépendance, mais contraire à la destination morale du moyen âge.

Ces deux vices généraux durent altérer l'ensemble de cette hiérarchie, dont les principaux mérites émanèrent de la sagesse pontificale, tandis que ses défauts provinrent surtout de la doctrine ou des circonstances.

Puisque l'avènement social du vrai sacerdoce était alors prématuré, son organisation intérieure devait être troublée par son incohérence extérieure.

Spontanément conforme à l'ensemble de la situation occidentale, la constitution féodale offrit, malgré les préjugés modernes, une meilleure harmonie entre son principe général et ses institutions essentielles.

Fondée sur la transformation de la conquête en défense, et destinée à diriger l'émancipation graduelle des travailleurs, elle présenta toujours une pleine opportunité, source de sa cohérence.

Ces deux attributions générales, non moins connexes que celles du catholicisme, suffisent pour expliquer entièrement la féodalité.

Déjà j'ai montré comment s'y rattachent ses deux caractères essentiels, la substitution du servage à l'esclavage, et la décomposition hiérarchique du commandement, envers lesquels l'examen concret va compléter mes indications.

Il suffit ici d'y joindre la sommaire appréciation du principe politique et du résumé social d'un tel régime.

On doit regarder la féodalité comme ayant inauguré, par une application décisive, quoique passagère, la règle générale de la hiérarchie temporelle.

Jusqu'alors compliqué d'influences théocratiques, l'ordre politique proprement dit commence, au moyen âge, à s'en affranchir irrévocablement, pour se réduire à la subordination spontanée des forces matérielles, que le sacerdoce doit ensuite systématiser.

Rien ne fut mieux conforme que la progression féodale à la répartition naturelle de l'ascendant temporel, suivant l'intensité des moyens d'action.

La juste réciprocité constituée alors entre l'obéissance et la protection proclama la vraie loi de la hiérarchie politique, empiriquement appliquée auparavant sans avoir pu distinctement surgir, vu l'intime confusion des deux autorités élémentaires.

Ainsi s'établit enfin, mais envers un régime transitoire, la conciliation fondamentale entre l'indépendance et le concours, qu'il faut maintenant instituer dans l'ordre final.

Elle se trouve alors caractérisée admirablement par l'essor décisif de la chevalerie, où le dévouement et la liberté s'élèvent simultanément jusqu'à leurs limites naturelles.

Quoique le protectorat volontaire et gratuit ait toujours existé, jamais il ne put, avant le moyen âge, susciter une institution spéciale.

L'activité militaire devait devenir défensive, et par suite intermittente, pour que ses meilleurs organes, à la fois plus disponibles et mieux moralisés, vouassent leurs forces, individuelles et collectives, à la libre répression ou réparation des iniquités sociales.

Si le défaut de centralisation politique dut alors augmenter l'importance d'une telle institution, ce besoin spécial, que compensait d'ailleurs l'influence spirituelle, ne pouvait aucunement déterminer l'avènement de ce complément nécessaire d'une civilisation quelconque.

Comme l'activité collective, dont elle est inséparable, la chevalerie surgit nécessairement sous l'impulsion militaire, quoique sa vraie nature se doive mieux concilier avec l'existence industrielle, qui, dignement systématisée, lui procurera seule un plein développement.

La double constitution que je viens de résumer, d'après l'ensemble de l'appréciation abstraite, me conduit maintenant à commencer l'examen concret du monothéisme défensif, en caractérisant d'abord le siècle équivoque qui réunit ou sépare le moyen âge et l'antiquité.

Car c'est alors que tous ses éléments essentiels durent naturellement recevoir une élaboration décisive.

Ainsi se trouvera comblée la lacune volontaire envers le iv° siècle, où l'épuisement de la dictature romaine prépara directement l'avènement catholico-féodal, mais sans pouvoir encore le laisser ouvertement prévaloir.

Inauguré par un double symptôme, l'adoption légale du monothéisme et le déplacement officiel du centre politique, ce siècle exceptionnel ouvrit une issue décisive, quoique inaperçue, à la rénovation spontanée que la situation occidentale préparait depuis César.

La connexité de ces deux résolutions fut toujours sentie, au moyen âge, même chez ceux qui la déploraient, comme le témoigne ce vers de Dante sur Constantin :
Per ceder al pastor si fece greco.

Car le système catholique, condensé dans sa constitution sacerdotale, dont la papauté formait le nœud, ne pouvait se développer tant que la foi nouvelle, toujours incapable de surmonter la discussion, restait dépourvue d'une sanction légale.

Les trois siècles antérieurs ayant assez élaboré toute sa doctrine, non seulement envers le dogme et le culte, mais aussi quant au régime, même ecclésiastique, ses principales institutions durent alors surgir irrévocablement, sauf leur essor ultérieur.

Pour substituer une éducation nouvelle à celle que le polythéisme procurait aux Occidentaux, le monothéisme dut organiser, au dedans comme au dehors, la coordination indispensable à ses prétentions systématiques.

Il y fut spontanément assisté par son adoption générale des antécédents hébraïques, qu'il sut heureusement combiner avec ses emprunts naturels à la synthèse romaine, sauf sa double ingratitude envers ces services directs et spéciaux.

A cela près, le nom de Rome transporta justement son incomparable prestige à ceux qui devenaient alors les vrais héritiers du polythéisme social, à mesure que leur destination pratique les dégageait mieux de la dégénération grecque, désormais concentrée chez leurs rivaux byzantins.

Temporellement appréciée, la révolution du IVe siècle commença directement l'élaboration féodale, en déterminant, par son propre avènement, la décomposition politique qui devait constituer le principal caractère du régime défensif.

Le partage officiel de l'empire fut ajourné jusqu'à la fin de ce siècle, d'après la centralisation qu'exigeait alors l'organisation légale du catholicisme, dignement présidée par le grand Théodose, qui seul répara suffisamment la folle rétrogradation d'un sophiste couronné.

Mais la division réelle, intermittente pendant le siècle précédent, devint continue quand la dictature eut quitté son vrai siège.

Les invasions nomades, qui purent auparavant aboutir à des transactions volontaires, se convertirent alors en usurpations violentes du territoire occidental.

D'abord l'Orient se trouvait irrévocablement séparé de l'Occident, conformément à l'ensemble de leurs discordances antérieures, déjà si prononcées, au début de la dictature, que la poésie les faisait remonter jusqu'à la lutte homérique.

En outre, le monde vraiment romain se décomposait alors en Etats de plus en plus indépendants, dont le centre spirituel devrait finalement changer.

L'inféodation hiérarchique, et même la tendance chevaleresque, commencèrent à devenir partout appréciables de manière à susciter déjà quelques types personnels, surtout l'éminent Actius, également décisif sous l'un et l'autre aspect.

Outre leur essor respectif, les deux éléments généraux du monothéisme défensif contractèrent spontanément leur alliance nécessaire, pendant ces mouvements caractéristiques.

Seule autorité pleinement reconnue, le sacerdoce occidental y consacra dignement toutes les tendances sociales, même temporelles, tant au dehors qu'au dedans.

Meilleur représentant des mœurs romaines que le pouvoir officiel, il sut néanmoins sympathiser convenablement avec les instincts germaniques, dont il avait pressenti la réaction nécessaire, qu'il s'efforça de régler d'avance par de sages missions, souvent périlleuses.

Ainsi préparée directement, mon explication concrète du monothéisme défensif doit ici commencer d'après la répartition générale de la transition affective en trois phases successives, composées chacune d'environ trois siècles.

La première, depuis le début du ve siècle jusqu'à la fin du viie, correspond à l'établissement fondamental de la nouvelle occidentalité, sous l'ensemble des conflits spirituels et temporels.

Pendant la seconde, qui finit avec le xe siècle, cet agrégation se consolide et se complète en développant la guerre défensive envers les populations polythéistes, seules vraiment incorporables à la catholicité.

La troisième phase, prolongée jusqu'à la fin du xiiie siècle, termine la fondation de la république occidentale, d'après son activité collective contre les invasions monothéistes, qui ne comportaient aucune issue par assimilation.

Quoique cette division sociologique doive rester formulée temporellement, comme celle de la transition romaine, principale source d'un tel mouvement, elle va présenter spirituellement des caractères moins saillants, mais aussi décisifs, naturellement liés à ceux-ci.

Suivant ce plan, représenté, sans fortuité, par la succession des trois dynasties françaises, je dois d'abord apprécier les invasions nécessaires dont la suffisante répression détermina la destination politique du moyen âge.

D'après le chapitre précédent, l'incorporation romaine ne put jamais embrasser réellement ni les nations théocratiques, faute de pouvoir les assimiler, ni les populations nomades, qui ne pouvaient pas même être conquises.

Les premières n'étaient point susceptibles de réagir, du moins directement, contre une telle domination, quelque oppressive qu'elle devînt envers elles.

Mais les autres, dont le genre de vie exigeait un vaste territoire, de plus en plus restreint d'après l'extension romaine, se trouvèrent ainsi poussées vers l'existence sédentaire avant que leur propre évolution les y conduisît spontanément.

Pour devenir agricoles, elles furent bientôt disposées à quitter les lieux peu favorables où la pression romaine les avait graduellement reléguées, afin d'obtenir, en Occident, par des concessions libres ou forcées, un sol plus convenable et mieux préparé.

Restées incapables du véritable essor militaire, ces peuplades accomplirent, avec un succès croissant, des invasions, auparavant inconnues, consistant davantage à s'établir qu'à conquérir.

Quand elles eurent ainsi posé le premier fondement de la vie guerrière, son évolution s'y trouva contenue par les obstacles résultés d'abord de leur compression mutuelle, puis de leur commune résistance aux compétiteurs attirés par leur exemple.

Dès lors, leurs tendances naturelles vers la conquête cédèrent au besoin de consolider et développer l'établissement, mais sans éteindre des aspirations qui, n'ayant pu suivre le cours normal, suscitèrent, au moyen âge, des perturbations exceptionnelles, dont quelques vestiges subsistent encore.

Ce conflit nécessaire, qui, par des réactions de plus en

plus vastes, mêla profondément la race jaune à la race blanche, doit être finalement regardé comme favorable à l'ensemble de la transition affective, qu'il rendit plus facile, et même plus prompte, tant spirituellement que temporellement.

Outre que plusieurs tribus se trouvaient déjà converties à la doctrine occidentale, celles qui l'adoptèrent après leur établissement offrirent peu d'obstacles à l'apostolat catholique.

En effet, leur polythéisme, d'ailleurs récent, et nullement enclin à la théocratie, devenait directement contraire à leur nouvelle existence, que la foi monothéique pouvait seule sanctionner, malgré la faible résistance de leur propre sacerdoce, dont le crédit n'avait pu s'établir assez.

L'exagération qui leur attribue la constitution féodale repose sur leur affinité spontanée envers ses principales dispositions, la transformation de l'esclavage en servage, et la décomposition hiérarchique du commandement, mieux adoptées quand on n'aspire point aux conquêtes que lorsqu'on y renonce.

Tout le régime du moyen âge n'offre de vraiment propre aux origines germaniques que l'usage du duel, résulté d'un insuffisant épuisement de l'essor militaire, et d'autant plus tenace que l'invasion fut plus tardive, comme le témoigne indirectement la tendance plus processive d'une province française.

Il faut donc s'étonner peu que, dès cette première phase, et même avant que la succession des invasions eût pu cesser assez, les mœurs féodales fussent déjà devenues pleinement appréciables.

Le siècle qui s'ouvrit par le saccagement de Rome aboutit à la noble domination du grand Théodoric, type initial de la transition finale.

Quoique le besoin d'indépendance dût alors prévaloir après une concentration excessive, le caractère sociocratique de la nouvelle occidentalité surgit tellement, même envers la propriété, que des chefs puissants acceptent, et souvent sollicitent, des domaines purement temporaires.

Une prédilection spontanée pour la vie rurale seconde la double émancipation des femmes et des travailleurs, en facilitant l'appréciation du sexe affectif et la transformation décisive de l'esclavage.

L'influence féminine s'y manifesta par trois types dignement sanctifiés : l'admirable épouse du fondateur de la monarchie française, l'humble vierge devant laquelle sut s'incliner un énergique envahisseur, et la noble esclave qu'aucun préjugé n'empêcha d'élever au premier trône de l'Occident.

On apprécie surtout les mœurs de cette phase trop méconnue d'après leur profond contraste avec celles du siècle exceptionnel, où le triomphe du monothéisme avait pourtant modifié déjà l'existence romaine.

Cette comparaison décisive doit aujourd'hui conduire les vrais philosophes à respecter l'exagération poétique qui fit remonter le début spécial de la chevalerie jusqu'au premier avènement de ses principaux caractères, quoique leur essor ne pût y devenir complet.

On ne doit point hésiter à placer là l'origine nécessaire de la vie industrielle, d'après la transformation de l'esclavage en servage, essentiellement propre à la phase initiale du moyen âge.

En effet, dans l'esclavage antique, le travailleur, toujours susceptible d'être vendu, dépourvu de toutes relations domestiques, et même étranger au culte commun, représentait une institution aussi durable que le système de conquêtes dont elle formait la base privée.

Au contraire, le serf, incorporé profondément au sol, pleinement admis à la vie de famille, et participant à l'essor religieux, offrit une existence nécessairement passagère, qui bientôt conduisit à l'entière libération, également secondée par les opinions et les mœurs.

La phase initiale suffit pour que cette situation intermédiaire développât l'apprentissage général de la vie industrielle, en liant le travail à l'indépendance, comme l'exige l'antipathie qu'il nous inspire d'abord.

Toutefois, l'affranchissement des serfs agricoles se trouva retardé spécialement, outre l'essor moins actif et le caractère moins social de leur industrie, par la résidence rurale des chefs temporels, qui le rendait à la fois moins urgent et plus difficile.

Mais cet inconvénient secondaire se trouva pleinement compensé, pour l'ensemble de l'existence occidentale, d'après l'irrévocable épuration que cette vie seigneuriale détermina spontanément chez la masse des populations urbaines.

Tous ces plébéiens oisifs, que le patriciat romain devait amuser et nourrir, devinrent les hommes d'armes des chefs féodaux, quand ils ne furent pas réduits en servage : or, les invasions germaniques pouvaient seules accomplir cette précieuse transformation.

Une telle phase dut être éminemment favorable à l'intervention spirituelle, qui, malgré son essor ultérieur, ne comporta jamais autant de noblesse et de pureté, ni même d'efficacité, surtout morale.

Outre que le clergé, toujours romain alors, devenait ainsi plus propre à protéger les sujets nationaux auprès des maîtres étrangers, il trouvait ceux-ci mieux disposés à subir le juste ascendant du saint organe d'une civilisation dont ils sentaient la supériorité.

Son action normale fut secondée non seulement par

l'assistance féminine, spontanément sympathique au culte où les sentiments prévalaient sur les actes, mais, d'une manière plus spéciale, d'après les institutions monastiques, qui placèrent chaque château sous l'influence d'une abbaye.

Quand l'existence contemplative, trop oiseuse chez des solitaires peu subordonnés, fut dignement réglée par saint Benoît, elle rendit de précieux services, moraux, intellectuels, et même matériels, limités toutefois à cette phase, au delà de laquelle les couvents devinrent plus nuisibles qu'utiles.

Au dedans, une telle institution alimenta noblement le clergé séculier, alors personnifié dans l'éminent évêque de Séville ; tandis que, au dehors, elle développa l'admirable système de missions, où le complément de l'occidentalité romaine fut préparé par le grand pape digne de réhabiliter Trajan.

En même temps, cet état monastique représenta convenablement le juste degré d'abnégation matérielle qui convient à l'indépendance spirituelle, trop corrompue quand la richesse, surtout territoriale, prévalut chez le sacerdoce occidental.

Quoique cette altération fût la suite de la précocité générale qui caractérise la séparation catholique des deux pouvoirs, on regrettera toujours le mode d'entretien propre à cette phase, où l'existence ecclésiastique reposa, presque autant qu'à l'origine, sur de libres donations, principalement privées.

La juste indépendance ainsi consolidée permit au clergé d'accomplir alors une intervention domestique, plus difficile et plus importante que ses triomphes politiques, en imposant aux nouveaux chefs les conditions essentielles du mariage occidental, malgré les obstacles résultés de leurs prédilections ariennes.

Pour mieux apprécier un tel succès, il faut l'opposer à l'insuffisante influence du sacerdoce byzantin, qui, sous la vaine orthodoxie des chefs temporels, trouvait en eux une tendance invincible à maintenir la suprématie romaine du pouvoir pratique.

Quoique la division des deux puissances n'ait jamais pu se réaliser dans l'Eglise grecque, ainsi séparée du vrai catholicisme longtemps avant son schisme officiel, ce clergé rendit alors d'utiles services, en compensant la juste suspension que les besoins sociaux imposaient à l'essor intellectuel de l'Occident.

XXII

En achevant d'apprécier l'essor spirituel pendant cette seconde phase, il y faut remarquer le complément de l'élaboration du catholicisme par le développement du culte des saints, jusqu'alors insuffisant, faute d'antécédents, sous un dogme forcé de réprouver tous les types étrangers.

Les siens se trouvèrent assez multipliés d'après la phase initiale pour permettre une digne extension de cette institution nécessaire, dont la meilleure application concerne ce temps d'abnégation et d'efficacité.

Sa réaction améliora la constitution dogmatique du catholicisme, en y réglant le genre et le degré de polythéisme qu'exigea la destination populaire de la foi monothéique, ainsi pourvue d'une juste spécialité d'adoration et même d'explication.

Les irrationnelles critiques des protestants et des déistes doivent, à cet égard, mieux disposer les philosophes à sentir le mérite d'un culte qui poussait à la sociolâtrie en faisant prévaloir les types humains, tandis que le régime correspondant tendait vers la sociocratie.

Sous ce double aspect, le contraste du monothéisme

byzantin peut aussi concourir à caractériser davantage le vrai catholicisme.

Une population qui, pour compenser la sécheresse monothéique, accueillait avidement les fées arabes et scandinaves, avait besoin que le développement de l'institution des saints vînt mieux alimenter son cœur et même son esprit.

Cette condition se trouva pleinement réalisée, puisque ces types devinrent plus spéciaux que les dieux, dont chacun ne resta jamais pourvu d'un département unique, afin que son indépendance ne le fît point ainsi confondre avec les fétiches correspondants.

Outre son efficacité morale, le culte des saints exerça mentalement une importante réaction, par la vulgarisation spontanée des notions historiques naturellement attachées à chaque biographie, et jusqu'aux légendes spéciales.

Quoique le catholicisme, aveuglément restreint à son propre passé, fût incompatible avec le véritable esprit de l'histoire, le sacerdoce s'efforça d'y compenser ce vice, en instituant l'histoire ecclésiastique, liée à l'ensemble des antécédents juifs, et même à la dictature romaine.

Ainsi surgit, en Occident, un point de vue historique plus abstrait et plus universel que celui de l'antiquité, toujours bornée à des annales purement nationales.

L'éducation du clergé pouvait seule développer convenablement une telle amélioration, dont chaque siècle augmentait la portée.

Mais, outre son introduction sommaire dans l'instruction commune, cet enseignement abstrait se trouva surtout popularisé, sous forme concrète, d'après la célébration des saints, qui familiarisa les Occidentaux avec les principales phases de la catholicité.

La supériorité nécessaire de l'élaboration temporelle

sur l'essor spirituel pendant toute la seconde phase se manifeste nettement quand on y compare les illustrations personnelles.

Aucun nom vraiment éminent ne surgit alors du sacerdoce, même central, tandis que la situation dictatoriale suscita trois types admirables, quoique inégaux, qui toujours caractériseront les trois siècles de Charlemagne, d'Alfred et d'Othon.

Ce contraste, qui devint inverse dans la phase suivante, résulta, des deux parts, d'une grande destination, d'abord temporelle, puis spirituelle.

Tout le premier système des guerres défensives propres au moyen âge consiste à compléter l'occidentalité par l'irrévocable adjonction des polythéistes nomades, en les poussant à devenir sédentaires sur le sol quelconque qu'ils occupaient alors, et consolidant leur incorporation d'après leur conversion.

Un concours sans exemple de compression et de concession put seul terminer une suite d'invasions qui menaçaient d'ajourner indéfiniment l'essor de la civilisation pacifique, devenu déjà le but commun des principales aspirations, temporelles et spirituelles.

Il fallait d'abord que l'Occident montrât sa force pour que des peuplades peu disposées à surmonter les difficultés agricoles prissent enfin la résolution de se fixer aux lieux défavorables où la résistance antérieure les avait reléguées.

Mais le succès d'une telle manifestation exigeait ensuite qu'elles fussent dignement incorporées au système occidental, sous l'unique condition d'adopter la foi catholique, alors érigée en symbole du progrès social.

En retour d'une civilisation qu'il apprécia bientôt, ce complément germanique devint la barrière spéciale de la transition affective contre les invasions septentrionales, de manière à refouler vers l'est les expéditions ultérieures des nomades polythéistes, dès lors émanés surtout de la race jaune.

D'après sa nature et ses conditions, une telle opération, quoique destinée à l'ensemble des Occidentaux, dut être instituée par le peuple central, seul assez consistant déjà pour la diriger.

L'Italie ne pouvait y prendre aucune part essentielle, vu son défaut radical de condensation politique, ci-dessus expliqué ; la Germanie s'en trouvait exclue, du moins au début, puisqu'elle en était l'objet, quoiqu'elle concourût dignement à la compléter, surtout sous le grand Othon.

Quant à l'élément britannique, malgré son irrévocable incorporation pendant la première phase, il restait trop imparfait pour satisfaire au delà de ses propres sollicitudes.

Enfin, le succès de l'invasion musulmane, qui menaçait tout l'Occident d'une intolérable oppression, ne permettait point à l'Espagne de participer à la commune défense autrement que par l'héroïque lutte qu'elle soutenait déjà contre ses dominateurs.

C'est ainsi que le monothéisme défensif se concentra d'abord en France, où la dictature nécessaire de l'incomparable Charlemagne pourvut systématiquement à tous les besoins occidentaux, tant spirituels que temporels.

Presque aussi grand que César et mieux placé, sa suprématie politique, dont il ne s'exagéra point la durée, fonda la république occidentale, de manière à consacrer l'irrévocable destruction de l'empire d'Occident, malgré les protestations byzantines.

Ses succès militaires n'altérant jamais sa prédilection personnelle pour l'activité pacifique, il devint spontanément le meilleur représentant des tendances sociocratiques, auxquelles, dans la même position, Alfred aurait fourni pourtant un type plus pur.

Cette fondation de la république occidentale tendit naturellement à déplacer le centre du système.

Quoiqu'une telle réaction n'ait pu se consolider et se développer que sous la phase suivante, j'en dois ici marquer l'origine, parce que ce changement caractérise sensiblement la substitution décisive de l'association libre à l'agrégation forcée.

Tant que celle-ci prévalut, le centre politique de l'Occident dut rester placé sur sa circonférence territoriale, d'après les explications spéciales du chapitre précédent.

Mais la libre incorporation exigeait que la population centrale fût partout entourée des divers éléments du concours volontaire, afin de fonder sa présidence, essentiellement morale, sur l'ensemble des fatalités sociologiques, sans aucune oppression politique.

Voilà comment toute la transition affective se trouve résumée par le déplacement de la métropole occidentale, irrévocablement transférée de Rome à Paris avant la fin du moyen âge.

On complète aisément l'appréciation générale de la seconde phase, en y caractérisant le mouvement intellectuel, qui devint déjà plus prononcé, quoiqu'il dût rester secondaire, vu le juste ascendant des besoins sociaux.

Le génie occidental se trouve alors capable d'élaborer directement son nouveau langage, dont les contacts antérieurs avaient assez fixé les conditions fondamentales.

Ce travail s'accomplit, comme sous la théocratie, par le concours continu de la spontanéité populaire avec la systématisation pontificale, qui sut y combiner heureusement les deux occidentalités.

Il réagit bientôt sur la constitution du sacerdoce, qui, resté dépositaire de l'ancienne langue, la fit habituellement servir à mieux diriger et concentrer davantage son office universel.

Elle lui permit surtout de réaliser les sages interdictions de la phase précédente contre la lecture vulgaire des livres juifs, qui ne pouvaient entretenir que des aspirations rétrogrades au monothéisme théocratique.

Quant à la culture spéculative, théorique et même esthétique, elle dut alors rester essentiellement suspendue en Occident, sans jamais y susciter pourtant aucune répugnance, populaire ni sacerdotale, et seulement d'après les exigences supérieures de la situation correspondante.

Mais l'islamisme put, à cet égard, compenser l'impuissance du catholicisme, mieux que ne le fit, sous la phase précédente, le monothéisme byzantin.

Ayant conservé la confusion antérieure des deux pouvoirs, il se trouva spontanément dispensé des lentes et pénibles élaborations qu'imposait à l'Occident une séparation prématurée, vraiment inconciliable avec le principe théologique.

On peut, en effet, confirmer toutes mes explications sur la complication nécessaire du dogme et du culte catholiques en vertu de cette division, en voyant la destination inverse conduire à la simplification caractéristique de l'islamisme.

Une telle compensation permit au génie musulman de développer bientôt ses tendances sociocratiques, surtout vers l'art et la science, dont il fournit, dès cette phase, ses meilleurs types, pour le double essor, seul possible alors, de l'architecture sacrée et du système astronomique.

Le grand nom d'Albategnius représente suffisamment la juste consécration que l'islamisme procura spontanément à la philosophie naturelle, en faisant émaner d'un jeune prince le perfectionnement de toutes les études cosmologiques.

Avant la fin de cette phase, les écoles de Séville et de

Cordoue étaient assez appréciées, même du sacerdoce, pour que les meilleurs Occidentaux, surmontant les antipathies théologiques, allassent y recevoir un complément d'éducation qui ne pouvait alors surgir ailleurs.

Pendant que s'accomplissait partout le mouvement intellectuel et politique, propre à cette seconde partie de la transition affective, les éléments généraux de l'ordre final y commençaient directement leur évolution décisive.

Il serait ici superflu de s'arrêter spécialement à l'émancipation féminine, qui, déjà constituée sous la phase initiale, ne put alors que se consolider et se développer, en préparant le complément que lui réservait l'institution chevaleresque.

Mais j'y dois caractériser le premier avènement des classes industrielles, d'après l'irrévocable abolition du servage dans les villes et bourgs, malgré la conservation de la servitude rurale, qui ne put cesser qu'en s'appuyant sur cet affranchissement décisif.

Ainsi réduite aux populations concentrées, d'où devait surtout dépendre l'organisation du travail occidental, la libération personnelle des opérateurs leur permit de mieux développer les caractères essentiels de la nouvelle activité, d'abord individuelle, mais bientôt collective.

Toutefois, cette tendance finale ne put s'y manifester que sous la phase suivante, par l'avènement des entrepreneurs, alors confondus avec les travailleurs.

L'industrie manufacturière s'y borne aux opérations résultées d'une demande spéciale, quoique le commerce institue déjà de vastes expéditions, en liant les principaux centres aux foyers musulmans, d'après la conquête de l'Espagne.

Mais cette restriction nécessaire du travail primitif se trouva spontanément compensée par une sécurité matérielle qui permit de mieux élaborer les mœurs industrielles.

Si l'ensemble de ma théorie historique pouvait maintenant laisser quelques doutes sur la destination purement transitoire du monothéisme défensif, ils seraient aisément dissipés d'après l'examen général de sa principale phase, qui seule me reste à juger.

Des trois siècles qui la composent, le premier compléta l'élaboration de la constitution catholico-féodale, dont le dernier commença l'irrévocable dissolution ; en sorte que celui du milieu marque l'unique époque de sa vraie splendeur, liée à sa pleine efficacité, nécessairement passagère.

La première phase du moyen âge dut faire prévaloir l'indépendance, et la seconde le concours ; tandis que la troisième se trouva surtout caractérisée par sa tendance à concilier directement ces deux conditions fondamentales de la vraie sociabilité.

Telle fut la destination morale de la hiérarchie féodale, qui n'avait pu jusqu'alors s'établir pleinement, faute d'une situation qui fît également sentir ces deux besoins continus.

Depuis que la république occidentale était fondée, la dictature que son avènement avait exigée devenait contraire à sa constitution, en disposant à reproduire le régime de l'incorporation forcée.

Mais les prétendus successeurs de Charlemagne s'efforcèrent vainement de prolonger une concentration passagère, alors incompatible avec le développement social.

Cette phase s'ouvrit, comme la précédente, par un changement dynastique dans la monarchie centrale, dont le chef devait se transformer désormais en président de la hiérarchie féodale, qui fut mieux caractérisée en France que partout ailleurs.

Une telle institution, outre son aptitude directe à satisfaire les besoins permanents de l'activité défensive, fournit le premier type de l'organisation normale du pouvoir pratique.

Car la pleine concentration ne convient habituellement qu'à la puissance théorique, qui resterait naturellement condensée chez un seul cerveau, si ce suprême organe de la synthèse humaine pouvait assez communiquer son influence universelle sans des auxiliaires continus.

Mais la constitution propre à l'existence pratique consiste, au contraire, dans la coordination graduelle des forces indépendantes.

Or, la hiérarchie féodale offre jusqu'ici l'unique modèle de cette organisation, qui suppose la division des deux pouvoirs, mieux appréciée, au moyen âge, chez les praticiens que parmi les théoriciens.

Ce plein avènement de la féodalité devenait tellement urgent que, pour le rendre plus prompt et plus complet, l'Angleterre subit aisément l'intervention exceptionnelle qui changea ses chefs aristocratiques, comme la France venait de le faire envers son chef monarchique, d'après un motif équivalent.

Tandis que la subordination féodale instituait le concours, l'indépendance se consolidait d'après l'hérédité des fiefs, non moins utile aux vassaux qu'aux seigneurs, et déjà préparée par la transformation graduelle des bénéfices militaires, d'abord temporaires, puis viagers.

Une telle succession suffirait pour confirmer la source purement sociocratique de cette garantie nécessaire d'aptitude et de fixité, déjà dégagée de tout caractère théocratique.

Sa vraie nature se manifesta surtout dans les obligations décisives directement imposées à la possession territoriale, avec la sanction, souvent appliquée, d'une confiscation régulière, à laquelle manqua seulement une moralité plus complète, réservée à la systématisation finale.

Ces conditions nouvelles étaient alors devenues tellement opportunes qu'elles se développèrent surtout d'après une transformation volontaire des alleux en fiefs, afin de remplacer un isolement illusoire et périlleux par une discipline normale et protectrice.

Ainsi se trouva spontanément posé le principe de liberté qui devra toujours diriger la substitution décisive de la propriété relative à la possession absolue, quand les règles générales de l'existence pratique seront assez établies.

Ce développement complet de la vie féodale suscita bientôt l'essor connexe de l'influence féminine et de l'institution chevaleresque, qui, distinctement surgies et graduellement étendues, n'avaient pu jusqu'alors se caractériser suffisamment, faute d'une situation convenable.

La première phase ayant fondé les mœurs du château, la seconde manifesta celles de la cour; en sorte que la double influence, privée et publique, propre au sexe affectif, se trouvait assez ébauchée déjà.

Mais la troisième phase acheva seule de la constituer, d'après la combinaison spontanée de ces deux attributions dans chaque résidence féodale, où se mêlaient heureusement les familles.

En même temps, la tendance chevaleresque, bornée auparavant à des types purement individuels, quoique de plus en plus multipliés, se développa chez une classe nombreuse, régulièrement instituée, malgré la juste indépendance de ses membres, qui surent la concilier avec le concours.

Cette constitution résulta du principe féodal qui dut concentrer les fiefs chez les aînés, afin d'en assurer le service et d'en garantir l'intégrité, ce qui laissa beaucoup de nobles aussi dépourvus de richesses que de fonctions, suivant les conditions de la vie chevaleresque.

Ils restèrent néanmoins dévoués à leurs familles ; comme les femmes, en obtenant plus d'influence, se subordonnèrent mieux à leurs époux, dont elles substituèrent alors le nom à celui de leur père, en instituant un usage d'abord purement aristocratique, mais ensuite universel.

Enfin, le type de l'existence privée se compléta, même avant l'entière abolition du servage, par l'extension et l'amélioration de la domesticité, dès lors honorée d'après son application à tous les rangs, soit pendant l'éducation, ou pour son analogie avec d'éminentes fonctions.

A cette pleine constitution de la féodalité, correspondit simultanément celle de la papauté, centre nécessaire du catholicisme.

Car le pape devenait le chef normal de la république occidentale, dont le lien général consistait seulement dans la libre communauté d'éducation, de culte et de mœurs, systématisée par un même sacerdoce.

L'empereur, désormais germanique d'après les nécessités défensives, n'était plus qu'un symbole rétrograde, qui suscita, pendant toute cette phase, de graves collisions, parce que la situation nouvelle ne pouvait être assez comprise dans aucun camp.

Malgré ces obstacles, toujours dus à la précocité de la division fondamentale, l'ascendant papal se développa dignement, tant qu'il put conserver une destination vraiment sociale comme régulateur occidental.

Les trois siècles de cette phase finale se trouvèrent caractérisés par trois types éminents : l'incomparable Grégoire VII, principal organisateur de la vraie papauté, l'heureux Alexandre III, auquel en échut la meilleure application, et le grand Innocent III, digne d'en terminer l'exercice normal.

Ces trois organes politiques du pouvoir spirituel

obtinrent de nobles équivalents chez ses représentants moraux, qui, dépourvus de toute assistance temporelle, fournirent à l'action sacerdotale des types plus purs.

Le siècle d'Hildebrand fut aussi celui de la meilleure réforme des institutions monastiques, que saint Bruno s'efforça dignement de régénérer, sans pouvoir surmonter la fatalité résultée de l'épuisement de leur destination transitoire, bornée à la phase initiale.

Elles ne servirent alors qu'à seconder les sollicitudes de la papauté pour consolider le célibat ecclésiastique, en un temps où la tendance universelle vers l'hérédité devait aisément s'étendre jusqu'au clergé, surtout d'après l'accroissement continu de ses richesses.

Au xii° siècle, l'incomparable saint Bernard vint fournir, à tous égards, le meilleur type du catholicisme complet, surtout dans sa digne victoire sur un dangereux sophiste, honoré d'un amour immérité.

Le siècle final fut noblement inauguré par le grand saint François, qui tenta vainement la seule réforme que comportât le catholicisme, en substituant un clergé nécessairement pauvre au sacerdoce déplorablement enrichi.

Pour apprécier complètement cette digne régénération, dont l'avortement spontané manifesta la fatalité qui ruina bientôt le système catholique, il faut envisager sa réaction sur le culte, et même le dogme.

Quoique directement bornée au régime, elle se lia, dès l'origine, aux tendances du siècle des croisades, vers la prépondérance de la Vierge, qui, depuis le double essor de l'influence féminine et des mœurs chevaleresques, représentait mieux que Dieu le seul objet final des vœux occidentaux, l'Humanité.

Saint Bernard avait profondément sanctionné cette aspiration décisive, en s'efforçant de la systématiser, d'après une sage épuration du caractère mystique qui compromettait son efficacité sociale.

Au xiii⁰ siècle, une tentative plus radicale, préparée par le pieux utopiste que Dante installa dans son paradis, comme doué de l'esprit prophétique, s'accomplit sous le digne prédécesseur de saint Bonaventure au gouvernement des franciscains.

Son livre, aujourd'hui méconnu, mais alors organe des meilleures aspirations, s'efforça de faire noblement prévaloir la troisième personne de la Trinité, pour inaugurer le règne du cœur, en écartant une loi provisoire qui représentait l'ascendant de l'esprit.

Cette suave création de la Vierge, seul résultat vraiment poétique du catholicisme, devint un produit collectif du génie occidental, comme on le reconnaît en la comparant au type byzantin, malgré l'identité de leurs sources dogmatiques.

Son élaboration, graduellement préparée dès le début de la transition affective, appartient surtout à la troisième phase, sous l'impulsion de la chevalerie, qui dut chercher au ciel la dame commune des cœurs inoccupés.

En faisant habituellement prévaloir une telle adoration, on tendait à réparer le vice fondamental résulté de l'omnipotence du moteur suprême, ainsi remplacé par une influence directement impuissante et purement médiatrice, qui ne devait librement développer que l'amour.

Cette sainte idéalisation du type féminin devint mieux apte que la nature divine à préparer la conception finale de l'Humanité, quoiqu'elle ne pût représenter assez l'intelligence ni surtout l'activité, qui doivent céder au sentiment la personnification du Grand-Être.

Aussi, malgré l'avortement nécessaire de la réforme du xiii⁰ siècle, ce culte, précurseur spontané de la sociolâtrie, grandit-il toujours, à travers l'anarchie moderne, chez les

Occidentaux qui maintinrent le mieux la continuité morale et sociale.

Il me reste maintenant à caractériser, dans cette phase finale, l'essor politique, le mouvement intellectuel et la transformation sociale.

Sous le premier aspect, elle acheva de constituer la république occidentale, principal résultat du moyen âge, d'après un libre développement de son activité collective, fondée sur la hiérarchie féodale.

Les invasions musulmanes n'étant point susceptibles d'être contenues par l'incorporation catholique, leur répression nécessaire, jusqu'alors impossible, faute d'un suffisant concours, fit naître une seconde suite d'expéditions défensives entièrement différente de la première.

Dans celle-ci, la guerre ne fut portée sur le territoire opposé que pour déterminer ses maîtres polythéistes à s'y fixer définitivement, en se joignant librement à la nouvelle occidentalité, d'après une conversion déjà familière à leurs tribus.

Mais, envers des nations monothéistes, la défense dut prendre un caractère qui semblait davantage la transformer en une conquête, vainement rêvée, en effet, par les ambitions secondaires.

Toutefois, les croisades restèrent essentiellement défensives, suivant l'admirable prévision d'Hildebrand, qui, même avant sa papauté, les conçut systématiquement, pour déterminer, au nom de la foi, seule source d'union, la réaction décisive de l'occidentalité contre une imminente oppression.

En les considérant ainsi, leur succès fut incontestable, puisque, à la fin du xiie siècle, l'Occident se trouvait affranchi de toute profonde inquiétude.

Les croisades ne se prolongèrent ensuite que sous une impulsion purement empirique, de moins en moins conforme aux dispositions universelles, malgré l'éminent mérite, surtout moral, et même politique, du saint roi qui les termina.

Délivré des alarmes extérieures, l'Occident fut aussi dégagé des préoccupations intérieures, d'après l'admirable triomphe de la résistance espagnole, qui, depuis ses victoires décisives en Andalousie, ne redouta plus la domination musulmane.

Ce double triomphe du catholicisme sur l'islamisme dut bientôt devenir également nuisible à ces deux synthèses transitoires ; car leurs aspirations absolues à l'universalité se neutralisèrent mutuellement d'après l'issue des vraies croisades, qui manifesta l'impossibilité de toute prépondérance.

Mais un tel succès consolida profondément la république occidentale, dont tous les éléments y prirent une digne part, sous la libre présidence du centre français, ainsi confirmée irrévocablement par le commun assentiment qui surmonta les antipathies nationales.

Le mode d'accomplissement de ces admirables expéditions tendit autant que leur source et leur destination à développer dignement les mœurs féodales, caractérisées par la conciliation entre l'indépendance et le concours.

Car, pendant ces longues luttes, l'Occident dut son salut à des services toujours volontaires, surgis de tous les rangs, et même émanés de tous les âges, sous le libre ascendant des meilleurs chefs, surtout dans l'expédition initiale, qui fut réellement la plus décisive, ainsi que la plus spontanée.

Quoique la culture intellectuelle dût, jusqu'à la fin du moyen âge, s'effacer sous les préoccupations sociales, son accélération esthétique, philosophique, et même scientitique, suffirait pour distinguer cette phase de la précédente.

La langue occidentale se trouvant assez formée, l'art fondamental, devant idéaliser des mœurs fortement caractérisées, tendit alors, avec d'unanimes encouragements, vers un essor décisif, que ne comportait point la fatale instabilité de la transition affective.

Mais les constructions sacrées, qui manifesteront toujours la puissance esthétique d'une foi complète et commune, même purement passagère, appartiennent essentiellement à cette phase, et surtout au siècle des croisades, quoique leur libre exécution les ait quelquefois ajournées.

Je ne dois signaler ici l'essor philosophique que comme un symptôme décisif de la tendance de l'Occident à reprendre l'élaboration théorique suspendue, depuis son institution grecque, sous le juste ascendant de l'évolution sociale.

Car cette ardeur unanime, qui d'ailleurs concourut à consolider et développer la présidence parisienne, ne comportait aucun résultat théorique, en honorant d'un empressement sans exemple la vaine reproduction d'une métaphysique épuisée et même jugée, du moins empiriquement.

Mais il en fut autrement envers la science, qui, sans comporter alors des créations décisives, fit déjà surgir, au sein du sacerdoce, trois types éminents, Albert le Grand, Roger Bacon, et leur lien synthétique, l'incomparable saint Thomas d'Aquin, aussi grand d'esprit que de cœur.

D'après l'initiation islamique de la phase précédente, le génie catholique tendit à perfectionner toutes les parties de la philosophie naturelle, surtout l'astronomie et la biologie, en développant la science chimique destinée à les unir, et rattachée à la nouvelle activité.

Cette constitution scientifique doit être appréciée comme

un premier pas vers la formation de la hiérarchie encyclopédique, restée impossible tant qu'il n'existait aucun intermédiaire entre l'étude du monde et celle de la vie.

Désormais liées, leur ensemble tendit à transférer aux médecins, alors alchimistes et même astrologues, la direction générale de la culture théorique, auparavant concentrée chez les géomètres, qui depuis ne l'ont jamais recouvrée pleinement.

Une telle disposition, d'autant plus décisive que, pendant tout le moyen âge, la médecine appartint essentiellement au clergé régulier, s'accorda spontanément avec la combinaison permanente entre la philosophie et la science, séparées par la dégénération grecque.

Résumé dans la digne consécration d'Aristote, ce concours normal des deux aspects, général et spécial, propres à l'esprit théorique, résulta naturellement, dès le début de la transition affective, de la destination sociale du sacerdoce, ainsi conduit aux vues synthétiques.

Obligé de régler la vie humaine, il dut bientôt sentir la relation nécessaire des lois morales tant aux lois physiques qu'aux lois intellectuelles.

Mais cette tendance générale se trouva spécialement fortifiée, sous la troisième phase, d'après l'avènement décisif de l'existence industrielle, qui, faisant partout sentir l'importance de la prévision rationnelle, poussait à fonder la philosophie sur la science.

Telle fut la double influence qui détermina l'amélioration caractéristique des controverses métaphysiques au moyen âge, où, sans comporter aucun produit déterminé, la lutte du nominalisme contre le réalisme tendit à mieux poser la question synthétique.

Pendant toute la phase finale, cette discussion indiqua de plus en plus une aspiration confuse à faire prévaloir l'unité subjective, en remplaçant les causes par les lois.

Au XIIIe siècle, on fut ainsi conduit à sanctionner l'introduction continue de la science dans la constitution d'un enseignement d'abord destiné seulement aux ecclésiastiques, quand les écoles annexées aux cathédrales se transformèrent en universités.

Quoiqu'il reposât sur le trivium littéraire et métaphysique, le quadrivium scientifique y devenait régulièrement le complément nécessaire de la préparation théologique.

Cette condition finale, qui se bornait toutefois à des études rudimentaires, où les grands théoriciens de l'antiquité restaient inconnus, ne fut essentiellement éludée qu'après le moyen âge, quand le sacerdoce dégénéré restreignit son instruction habituelle.

L'avènement décisif de l'existence industrielle devint, pendant tout le cours de la troisième phase, la suite naturelle et le complément nécessaire du double essor commencé d'après l'institution du servage et caractérisé par la libération des travailleurs urbains.

Personnellement affranchis, ceux-ci ne tardèrent point à se dégager collectivement d'une discipline qui ne pouvait régler une activité qu'elle n'avait point prévue.

Dès le premier siècle de cette phase, les corporations industrielles obtinrent une existence civique, consacrée par leur adjonction à la hiérarchie féodale.

Leur libération politique devint même vicieuse, en y suscitant des aspirations rétrogrades à la vie militaire, quand elles se trouvèrent, comme en Italie, spontanément exemptes de la compression aristocratique, d'après la dispersion exceptionnelle ci-dessus expliquée.

Mais, partout ailleurs, l'industrie occidentale utilisa sagement cette indépendance provisoire pour organiser et développer son activité caractéristique.

Cette élaboration sociale dut surtout consister dans une séparation décisive entre les travailleurs et les entrepreneurs.

De là dépendait nécessairement la transformation fondamentale du caractère industriel, qui, d'abord purement individuel, ne pouvait enfin devenir vraiment collectif que d'après la prépondérance normale des directeurs sur les opérateurs.

En effet, c'est seulement en travaillant pour une destination future ou lointaine, mais actuellement indéterminée, qu'on peut habituellement sentir la dignité sociale de l'industrie, de manière à convertir des occupations personnelles en fonctions civiques.

Cet avènement décisif des entrepreneurs résulta spontanément de la phase précédente, où la libération de chaque travailleur dut souvent aboutir à des accumulations suffisantes.

Le commerce y parvint avant la fabrication, dont il aida l'extension, qui constitue le nœud principal de l'organisation industrielle, d'après son interposition normale entre la production des matériaux et la distribution des résultats.

Avant la fin du moyen âge, la république occidentale avait spontanément institué sa nouvelle activité, dont le commun essor survécut ensuite à la dissolution des liens politiques et religieux sans lesquels il fût resté d'abord impossible.

Sagement réglées par d'éminents négociants, dignes précurseurs de la systématisation finale, les relations du commerce italien avec la ligue germanique s'accomplirent sous l'entremise des villes flamandes, après la merveilleuse création de la Hollande.

Mais l'organisation pacifique ne serait pourtant devenue jamais possible, si sa base agricole avait toujours subi la servitude rurale qui l'empêchait de surgir.

Les entrepreneurs y semblent d'abord, inversement à la marche ordinaire, s'élever avant les travailleurs ; puisque les chefs féodaux tendaient à se transformer en directeurs de domaines, à mesure que cessait leur activité militaire.

Toutefois, une telle transformation restait contraire à leurs mœurs, comme aux préjugés universels, de manière à ne pouvoir jamais se réaliser, sauf les cas artificiels qu'un prochain avenir réserve aux populations arriérées.

Le sentiment commun de cette opposition dut concourir à retarder l'abolition du servage rural, en montrant l'impossibilité d'instituer des exploitations assez supérieures à la culture servile pour renouveler l'existence agricole.

Néanmoins, ce vaste complément de la libération personnelle s'accomplit spontanément d'après le concours des impulsions morales avec les conditions industrielles, quand le prix des libérations se convertit en acquisition des produits fabriqués ou transportés par les villes.

La bulle trop célèbre sur l'universelle abolition de l'esclavage occidental se réduisit à consacrer une transformation essentiellement accomplie, que ces vagues motifs affectèrent peu, surtout dans les domaines ecclésiastiques, où les serfs étaient mieux traités.

En voyant le servage persister encore, malgré le christianisme, chez les Européens orientaux, on reconnaît aujourd'hui que la participation du catholicisme à sa suppression primitive fut due au sacerdoce, inspiré par la situation, indépendamment de la doctrine.

XXIII

En combinant cette subdivision avec la division principale, on construit le plan général de la transition exceptionnelle, partagée sociologiquement en trois phases successives, suivant que la décomposition demeure spontanée ou devient systématique, d'abord incomplètement, puis complètement.

La première comprend les xive et xve siècles ; la seconde aboutit au triomphe simultané du gallicanisme et de l'anglicanisme, au début de la dernière demi-génération du xviie siècle ; la troisième conduit jusqu'à l'avènement de la crise française.

Quoique leur distinction ne semble ici fondée que sur le mouvement de décomposition, l'examen concret va démontrer qu'elle convient pleinement au mouvement de recomposition, dont la nature moins prononcée m'interdisait de l'y faire d'abord participer.

Le cours de ces trois phases, spontanée, protestante et déiste, offre un développement continu de tous les caractères, intellectuels ou sociaux, tant positifs que négatifs, précédemment assignés à la révolution occidentale.

A mesure que la foi se dissout, les esprits s'isolent et se rétrécissent, les notions de détail prévalent de plus en plus sur les vues d'ensemble.

En même temps, l'anarchie mentale altère graduellement les préceptes moraux, d'abord dans la vie publique, puis envers les relations domestiques, et même enfin quant à l'existence personnelle.

Un égoïsme croissant tend à détruire les meilleures traditions du moyen âge, en surmontant de plus en plus la résistance féminine, sous les impulsions avouées de l'orgueil et de la vanité, qui laissent souvent apercevoir celles de la cupidité.

L'usurpation temporelle dissipant toute trace de la séparation normale entre les deux pouvoirs, la politique se matérialise, et partout on demande aux lois de régler ce qui dépend seulement des mœurs.

XXIV

Pendant que l'élément central du pouvoir temporel obtenait, dans la majeure partie de l'Occident, une prépondérance nécessaire, l'élément local compensait sa décadence politique en développant sa dignité morale.

Tant que dura cette phase, la noblesse, surtout en France, fournit aux nouvelles classes d'importants modèles de sentiments et de conduite, qui prouvèrent la salutaire efficacité que comporte l'hérédité des richesses, même séparée de celle des fonctions.

Mais cette influence appartint principalement au sexe affectif, dont la destination sociale dut alors résider chez l'aristocratie, seule assez imbue du moyen âge pour résister dignement à l'anarchie moderne.

Néanmoins, une admirable anomalie annonça déjà la supériorité finale de la femme prolétaire, d'après l'incomparable héroïne qui se dévoua si précieusement à l'indépendance française.

L'institution des armées soldées, et bientôt permanentes, graduellement développée dans tout le cours de cette phase, fournit un témoignage général de la décadence radicale des mœurs militaires et de la prépondérance décisive de l'activité pacifique.

Sans cette double impulsion, on ne pourrait expliquer la tendance unanime de l'Occident vers une innovation incompatible avec la dignité du caractère guerrier, qui l'aurait repoussée, tant que prévalurent les dispositions romaines ou féodales.

La noblesse commença sa dégradation morale en acceptant un office qui la convertissait en instrument passif, plutôt que de se placer à la tête des classes agricoles en dirigeant ses domaines ruraux.

Néanmoins, une telle institution devint alors, pour la dictature monarchique, un précieux appui, sans la pousser encore aux déviations militaires.

Employée d'abord comme moyen d'ordre, elle annonça déjà sa transformation finale en instrument de police, quand l'Occident aurait épuisé toutes les sources exceptionnelles des guerres modernes.

Les dépenses qu'elle suscita déterminèrent l'avènement, impossible au moyen âge, des impôts continus, qui tendirent bientôt à lier spontanément les fortunes privées aux besoins publics, de manière à préparer spécialement le régime sociocratique.

Cette phase doit être regardée comme la plus favorable à la digne intervention des légistes, et surtout des juges, dont la subalternité politique, conforme à leur vraie nature, dut alors les préserver d'une ambition corruptrice.

En participant utilement à la concentration temporelle, ils surent contenir, par leurs règles empiriques, les tendances arbitraires de la dictature qu'ils secondaient.

Leur influence se développa principalement envers la propriété, que le principe des confiscations, désormais privé des garanties féodales, menaçait d'une instabilité directement incompatible avec le libre essor de l'existence pratique.

Ils ne purent prévenir ou réparer ce danger qu'en rétablissant l'indépendance consacrée par le régime romain, qui n'admettait point l'inviolabilité.

Quoique ce retour à l'absolu théocratique devînt, comparativement au moyen âge, une véritable rétrogradation, dont l'Occident subit aujourd'hui les réactions subversives, il était alors imposé par les besoins d'une situation où nulle autre garantie ne pouvait surgir.

Envers le mouvement de décomposition, l'ensemble de cette phase se trouve résumé d'après l'avènement décisif de la dictature temporelle.

Car ce résultat représente aussi l'anarchie mentale et la corruption morale par la matérialité croissante des inspirations politiques, où présida de plus en plus un égoïsme avoué.

Quoique cette dégradation n'ait été systématisée qu'en Italie, sous une personnification caractéristique, la dispersion propre à ce cas exceptionnel, où la grandeur des résultats ne dissimule plus la bassesse des moyens, s'y borne à mieux manifester une disposition devenue universelle.

XXV

Cette grande école, seule représentation du xviii° siècle envers l'avenir et le passé, le lie au précédent par Fontenelle, au suivant d'après Condorcet.

Ses organes propres se groupent spontanément autour de deux types du premier ordre, l'un théorique, l'autre pratique, Diderot et Frédéric, que caractérisent l'esprit le plus encyclopédique surgi depuis Aristote et l'aptitude politique la mieux comparable à celles de César et Charlemagne.

Mais ces deux représentants essentiels de la troisième

phase ne purent également développer leur valeur personnelle, vu l'inégale harmonie entre leur situation et leur vocation.

Le dictateur fournit le meilleur modèle de la politique moderne, en conciliant, suivant le vœu de Hobbes, le pouvoir avec la liberté ; tandis que le philosophe, né pour construire, se vit forcé de concourir à la destruction, seule possible alors, sans trouver jamais un digne emploi de ses principales facultés.

Toutefois, le positivisme permettant d'apprécier toujours le mérite individuel, même à travers la situation historique, le plus grand génie du xviiiᵉ siècle obtiendra bientôt son ascendant final, juste compensation de la fatalité qui remplit d'amertume une existence avortée par empêchement extérieur.

Ces deux types, naturellement connexes, quoique sans contacts personnels, rallieront toujours les principales gloires d'une telle phase, Hume, d'Alembert, Montesquieu, Buffon, Georges Leroy, Turgot, etc., qui ne pourraient rentrer dans aucune des deux écoles secondaires.

Quant aux illustrations purement scientifiques, elles doivent aussi se rattacher à cette suprême école, seule capable d'apprécier leurs travaux, à mesure que, faute de vues philosophiques, les savants devenaient indignes d'admirer Clairaut, Lagrange et Berthollet.

Son intervention nécessaire dans l'élaboration négative permit aux deux sectes incomplètes de développer leurs tendances respectives, sans que leur antagonisme naturel altérât leur commune destination.

Avant que l'école politique eût distinctement surgi, l'énergique sagesse de Diderot avait institué l'atelier encyclopédique pour la faire suffisamment concourir avec l'école philosophique.

Une telle concentration tendait à rappeler le but organique au milieu du travail critique, en ramenant toujours la pensée vers la construction d'une synthèse complète.

Ce mode compensait aussi la disposition anti-historique de la troisième phase, soit en donnant à l'histoire un accès direct, soit surtout d'après la filiation des conceptions scientifiques.

Mais Diderot était trop synthétique pour se méprendre, comme son collègue, sur la nature et la destination d'une compilation propre à faire mieux sentir alors l'impossibilité de systématiser.

L'école organique domine tellement la troisième phase que la coordination décisive de la doctrine critique émana même de l'un de ses membres secondaires.

Une telle systématisation, procédant de l'égalité pour aboutir à l'individualisme, exigeait que les intelligences fussent proclamées intérieurement égales en attribuant aux influences extérieures toute la diversité des résultats, et que la morale reposât exclusivement sur la personnalité.

L'éloquent sophiste qui popularisa la politique négative put se borner à développer cette ingénieuse élaboration, résumé naturel de la métaphysique moderne, dont Diderot seul sentit alors le vice radical.

On doit aussi rattacher à la grande école du xviiie siècle deux branches spéciales de la doctrine critique qui conservent encore quelque crédit, parce qu'elles offrent partiellement un caractère organique, quoique indirect et confus.

La principale consista dans la tentative des économistes pour découvrir les lois de l'existence matérielle des sociétés, en l'étudiant isolément de l'ordre intellectuel et moral.

Malgré l'avortement nécessaire d'une entreprise aussi vicieuse, leurs travaux concoururent à l'ébranlement décisif, en discréditant le système d'encouragement adopté par les gouvernements occidentaux envers l'activité pacifique.

Ils assistèrent aussi l'évolution positive, en attirant sur l'industrie une attention théorique, et même en faisant déjà sentir le contraste pratique entre la civilisation moderne et l'ancienne.

En second lieu, les études relatives à la législation, surtout pénale, concourent alors à manifester l'urgence d'une réorganisation totale.

Les avocats y montrèrent leur tendance à prévaloir sur les juges, irrévocablement incorporés à la dictature rétrograde.

Cette double annexe permit seule à la métaphysique négative de pénétrer immédiatement chez les populations catholiques, d'où surgirent même les premiers encouragements accordés aux juristes, et surtout aux économistes, par l'empirisme officiel.

Après avoir assez caractérisé l'institution finale de l'élaboration critique, il est aisé d'en compléter l'appréciation en déterminant sa réaction naturelle sur le développement de l'anarchie moderne.

La dispersion des pensées était ainsi devenue telle, que la doctrine négative divisait ses propres partisans en sectes inconciliables.

Mais le désordre mental se manifesta surtout envers le point de vue historique, d'où devait pourtant émaner l'unique solution.

Les deux écoles incomplètes tendirent à l'écarter irrévocablement, l'une en systématisant la réprobation spontanée du moyen âge, l'autre en faisant ouvertement abstraction de tout passé, sauf pour accréditer ses utopies subversives, d'après une vicieuse appréciation de l'antiquité

Quant à la réaction sociale, on conçoit facilement les ravages d'une doctrine qui faisait, sous chaque aspect, consister la perfection humaine dans l'état de non-gouvernement.

Moralement, après avoir développé les atteintes du protestantisme envers le régime domestique jusqu'à méconnaître tout mariage, le déisme altéra directement la discipline personnelle en autorisant le suicide et préconisant l'orgueil ou la vanité.

Politiquement, il acheva de discréditer la division des deux puissances, en s'efforçant d'instituer directement la suprématie absolue du nombre, de manière à ne laisser d'autres garanties d'ordre matériel que la violence et la corruption.

De ce fond impur et contradictoire, dut pourtant surgir la première manifestation des tendances décisives de l'Occident vers la régénération finale.

En considérant l'ensemble du programme que fournit, à cet égard, l'école organique, on est aujourd'hui frappé de l'incompatibilité qu'il présente envers les dispositions propagées par les deux écoles critiques, qui pourtant n'y sont point désavouées.

Une république vraiment sociocratique, fondée sur un généreux essor de l'éducation universelle, où la morale se trouve dégagée de toute théologie, y contraste avec la brutale domination du nombre, la négation directe des instincts bienveillants, et le dédain complet de la culture des sentiments.

Ma théorie historique explique cette incohérence, d'après le retard nécessaire du mouvement positif envers l'impulsion négative.

Néanmoins, une telle contradiction indique d'avance

l'avortement radical de la tentative régénératrice qui fut d'abord dirigée par une pareille doctrine.

Malgré tous ces vices, la métaphysique négative obtint, en vertu de sa seule opportunité, trois triomphes caractéristiques sur la dictature rétrograde, pendant la dernière génération de la troisième phase, aux applaudissements universels du public occidental, même aristocratique ou sacerdotal.

Le premier, et le plus décisif, consista dans l'abolition officielle du jésuitisme, qui, quoique directement émanée des rivalités catholiques, ne put réellement profiter qu'à l'ébranlement philosophique, ainsi secondé par ses propres adversaires, tant les vues d'ensemble étaient alors perdues partout.

On vit ensuite l'école encyclopédique directement appelée à gouverner d'après l'avènement politique de son principal praticien, dont la courte présidence fit bientôt sentir le besoin d'une commotion sociale, seule capable de dissoudre la coalition dictatoriale qui s'opposait à tout progrès.

Enfin, la métaphysique négative acquit une consécration populaire en présidant à la crise américaine, quoique la principale portée d'un tel évènement dût consister à commencer l'irrévocable dissolution du système colonial, alors lié partout à la rétrogradation.

Cette participation dissimula spécialement l'impuissance organique d'une telle doctrine, qui, sans pouvoir diriger une réorganisation intérieure, y devenait suffisante pour briser un joug extérieur, comme elle l'avait d'abord fait en Hollande.

XXVI

Le monde révolutionnaire se partageait entre trois écoles, dont aucune ne pouvait présider convenablement à la rénovation, où tout l'Occident suivait avec anxiété l'élaboration française, vu sa destination universelle.

Naturellement organique, quoique nécessairement vague, faute d'une doctrine positive, l'école encyclopédique de Diderot avait fourni plus de membres éminents qu'aucune autre.

Elle conserva ce privilège en produisant alors deux dignes types, l'un pratique, l'autre théorique : le grand Danton, le seul homme d'Etat dont l'Occident doive s'honorer depuis Frédéric ; et l'admirable Condorcet, l'unique philosophe qui poursuivit, dans la tempête, les méditations régénératrices.

Mais cette suprême école était trop incomplète et trop méconnue pour prévaloir habituellement, quoiqu'elle fût toujours invoquée contre les principales difficultés.

La présidence révolutionnaire devait donc flotter entre l'école philosophique de Voltaire et l'école politique de Rousseau : l'une sceptique, proclamant la liberté, l'autre anarchique, vouée à l'égalité; la première frivole, la seconde déclamatoire : toutes deux incapables de rien construire.

Néanmoins, celle-ci dut bientôt dominer comme possédant seule une doctrine apparente, pendant le peu d'années où le *Contrat social* inspira plus de confiance et de vénération que n'en obtinrent jamais la Bible et le Coran.

A défaut d'une théorie sociale, l'instinct régénérateur dut alors se guider d'après les maximes que les luttes antérieures lui rendaient familières, et la négation de tout gouvernement se trouva spontanément érigée en type final de l'ordre humain.

Une telle illusion ne pouvait être rationnellement jugée, puisqu'elle résultait de l'absence même de la doctrine qui aurait permis de l'apprécier.

Or, il était impossible de la sentir empiriquement, car les applications politiques de la métaphysique négative devaient jusqu'alors l'accréditer.

Son impuissance organique aurait pu se manifester d'après l'avortement de la révolution anglaise, si la vraie source d'un tel échec ne fût pas restée méconnue, faute de théorie historique.

La doctrine critique ne devint réellement suffisante qu'en Hollande, où la révolution consista seulement à rompre au dehors un lien oppressif, sans susciter au dedans aucune régénération.

Elle échoua nécessairement quand elle dut, en Angleterre, diriger une réorganisation qui supposait d'abord une conception positive de la société moderne.

Mais cette insuffisance, mal appréciée et peu connue, semblait compensée par le récent succès de la métaphysique négative envers la révolution américaine, où les deux cas antérieurs paraissaient combinés, quoique le type hollandais s'y trouvât seul réalisé.

Ainsi, l'impossibilité de reconnaître alors l'inanité de la doctrine critique concourut, avec le besoin d'une théorie quelconque, pour produire et maintenir la fatale illusion qui lui transféra la présidence de la crise finale, jusqu'à ce qu'un tel triomphe la discréditât irrévocablement.

Quoique cette inévitable méprise suffise pour expliquer la dégénération subversive d'un mouvement unanimement annoncé comme organique, la déviation se trouva notablement aggravée par l'incapacité radicale du dernier des rois français.

Tout l'ébranlement pouvait alors se réduire essentiellement à supprimer une royauté dont la chute spontanée devint appréciable, quand la population parisienne accompagna librement de ses chants de joie le cercueil de l'imposant dictateur qui commença la rétrogradation.

Mais cette abolition nécessaire permettait, et même exigeait le maintien de la dictature moderne, qui devait seulement être républicainement transformée.

Or, celui qui l'exerçait alors pouvait accomplir paisiblement ce changement nécessaire, de manière à conserver la puissance et mériter la gloire, si sa raison avait sagement apprécié l'inviolabilité théocratique, dont le décorait une croyance déchue. Dépourvu de toute énergie, il n'offrait d'autre valeur morale qu'une bonté privée, incapable d'application sociale.

Quoique impropre à cette résolution, il pouvait, s'il eût été vraiment honnête, en réaliser l'équivalent d'après une noble abdication, quand, la forteresse parisienne, succombant sous l'indignation populaire, les moins clairvoyants durent sentir la gravité de la situation.

Ce devoir, dont la violation suffirait, indépendamment de ses coupables intrigues, pour justifier sa fin tragique, aurait fait prévaloir un frère digne d'accomplir la transformation républicaine, comme l'indique la sagesse de sa dictature tardive.

Dès lors, l'ordre public se trouvant essentiellement maintenu, la guerre ne fût point survenue, et l'agitation subversive serait restée spirituelle, en évitant l'explosion sanguinaire qui résulta surtout d'une défense désespérée.

A cet ensemble d'influences, sociales et personnelles, il faut joindre l'impulsion empirique naturellement émanée du contraste politique entre la France et l'Angleterre.

L'épuisement de l'un des modes dictatoriaux devait, dans l'absence d'une vraie théorie, disposer spontanément à l'imitation de l'autre.

Cette tendance prévalut, surtout chez l'assemblée préliminaire, qui, sous l'autorité de Montesquieu, s'efforça de réduire la crise française à l'importation du régime anglais, en ébauchant même une parodie de sa nationalité théologique.

Après avoir fait méconnaître le caractère républicain de l'ébranlement, une telle disposition l'altéra quand le cours des événements eut irrévocablement surmonté les illusions constitutionnelles.

Car, en renonçant au simulacre de roi, cet empirisme maintint une funeste prédilection pour le régime parlementaire, quoique contraire à l'ensemble du passé français.

L'ambition métaphysique fut ainsi conduite à concevoir la transformation républicaine comme consistant dans le règne d'une assemblée.

Cette aberration était trop conforme à l'esprit général de la doctrine critique pour ne pas prévaloir spontanément, autant chez les Montagnards de Rousseau que parmi les Girondins de Voltaire.

L'école dantonienne de Diderot, supérieure aux illusions démagogiques, développa seule les traditions françaises, en concevant la situation républicaine comme destinée à ranimer l'ascendant nécessaire du pouvoir central, au lieu de faire triompher le pouvoir local.

Quand l'aristocratie britannique institua la coalition rétrograde contre l'impulsion régénératrice, les besoins de la défense nationale transférèrent bientôt le gouvernement à ces chefs d'élite, aussi recommandables de cœur et d'esprit que par le caractère.

Ils dominèrent pendant les dix mois entre l'expulsion nécessaire des discoureurs et le sanguinaire triomphe des fanatiques ; période qui caractérisera finalement l'unique assemblée française dont le souvenir doive rester.

Alors surgit, à travers les nuages métaphysiques, l'admirable conception du gouvernement révolutionnaire, instituant une dictature comparable à celles de Louis XI, de Richelieu, de Cromwell, et même de Frédéric.

Tout en dirigeant avec une irrésistible énergie la défense républicaine, elle compléta l'abolition de la royauté par l'élimination des divers débris qui s'y rattachaient.

Cette dictature progressive osa même supprimer, avec la sagesse convenable, le système d'encouragements de la dictature rétrograde envers les éléments empiriques d'un mouvement organique dont la coordination normale devait alors être directement élaborée.

Il faut surtout apprécier la judicieuse énergie qui, malgré des préjugés encore accrédités, abolit des compagnies scientifiques devenues hostiles au progrès théorique, d'après leur irrationnelle constitution, où chaque décision émanait d'une majorité nécessairement incompétente.

Mais quand Danton eut succombé sous l'ombrageuse rivalité d'un déclamateur sanguinaire, la nouvelle dictature dégénéra bientôt en une rétrogradation anarchique, à laquelle rien ne sera jamais comparable.

L'indépendance française étant assez garantie contre le dedans et le dehors, la tendance vers une régénération directe dut alors se développer chez ceux qui ne pouvaient sentir à temps l'impuissance organique de la doctrine dominante, désormais incorporée à la défense.

Investis d'un empire arbitraire, ils manifestèrent, par l'application la plus décisive, le caractère subversif d'une théorie dont le triomphe exigeait que l'oppression sanguinaire s'étendît autant aux éléments du nouveau système qu'aux débris de l'ancien.

Quiconque rattache aujourd'hui l'instinct du progrès à la métaphysique négative pourrait ainsi sentir combien la notion d'un développement continu se trouve naturellement incompatible avec l'immobilité nécessaire des droits de l'homme.

Malgré la courte durée de ce violent délire, l'opinion publique, sauf des oscillations passagères, regarda toujours ce triomphe de la doctrine critique comme une épreuve décisive de son inanité, puisque les aberrations n'y devinrent exceptionnelles que quant à la possibilité de prévaloir.

C'est pourquoi les convictions républicaines se décomposèrent bientôt chez ceux qui ne leur reconnaissaient pas d'autre base, et subsistèrent seulement dans l'école de Diderot, tandis que celles de Voltaire et de Rousseau fournirent des instruments à la tyrannie rétrograde.

XXVII

On a trop méconnu l'immortelle école qui surgit, au début du xixe siècle, sous la noble présidence de de Maistre, dignement complétée par Bonald, avec l'assistance poétique de Chateaubriand.

Elle discrédita systématiquement le négativisme, en prouvant que ses vices, empiriquement sentis, loin d'offrir aucun caractère fortuit, résultaient nécessairement de sa nature, de façon à se reproduire chaque fois qu'il prévaudrait.

Malgré les dispositions modernes, cette démonstration, que les révolutionnaires incurables pouvaient seuls récuser, influa bientôt sur l'opinion publique, en y déterminant une réaction vague contre le siècle précédent, sans que l'ancienne foi cessât de déchoir.

On reconnut dès lors le besoin continu d'une religion quelconque, et les métaphysiciens furent ainsi conduits à rendre leur déisme plus rétrograde, quoiqu'il restât autant anarchique.

La culture morale ne se trouva pas moins négligée ; mais personne n'osa, comme au xviiie siècle, en contester l'importance, et l'on vit même se développer alors une affectation universelle de sentimentalité.

De là résulta, chez les âmes honnêtes, une hypocrisie analogue à celle de Kant, qui, malgré ses démonstrations décisives contre la réalité des croyances surnaturelles, s'efforçait sincèrement de les rétablir, au nom de leur nécessité sociale.

Quelques dangers, intellectuels et moraux, qu'offrît une telle disposition, surtout parmi les natures vulgaires, rétrogrades ou révolutionnaires, il faut aujourd'hui reconnaître qu'elle concourut à poser provisoirement le problème occidental.

Envers la guerre, le principal reproche de la postérité doit concerner l'opinion française, au lieu de rester concentré sur un dictateur empirique, entraîné par son instinct militaire, dont le public pouvait aisément contenir l'essor.

Car il suffisait, au début de la déviation, de blâmer dignement la spoliation de l'Italie et l'invasion de l'Egypte ; tandis que cette double oppression excita, parmi les Français, un enthousiasme unanime, surtout chez les lettrés.

Quand l'occupation provisoire de la Belgique et de la Savoie eut constaté la pleine efficacité de la défense républicaine, l'activité militaire devint nécessairement contraire à la mission occidentale de la France.

Au début de la crise, ce peuple s'était noblement interdit toute conquête, même pour propager ses institutions, qu'une libre adhésion devait seule faire prévaloir.

Mais ces déclarations solennelles se trouvèrent bientôt oubliées, quand la métaphysique qui les systématisa perdit son ascendant, d'après une épreuve décisive.

Telle est l'insuffisance des sentiments dépourvus de convictions durables, qu'une aberration sans exemple succéda rapidement à ce digne élan, sous le vain prétexte d'une propagande oppressive, promptement remplacée par un égoïsme avoué.

Mais l'instinct moderne conserva son caractère pacifique au milieu de l'anomalie guerrière, qui, malgré sa popularité, dut toujours reposer exclusivement sur le recrutement forcé, surgi dès la seconde phase, et graduellement étendu pendant la troisième.

Les séductions d'un avancement merveilleux n'empêchèrent point les officiers de manifester, presque autant que les soldats, l'affaiblissement spontané des inclinations militaires, puisque les carrières civiles furent toujours préférées par quiconque pouvait choisir.

Cette démonstration se compléta d'après la puissance et le crédit qu'obtinrent simultanément la gendarmerie et la police, tendant à remplacer l'armée et la justice, malgré l'avènement de magistrats sans consistance et de guerriers sans dignité.

Quand l'orgie finale de l'instinct militaire fut irrévocablement épuisée, une paix incomparable inaugura la seconde génération du siècle exceptionnel, sous le meilleur des cinq dictateurs qui se sont jusqu'ici succédé après Danton.

Alors cessa nécessairement le danger d'une rétrogradation dont la principale force reposait sur la guerre.

La liberté spirituelle surgit spontanément, sous la seule impulsion de la paix, à travers les entraves officielles ; et le principe intellectuel de la solution occidentale ne tarda point à se dévoiler, comme je vais l'expliquer.

Mais la chute de la tyrannie rétrograde introduisit un fatal essai du régime parlementaire, qui, sans comporter aucune consistance, surtout populaire, s'accrédita par contraste envers une concentration oppressive.

Cette nouvelle aberration, plus nuisible et plus durable que la précédente, malgré la paix et la liberté, troubla profondément les cœurs, les esprits et les caractères, en développant l'habitude de la corruption, du sophisme et de l'intrigue.

Ses vices naturels se trouvèrent aggravés d'après l'appui qu'elle fournit à l'influence sociale des littérateurs et des avocats, qui, sous des types de plus en plus dégradés, devinrent, d'abord dans la tribune, et surtout ensuite par les journaux, les directeurs provisoires de l'opinion publique.

Afin de mieux apprécier les ravages, intellectuels et moraux, que dut exercer un tel régime pendant la génération propre à sa prépondérance, il faut ici caractériser la coalition exceptionnelle qui, dès son début, se forma spontanément pour exploiter les vicieuses ressources qu'il offrait.

Un court épisode conduisit alors tous les ambitieux sans convictions à liguer leurs prétentions politiques en s'accordant mutuellement deux réhabilitations déplorables, respectivement contraires à leurs opinions avouées.

L'anarchie mentale laissant le public sans défense contre les séductions concertées et prolongées, on explique aisément le succès de cette immense conspiration de la presse française, malgré de dignes protestations.

Quoique la postérité n'y puisse distinguer qu'un chansonnier, sa funeste influence mérite de concentrer la flétrissure personnelle d'un tel complot.

Toutefois, cette collusion sans exemple n'aurait pu suffisamment réussir si les gouvernements occidentaux ne l'eussent d'avance accréditée, d'après leur vicieuse intervention dans les affaires intérieures de la France, dont ils avaient, l'année précédente, sagement respecté la juste indépendance.

Une telle faute lia provisoirement la nationalité française au souvenir de la tyrannie rétrograde; ce qui facilita la déception destinée à transformer le dictateur militaire en représentant général des tendances révolutionnaires.

Cette déviation des gouvernements occidentaux se trouva bientôt aggravée par leur disposition à subordonner leur politique collective au concours d'une puissance, essentiellement orientale, dès lors admise à leurs délibérations communes, dont la présidence nominale lui fut souvent déférée.

La similitude des croyances officielles constituant la seule source d'un tel rapprochement, il offrait, par cela même, un caractère nécessairement rétrograde, en secondant les tendances vers la restauration factice d'une foi déchue.

Mais ce titre était plus apparent que réel, puisqu'il devait aussitôt rappeler les justes antipathies de l'Occident envers l'Eglise grecque.

Quoique les réactions entre l'islamisme et le catholicisme aient, depuis le moyen âge, intimement lié les destinées des Turcs et des Occidentaux, la politique ottomane s'abstint toujours d'une telle intervention.

Si la Russie eût imité cette sagesse, en sentant qu'il n'appartient jamais aux populations arriérées de régler les peuples avancés, son gouvernement, progressif au dedans, n'aurait point altéré ce caractère en devenant, au dehors, le principal espoir d'une rétrogradation impossible.

C'est ainsi que les influences extérieures concoururent avec les dispositions intérieures à développer les déviations qui, dans l'histoire du siècle exceptionnel, distinguent la génération parlementaire de la génération révolutionnaire.

Quoique l'extension complète de l'anarchie moderne dût alors entraver beaucoup l'essor naissant de la doctrine organique, elle faisait mieux ressortir l'urgence d'une reconstruction spirituelle et manifestait davantage le besoin d'une dictature temporelle.

Résolvant toujours chaque difficulté nouvelle d'après une nouvelle démolition, la métaphysique négative s'étendit de l'examen des pouvoirs politiques à l'étude des liens sociaux, par des utopies subversives envers la famille et la propriété.

Sous une vaine sentimentalité, l'influence féminine subit un notable décroissement, et l'attitude du sexe affectif se trouva tellement altérée qu'il fournit lui-même des organes anarchiques.

Le développement de la spécialité dispersive jusqu'à l'extrême dégénération permit de vérifier combien il eût été sage de maintenir l'arrêt initial contre le régime académique, qui s'efforçait alors d'étouffer la discipline synthétique inaugurée par la nouvelle philosophie.

Mais la marche des divagations intellectuelles et sociales tendait autant à manifester le vice des inclinations rétrogrades que le danger des aspirations révolutionnaires.

Dieu se trouvait également invoqué dans les deux camps; les déistes reniaient le programme du xviiie siècle, et les catholiques acceptaient la souveraineté populaire : ce qui ne laissait de refuge, à l'ordre comme au progrès, que dans la religion naissante de l'Humanité.

XXVIII

Incapables de rien concevoir au delà de leur vain déisme, les révolutionnaires incurables scindèrent la question occidentale et s'efforcèrent, avec trop de succès, d'absorber les prolétaires par des solutions métaphysiques, à la fois anarchiques et rétrogrades, où les lois réglaient ce qui dépend des mœurs.

Développant le programme indiqué sous la sanglante domination des Roussiens, il firent consister la systématisation industrielle à détruire la seule base résultée du passé pour organiser le travail, d'après la division générale entre les entrepreneurs et les travailleurs.

Mais le déplorable crédit dont le peuple honora ces utopies subversives doit désormais être imputé surtout à l'incurie mêlée d'incapacité qui dirigea la politique des conservateurs, partout investis de la prépondérance temporelle, sauf de courtes oscillations.

Invoquant toujours la conciliation générale entre l'ordre et le progrès, ils laissaient pourtant surgir inaperçue la doctrine qui l'institua pleinement.

Leur empirisme ne sut lutter contre le communisme que par des mesures oppressives, doublement nuisibles à la vraie solution, soit en relevant les anarchistes persécutés, soit en faisant supposer que les institutions fondamentales de la société moderne ne comportaient point une digne défense.

Sans une telle assistance, l'histoire ne saurait expliquer comment le parti du progrès se trouva placé, dans tout l'Occident, sous la présidence passagère des révolutionnaires, dont la métaphysique, d'accord avec leur ignorance, consacrait nécessairement l'immobilité.

La fraternité chrétienne étant devenue incapable de sanctionner les vœux légitimes des prolétaires, ils se trouvèrent provisoirement forcés de recourir à l'égalité roussienne, qui dégrada leurs sentiments en développant l'envie contre une élévation quelconque et la défiance envers toute autorité.

On peut résumer cette appréciation sociale de la génération parlementaire en y remarquant l'annulation nécessaire et mutuelle des principaux résultats poursuivis dans les deux camps.

Car la politique rétrograde des conservateurs empiriques y démontre son impuissance d'après l'essor continu de l'anarchie, malgré l'extension et l'intensité croissantes de la répression matérielle.

L'inanité révolutionnaire s'y constate par l'avortement d'une agitation aiguë ou chronique, incapable de rien obtenir, faute d'un caractère organique, et conduisant toujours à ranimer légalement une rétrogradation éteinte dans les opinions et les mœurs.

Mais une telle situation devait spontanément discréditer le régime parlementaire au centre de l'élaboration occidentale, malgré le vain ascendant que l'empirisme, même officiel, s'efforçait de lui procurer partout.

Introduit pour garantir la liberté, son exercice avait facilité le développement de l'oppression, en dispersant la responsabilité.

Les révolutionnaires participèrent autant que les rétrogrades à cette dégénération ; parce que, sentant leurs doctrines désormais incapables de soutenir une vraie discussion, ils aspiraient de plus en plus à comprimer l'examen sous l'égalité.

Bientôt invoqué pour l'ordre, ce régime équivoque et contradictoire, énervant le gouvernement, aboutit à développer l'agitation et l'intrigue.

Contraire à l'ensemble du passé français, il ne put, en trente ans, acquérir aucune consistance chez les prolétaires, ni même parmi les bourgeois, malgré les facilités spéciales qu'il offrait aux médiocrités ambitieuses.

L'antipathie naturelle des populations catholiques envers une politique protestante, ou plutôt britannique, se manifesta d'abord dans l'affranchissement de l'Amérique espagnole, quand le système colonial se décomposa d'après l'initiative de l'Amérique anglaise.

Ces nouveaux types de la révolution hollandaise abolirent le pouvoir central émané de la métropole, sans jamais transférer la suprématie politique aux assemblées locales ; en sorte que tous les conflits s'y bornèrent à la mutation des dictateurs.

Sous de tels précédents, on pouvait aisément prévoir que le régime parlementaire ne tarderait point à s'éteindre en France, comme incapable de consolider l'ordre et de seconder le progrès.

Il ne devait pas résister longtemps à la commotion décisive qui manifesta la réalité politique en supprimant la consécration mensongère d'une inviolable hérédité dans une situation qui, depuis la prise populaire de la forteresse parisienne, fut toujours républicaine.

Cependant cette irrévocable révélation sembla d'abord ranimer le régime anti-français, d'après l'illusion empirique qui représentait une telle position comme élevant le pouvoir local en abaissant le pouvoir central.

Mais la méprise métaphysique ne put alors obtenir

autant de consistance qu'au début, parce que la tendance nécessaire de la situation républicaine à garantir le progrès et compromettre l'ordre était déjà devenue irrécusable.

Les nouvelles agitations qui la confirmèrent firent aussi sentir que cette position permettait, autant qu'elle exigeait, la prépondérance continue du pouvoir central.

Après que le régime parlementaire eut achevé de développer ses dangers en étendant jusqu'aux prolétaires ses ravages intellectuels et moraux, un acte d'énergie pleinement opportun l'abolit à jamais, sans rencontrer aucune résistance.

De plus en plus confirmée par la réflexion populaire, cette initiative officielle établit irrévocablement le principe dictatorial, sous un titre quelconque, même entouré d'illusions légales.

1854

XXIX

D'après une telle indication, je me trouve conduit à confirmer, par deux faits caractéristiques, les prévisions propres à la préface du tome III⁰ envers l'antipathie croissante que ce parti m'a vouée.

L'aversion que le positivisme inspire aux métaphysiciens germaniques ou britanniques pourra s'exhaler en dissertations, parce qu'ils se regardent comme capables de discuter la nouvelle synthèse.

Mais les révolutionnaires français se sentent trop au-dessous d'un tel effort pour que leur haine puisse se satisfaire autrement que d'après des calomnies, destinées à détourner le peuple de moi sans aucun examen.

Ils ont représenté mon manifeste au tzar comme une dédicace du tome III⁰; oubliant que l'ensemble de mon traité se trouvait, dès son début, placé sous un patronage incompatible avec tout autre hommage.

Je dois aussi leur attribuer l'inqualifiable hypothèse où ma persécution polytechnique se trouve expliquée d'après mes propres malversations; malgré sa dépravation spéciale, le milieu qui m'a dépouillé n'oserait risquer une calomnie dont il craindrait la facile réfutation.

Telles sont les seules armes que puisse opposer à la

religion de l'ordre et du progrès le plus nuisible et le plus arriéré de tous les partis actuels.

Seul il nie le besoin d'une reconstruction spirituelle à laquelle il se sent incapable de pourvoir, et s'efforce de concentrer les aspirations populaires vers l'élaboration immédiate des réformes matérielles, consistant surtout à détruire.

Etranger aux principaux progrès du xixe siècle, il construit la solution occidentale avec la religion de Voltaire, la philosophie de Condillac, la morale d'Helvétius et la politique de Rousseau, en repoussant Hume, Diderot et Condorcet.

On doit être peu surpris que, sauf de jeunes âmes, estimables quoique égarées, tous les hommes de quelque valeur abandonnent de plus en plus un parti qui méconnaît radicalement le programme moderne.

Je suis heureux d'annoncer ici que, après l'oscillation indiquée dans ma précédente préface, M. Etex paraît irrévocablement dominé par les dispositions synthétiques et sympathiques qui d'abord le poussèrent au positivisme.

En un temps où chacun flotte et s'insurge, ce double désordre doit être spécialement excusé chez les artistes, plus entraînés et moins retenus que les théoriciens et les praticiens.

XXX

Pour caractériser la perturbation russe, il faut apprécier son incompatibilité directe avec l'ensemble de la politique internationale, qui, depuis la fin du moyen âge, fait de plus en plus prévaloir le *statu quo*.

Les heureux effets de la diplomatie moderne ont autant

réglé les relations des peuples que le permettait la décadence du sacerdoce occidental.

A travers les principales luttes, cette influence a toujours consolidé les mœurs pacifiques, en imposant le respect mutuel des situations quelconques.

Elle a judicieusement érigé la paix de Westphalie en ère décisive de la salutaire prépondérance qu'elle doit exercer, jusqu'à ce que la spiritualité positive ait irrévocablement reconstruit l'occidentalité.

Ce fut, en effet, un noble triomphe que de répartir l'Occident entre le catholicisme et le protestantisme, en prévenant ou réprimant toutes les tentatives destinées à faire militairement prévaloir aucune des croyances résultées de la décomposition spontanée du monothéisme défensif.

Quoique ces diverses fois aient toujours divisé non seulement les nations, mais les villes et les familles, les diplomates ont partout obtenu que la politique extérieure renoncerait à rétablir l'unité, dont la reconstruction serait seulement attendue des efforts religieux.

Fondée sur le développement spontané du scepticisme, cette conduite a fait partout sentir le besoin de chercher l'harmonie spirituelle dans une doctrine supérieure à toutes les croyances discordantes.

Aucun gouvernement, catholique ou protestant, n'a depuis tenté de conquérir pour convertir, sans qu'une ligue universelle n'ait aussitôt comprimé de telles aberrations.

Deux siècles avant cette transaction solennelle, un accord tacite avait spontanément consacré des dispositions analogues envers une répartition plus décisive.

La philosophie de l'histoire, éclairant l'âge antérieur à la diplomatie, assimile le partage du monde romain entre le catholicisme et l'islamisme à celui de l'Occident entre le papisme et le protestantisme.

Quand les croisades eurent irrévocablement préservé les Occidentaux de l'invasion musulmane, leurs dispositions normales envers les Turcs et les Grecs purent librement se développer d'après l'ensemble des antécédents sociaux, supérieurs aux influences théologiques.

Ces expéditions avaient achevé de convaincre les Latins de l'impuissance des Byzantins à se conduire ; elles manifestèrent la destination des Musulmans à succéder aux Romains dans le gouvernement d'une population toujours indisciplinable.

Malgré les instances des Grecs pendant un demi-siècle, l'Occident respecta la mission politique de l'islamisme ; et les déclamations continues des poètes n'empêchèrent jamais des alliances décisives entre deux régimes également adaptés aux situations correspondantes.

Il suffit d'indiquer cette appréciation pour sentir aujourd'hui combien l'incident russe devient perturbateur en attaquant, au nom d'une foi partout éteinte, la transaction qui sert de base à l'ensemble de la politique occidentale depuis la fin du moyen âge.

Si l'Autriche ou la Prusse voulaient mutuellement s'imposer le catholicisme ou le protestantisme, en invoquant l'harmonie germanique, le tzar aiderait, au besoin, la France et l'Angleterre à faire partout respecter le *statu quo* religieux.

Peut-il espérer qu'on le laissera consommer une violation plus grave, qui conteste ce que quatre siècles ont irrévocablement établi ?

Les impulsions classiques, plus que les affinités théologiques, déterminèrent les puissances occidentales à détruire la marine turque afin de seconder l'insurrection grecque.

Elles réparent aujourd'hui cette faute, en respectant l'ensemble des traditions modernes, sauf à solliciter cordialement l'équité fondamentale du monothéisme dominateur.

XXXI

En considérant l'ensemble des mesures que je viens d'assigner à la phase initiale de la transition organique, on reconnaît qu'elles sont surtout destinées à compléter et consolider la dictature en y développant un caractère conforme à sa destination.

Par l'avènement de la paix occidentale, la rétrogradation qui dut suivre l'explosion finale perdit sa principale intensité.

Les tendances révolutionnaires ayant motivé son prolongement, il se borna dès lors à comprimer la liberté spirituelle, en combinant des entraves directes avec la restauration officielle de toutes les corporations arriérées que la dictature dantonienne avait abolies.

Depuis que le positivisme permet de surmonter normalement les dispositions subversives, l'ordre ne doit pas rester rétrograde, quand le progrès cesse d'être anarchique.

Une doctrine pleinement organique institue la conciliation fondamentale que les conservateurs ont toujours cherchée, et flétrit comme arriérés ceux que le gouvernement réprime comme perturbateurs.

Alors la dictature peut obtenir la consistance et l'extension convenables en prenant un caractère irrévocablement progressif, qui doit d'abord consister à renoncer entièrement aux attributions spirituelles pour se concentrer dans son office temporel.

Telle est la principale destination de l'ensemble des

mesures que je viens d'expliquer, et d'après lesquelles la royauté se trouvera vraiment remplacée, conformément aux besoins essentiels de la situation républicaine.

Ainsi dégagée de l'empirisme rétrograde, la dictature temporelle peut et doit compléter son juste ascendant, en s'affranchissant des formes parlementaires qu'elle a jusqu'ici laissé survivre au fond.

Inconséquente ou mensongère, cette concession, matériellement onéreuse, que je n'hésitai point à blâmer dès le début, comporte des dangers moraux, en suscitant l'espoir de ranimer une politique qui, malgré son impopularité radicale, inspire des sympathies arriérées.

La subtilité métaphysique qui distingue les lois et les décrets fut introduite, par les légistes dantoniens, pour éluder les tendances anarchiques de la constitution démagogique à travers laquelle surgit le gouvernement révolutionnaire.

Ce motif ayant à jamais cessé, la dictature, devenue progressive, doit suivre une marche plus noble et plus libre, en s'attribuant directement, sous sa seule responsabilité, la plénitude du pouvoir temporel, sans l'altérer par des formalités puériles ou vicieuses.

Il ne faut maintenant conserver d'autre assemblée politique que celle qui, dispensée de tout office législatif, consacrera le premier mois de sa session triennale à voter l'ensemble du budget, et les deux autres à contrôler les comptes antérieurs.

A cette Chambre purement financière, chaque département enverra trois députés, respectivement choisis par les trois parties, agricole, manufacturière et commerciale, de sa population active.

Quoique leurs fonctions soient toujours gratuites, des subsides volontaires permettront de confier exceptionnellement aux pauvres une mission naturellement réservée aux riches.

Dans l'élection triennale, il faut traiter la maladie occidentale sous sa dernière forme, en modifiant doublement le suffrage universel, après avoir fait cesser une inconséquence anarchique en transportant à vingt-huit ans le début civique.

On doit d'abord établir l'entière publicité de chaque vote, afin qu'une digne responsabilité s'attache à l'opération révolutionnaire où les inférieurs instituent les supérieurs.

En second lieu, la délégation personnelle, toujours facultative jusqu'au moment de l'élection, permettra de concentrer les suffrages sans choquer aucune susceptibilité.

Cette institution, qui se borne à développer et régulariser un usage spontané, fera bientôt surgir, au sein du peuple, des chefs vraiment investis de sa confiance politique, et vers lesquels pourra se diriger l'attention de la dictature.

Sous le concours de ces deux modifications, la maladie révolutionnaire se dissipera paisiblement, à mesure que la réorganisation spirituelle fera comprendre les conditions de compétence et sentir le besoin de concentrer le commandement.

Voilà comment on réduit, autant que possible, la seule influence vraiment anormale que l'anarchie actuelle force d'incorporer au gouvernement préparatoire.

La doctrine dirigeante faisant graduellement ressortir les caractères essentiels de l'état normal, ce contraste atténuera les dangers du régime de transition avant que l'ordre final soit devenu réalisable.

En subissant la nécessité de restreindre la dictature

temporelle par le vote triennal de l'impôt, on sentira que la défiance qui convient en un temps de déréglement doit cesser dans les mœurs définitives, où l'opinion suffit pour tout surveiller.

Il faut maintenant achever d'apprécier la première phase de la transition organique en indiquant la formule qui doit la caractériser et la manifestation destinée à l'inaugurer.

Parmi les cinq dictateurs qui jusqu'ici succédèrent à Danton, le chef actuel a seul produit une sentence vraiment adaptée à la situation correspondante : *On ne détruit que ce qu'on remplace.*

Inspirée par la résurrection apparente de ce qui semblait aboli, cette admirable maxime indique la condition organique de toute révolution décisive.

Mais une sagesse systématique peut seule consolider et féconder l'empirisme, dont les meilleurs aperçus ne préservent point de l'inconséquence.

Restée presque stérile chez son auteur, cette sentence n'est devenue vraiment efficace que quand le positivisme se l'est dignement incorporée.

Deux années se sont écoulées depuis que ce chef supprima convenablement une devise anarchique, et cependant il ne l'a point remplacée.

Cette inconséquence inattendue, cinq ans après la publication de la formule normale, fournit une nouvelle application de la maxime citée.

Une telle conduite expose la France au retour de la devise subversive, qu'un demi-siècle d'interruption ne fit point oublier, faute de l'avoir remplacée.

Cette lacune indique à la dictature combien il importe d'adopter la formule *Ordre et Progrès*, qui seule systématise les vœux continus de tous les conservateurs depuis le début de la grande crise.

L'avènement d'une devise générale caractérise le temps où la sagesse universelle, irrévocablement placée au point de vue social, s'efforce d'apprécier l'ensemble des besoins humains, afin d'y pourvoir dignement.

Nos précurseurs révolutionnaires purent seuls remplir, à leur manière, une telle condition, parce que les réactions ultérieures, toujours impuissantes à traiter la question fondamentale, se bornèrent à protester contre les tendances anarchiques de l'explosion française.

Faute de pouvoir rien construire, les diverses phases de la rétrogradation restèrent dépourvues de formule, comme de chant et d'emblème. Au milieu de la génération parlementaire, un grave danger fit spontanément surgir la devise empirique qui servit à la bourgeoisie pour protester contre une anarchie toujours imminente.

Mais cette formule, où les conditions et les lacunes se trouvaient instinctivement indiquées, ne fut jamais consacrée officiellement, et la classe qui l'avait librement adoptée ne sut pas la maintenir, tant l'état rétrograde paralyse toute initiative.

Quelque contradictoire que soit la devise révolutionnaire, elle reparut sans obstacles, comme seule apte jusqu'à présent à caractériser une crise qu'il faut terminer en la dirigeant vers sa destination, au lieu de protester contre son cours.

Toujours relative à l'avènement d'un système, une formule générale ne comporte une pleine efficacité qu'en offrant à la fois l'aperçu décisif et le résumé caractéristique de la synthèse correspondante.

La devise politique du positivisme remplit cette double condition, quand je la proclamai dans mon cours de 1847, cinq ans après l'entière publication du traité philosophique dont elle représente la destination sociale.

Assez éprouvée maintenant, elle aura bientôt surmonté les préjugés anarchiques et rétrogrades, quand la politique officielle sera devenue digne d'un tel symbole.

XXXII

Fatiguées d'un scepticisme de plus en plus repoussé par la situation occidentale, les âmes d'élite aspirent secrètement à se dégager d'un état qui les dégrade et les paralyse, pour se vouer, mieux qu'en aucun autre temps, à la régénération universelle.

Mais elles ne peuvent se purifier et s'élever que d'après la foi qui vient régler le présent au nom de l'avenir déduit du passé.

Le positivisme les aura bientôt ralliées assez pour qu'elles puissent obtenir un digne ascendant dans un milieu que l'absence de convictions complètes rend incapable de résister fortement aux impulsions systématiques.

Dès lors cessera l'anomalie, qui semble aujourd'hui réserver à quelques types les qualités pratiques, surtout l'énergie et la persévérance, les plus communs des attributs humains, puisqu'ils se retrouvent chez tous les animaux vraiment actifs.

Leur apparente rareté fournit l'un des principaux caractères de l'anarchie moderne, où le défaut de foi suscite l'irrésolution.

Cette tendance à neutraliser le dévouement et le courage se développe surtout chez les meilleurs types, qui ne peuvent trouver un digne aliment que dans la vie publique, devenue, faute de religion, l'apanage privilégié des ambitions vulgaires.

Quand la foi positive pourra relever et liguer les âmes

nées pour commander, on reconnaîtra, mieux que jamais, combien les qualités de l'esprit, et surtout du cœur, surpassent celles du caractère, qui manquent rarement aux vocations suffisamment réglées.

Alors on verra spontanément dissipée la méprise exceptionnelle qui maintenant confond l'énergie avec la cruauté, faute d'en pouvoir observer le digne essor chez les types capables de l'appliquer aux grandes destinations d'après des convictions fixes et complètes.

Trois exemples décisifs ont successivement constaté, depuis un siècle, la tendance croissante de la situation occidentale à faire politiquement prévaloir, chez le peuple central, toute doctrine appropriée, même passagèrement, à la mission régénératrice dont il est investi.

Vingt ans après l'essor de l'*Encyclopédie*, le dernier titulaire de la dictature monarchique confia le gouvernement de la France aux encyclopédistes, socialement caractérisés comme économistes.

Au début de la crise finale, les républicains étaient moins nombreux que ne le sont aujourd'hui les positivistes; néanmoins, au bout de quatre ans, ils devinrent les maîtres, sans que leur nombre se trouvât beaucoup augmenté.

Loin de reposer sur l'insurrection qui le manifesta, ce résultat de la situation centrale aurait surgi plus tôt, si la secousse eût été prévenue d'après l'hypothèse indiquée à la fin de mon troisième volume.

Quand la paix occidentale fit ouvertement prévaloir le besoin de concilier l'ordre et le progrès, l'éclectisme, qui semblait y satisfaire, domina, sous diverses formes, pendant la majeure partie de la génération parlementaire, malgré la rareté proverbiale de ses types.

Ce concours d'exemples est d'autant plus décisif que

les doctrines correspondantes, quoique les seules qui pussent alors surgir, ne pouvaient aucunement remplir les conditions fondamentales.

Ainsi se trouve confirmée la confiance que l'aptitude sociale du positivisme doit directement inspirer envers son avènement politique.

Le siècle où l'anarchie mentale et morale semble le plus interdire les grandes choses assure aux dignes promoteurs de la foi régénératrice d'incomparables satisfactions, d'après une destination sans exemple.

1855

XXXIII

Si l'état révolutionnaire consiste, chez les praticiens, en ce que tout le monde prétend commander, tandis que personne ne veut obéir, il prend, chez les théoriciens, une autre forme non moins désastreuse et plus universelle, où chacun prétend enseigner et personne ne veut apprendre. Le désir d'atteindre à des convictions fixes par la seule puissance de l'esprit sans aucune participation du cœur constitue une pure chimère de l'orgueil métaphysique. Si vous faisiez une lecture journalière de l'*Imitation*, vous reconnaîtriez cela, qui vous servirait mieux que les résultats, intellectuels ou moraux, d'une avide lecture des journaux, revues, ou pamphlets. On ne peut, sans la vénération, ni rien apprendre, ni même rien goûter, ni surtout obtenir aucun état fixe de l'esprit comme du cœur, non seulement en morale ou en sociologie, mais aussi dans la géométrie ou l'arithmétique.

On dirait que vous vous croyez assez discipliné quand vous avez admis une notion d'après une démonstration comprise. Mais vous n'avez pas là le moindre mérite de soumission, puisque vous ne pourriez vous en abstenir, d'après les lois intellectuelles qui vous dominent. La foi ne commence qu'envers les notions qui vous semblent douteuses, et que vous admettez de confiance, en leur accordant autant d'influence qu'à celles qui vous sont démontrées ; suivant l'usage spontané de quiconque n'est pas actuellement en proie à la maladie révolutionnaire. Quant aux notions qui vous paraissent inadmissibles, vous ne pouvez les utiliser tant qu'elles choquent l'ensemble de votre économie théorique ; mais vous leur devez un respectueux silence, fondé sur la juste supériorité de votre chef spirituel, qui, probablement, a su voir, autant que vous, et même longtemps avant vous, les objections dont vous êtes effrayé. Telles sont les conditions élémentaires de la discipline spirituelle, vulgaires au moyen âge, mais profondément altérées par le protestantisme, et sans lesquelles aucune harmonie n'est possible, puisque nul, même parmi les théoriciens, ne peut jamais s'approprier les démonstrations de toutes les notions qu'il doit employer.

XXXIV

Votre lettre de dimanche dernier, qui ne m'est parvenue qu'avant-hier, m'a beaucoup touché par la prompte manifestation d'un digne accueil envers mes cordiales remontrances du vendredi précédent.

J'espère que la réflexion viendra de plus en plus confirmer cette heureuse spontanéité, pour vous faire à temps sentir profondément l'importance de la vénération et le besoin de la culture morale, si négligée aujourd'hui, surtout dans le milieu britannique. Le positivisme a pleinement systématisé la tendance du moyen âge à rendre le cœur responsable des chutes comme des succès de l'esprit. Mais cette conviction n'a pas jusqu'ici pénétré suffisamment dans les habitudes de mes meilleurs disciples, qui souvent procèdent en accordant trop à l'intelligence. De frappants exemples leur montrent pourtant que les plus complètes démonstrations ne sauraient procurer une suffisante fixité, du moins envers les opinions philosophiques et sociales, si le cœur n'assiste pas l'esprit.

Un des positivistes avortés dont M. Littré s'entoure s'est trouvé conduit, par de mauvais sentiments, à rejeter la loi la mieux établie de la philosophie positive, celle du classement encyclopédique. Cette chute est d'autant plus décisive que ce jeune homme se livre à l'enseignement mathématique et paraît avoir sérieusement étudié les autres sciences préliminaires.

La vénération vous permettra seule de vous approprier promptement et pleinement des notions qu'une vaine discussion rendrait obscures et douteuses. C'est réellement à un reste inaperçu des habitudes contractées au moyen âge que les Occidentaux doivent l'heureuse assimilation des doctrines scientifiques qui n'auraient jamais passé dans la circulation universelle, si l'insubordination actuelle avait toujours existé. Vous devez d'autant plus développer à cet égard une active et constante sollicitude que votre milieu tend à susciter un empirisme sceptique, qui ne préserve nullement de la crédulité ni de l'illusion, d'après son triple caractère habituel, le protestantisme officiel, le régime parlementaire et l'égoïsme national.

Cette triple influence, déjà prononcée dans le milieu vénitien, mais surtout développée en Angleterre, constitue aussi la source essentielle des difficultés que vous offre encore la saine appréciation de Louis XI, et du grand Frédéric, envers lesquels les documents vous manquent moins que le point de vue. La réhabilitation du premier à travers les préjugés et les rancunes de notre aristocratie date déjà de près d'un siècle, puisqu'elle commença par l'ouvrage de Duclos. Mais c'est surtout à l'impulsion historique résultée de la Révolution française que l'on doit la rectification de l'empirisme antérieur, la dictature de Danton ayant fait comprendre celle de Louis XI. Sans les préjugés britanniques, vous n'éprouveriez aucun embarras à bien apprécier, d'après des sources quelconques, un type aussi pleinement caractérisé que celui de Frédéric, offrant la meilleure réalisation du vœu confus de Hobbes sur l'alliance de la dictature avec la liberté.

Puisque M. Carlyle a su dignement sentir Cromwell, j'espère qu'il saura se dégager assez des influences locales pour comprendre la plus parfaite personnification de la politique moderne.

XXXV

La lettre imprimée que je vous remercie de m'avoir envoyée m'a prouvé que votre opinion est maintenant devenue satisfaisante envers le funeste épisode qui vous inspire de sages réflexions. J'espère toutefois que les gouvernements occidentaux seront assez raisonnables, dans les négociations actuelles, pour faire au nouveau tzar des concessions qui, quoique justes au fond, auraient choqué leur puérile vanité, s'il eût fallu les accorder à son prédécesseur. Si le sacerdoce positif était consulté là-dessus, il approuverait les Russes de n'autoriser aucune altération de leur territoire et disposerait les Occidentaux à maintenir le *statu quo* de l'Europe par une attitude pacifique, mais énergique, en instituant, contre toute oppression maritime, la garantie permanente résultée de la *Marine occidentale*, indiquée à la fin de mon discours préliminaire, d'après un concours pleinement volontaire de tous les Etats de l'Occident, organisant la police des mers sur toute la planète humaine.

Quand ce désastreux incident sera terminé, son ensemble pourra longtemps fournir une mesure frappante de l'étendue des malheurs matériels qui résultent de l'anarchie spirituelle ; car l'origine d'un tel épisode et surtout la dégénération offensive de l'expédition défensive ne proviennent, d'aucun côté, d'un véritable enthousiasme guerrier, incompatible avec l'état présent des grandes populations, même orientales. Si la déviation russe fut d'abord due à des impulsions purement accessoires, qu'un digne tzar pouvait aisément surmonter, il est encore plus clair que l'aberration occidentale ne résulte d'aucune tendance vraiment belliqueuse, soit chez les peuples, soit parmi leurs chefs. Tout le trouble provient de l'absence de principes, qui laisse l'opinion du public et du gouvernement à la merci des sophismes plausibles que comporte, quoique déchu, le système non remplacé des anciennes habitudes, quand une occasion opportune vient seconder des brouillons ordinairement impuissants. Dans ce déplorable conflit, tout l'Occident se trouve bouleversé par un très petit nombre de gazetiers anglais, auxquels il faudrait exclusivement laisser le soin de prendre Sébastopol. Votre public les suit sans passion, faute d'aucune conviction contraire à leur vaine dislocation de l'agrégation russe, et votre gouvernement n'ose résister à cette opinion prétendue, tandis que le nôtre se trouve entraîné par le besoin de ne pas se séparer de l'Angleterre, quoique cette guerre ne soit aucunement populaire en France, et puisse même y susciter bientôt de dangereuses répugnances, que préviendra, j'espère, l'heureuse issue des négociations actuelles. Nulle autre situation mentale et morale n'avait pu, jusqu'ici, procurer autant d'efficacité matérielle à l'influence perturbatrice de quelques déclamateurs, dépourvus eux-mêmes de toute vraie conviction et de tout sérieux entraînement.

Je dois approuver vos deux observations connexes sur l'administration intérieure de l'Angleterre. Mais il faut compléter la première en y voyant la conséquence naturelle du régime parlementaire, qui, dans le seul pays propre à son plein développement, a dû partout conduire au système de défiance et d'irresponsabilité, qui place toute action sous un comité. Quoique l'ensemble du passé français nous ait radicalement préservés d'une telle tendance, elle aurait peut-être prévalu en France, du moins officiellement, pendant quelques années, si la crise dictatoriale de 1851 n'avait heureusement prévenu le désordre systématique auquel nos docteurs révolutionnaires aspiraient pour 1852, et par lequel ils avaient déjà bouleversé l'Ecole polytechnique, dont la décomposition n'est toutefois nullement regrettable.

Quant à votre seconde observation, l'absence de véritables hommes d'Etat est seulement plus complète en Angleterre, où le protestantisme et le nationalisme ont davantage rétréci les vues et les sentiments. Mais la même lacune se trouve plus ou moins commune à tout l'Occident, comme l'anarchie mentale et morale, partout favorable aux médiocrités et contraire aux supériorités quelconques.

Dans le mémorable vote que vous m'annoncez, je vois un indice de la prochaine irruption de vos prolétaires, dont les contacts français, désormais secondés officiellement, faciliteront l'essor politique. Mais je regrette que ces dispositions restent purement négatives en se bornant à critiquer l'insuffisance des entrepreneurs, sans marquer la tendance des travailleurs à prendre exceptionnellement les rênes de la transition finale, au nom d'une doctrine capable de garantir l'ordre autant que le progrès. Néanmoins, si l'aristocratie britannique reste finalement indigne de l'espoir que je persiste à concevoir sur sa transformation, l'état-major inaperçu qui se forme spontanément parmi vos ouvriers, d'après la mémorable préface de Miss Martineau, pourra, je présume, faire à temps surgir un Cromwell décisif, sous l'impulsion, latente ou patente, de la religion positive, de manière à préserver votre régénération des orages propres à l'initiative française.

XXXVI

Je puis indiquer la nature et la destination de cet opuscule en appréciant l'histoire générale du mot *Conservateur*, qu'il incorpore à la politique la plus avancée.

Propre au parti provisoire qui doit prévaloir jusqu'à ce que la transition finale soit pleinement installée, ce nom a suivi, pendant le demi-siècle de sa destinée politique, une marche naturellement conforme au développement de la situation correspondante.

L'irrévocable avènement de la paix occidentale termina la longue rétrogradation qui dut succéder à l'issue anarchique de l'explosion française.

Il fit partout sentir, et surtout chez le peuple central, le besoin d'une conciliation fondamentale entre l'ordre et le progrès.

Ainsi surgit le titre de *Conservateur*, où l'on doit voir un programme permanent, dont la réalisation exigeait l'entière élaboration de la doctrine destinée à terminer la révolution occidentale.

Il fut spontanément introduit par le parti rétrograde, irrévocablement réduit à l'état d'opposant d'après l'énergique sagesse de la dictature française, dans une transformation décisive, instituée le 5 septembre 1816 et complétée le 5 février 1817.

Alors ce parti manifesta son aptitude à se modifier en acceptant les deux conditions connexes que lui prescrivait la situation correspondante.

En effet, il s'efforça de ressaisir le gouvernement

d'après un noble emploi du journalisme et du régime parlementaire.

Le titre de *Conservateur* surgit pour désigner la revue hebdomadaire, où, sous l'éminente direction de Bonald et Chateaubriand, avec l'éloquente assistance de La Mennais, les dignes rétrogrades exposèrent, pendant cinq ans, leurs vues politiques.

Cette qualification représente la supériorité, mentale et morale, de ce parti sur ses adversaires, quand on la compare aux noms insignifiants qu'adoptaient ceux-ci, suivant l'usage britannique, faute d'un caractère organique.

Dans la mémorable origine d'une expression bientôt destinée à prévaloir provisoirement, il faut surtout apprécier son aptitude à caractériser l'assistance que l'ensemble des tendances rétrogrades peut offrir à la politique de transition.

Ceux dont les pères avaient fourni les principaux auxiliaires de l'ébranlement propre au xviiie siècle ne pouvaient invoquer la rétrogradation que comme préservatif contre l'anarchie, tant qu'une doctrine vraiment organique n'aurait pas concilié l'ordre et le progrès.

Une semblable disposition prévalait dans la noble dynastie à laquelle ils étaient liés, et surtout chez le meilleur des cinq dictateurs qui jusqu'ici succédèrent à Danton.

En prenant les rênes, il sut dignement rappeler la série d'antécédents progressistes qui caractérisa les rois français.

Tandis que la royauté déchue avait surtout invoqué l'imposant monarque qui commença la rétrogradation, le sage dictateur institua, dès son début, une filiation directe envers le plus populaire de ses ancêtres.

On peut ainsi reconnaître que le titre de *Conservateur* n'eut, à son origine, d'autre destination que de marquer l'aptitude des tendances rétrogrades à conserver jusqu'à ce qu'on pût construire, suivant la mission alors attribuée unanimement au xixe siècle.

Au lieu d'être atterrée par le triomphe politique qu'obtinrent les chefs de ce parti d'après cinq ans de dignes luttes, cette disposition se trouva confirmée dans l'irrévocable transformation qu'ils éprouvèrent bientôt.

Sentant l'incompatibilité du principe rétrograde avec la situation républicaine que leur avènement les forçait d'apprécier, ils surent en réduire l'usage, malgré des réclamations continues, à comprimer les tendances insurrectionnelles, tandis qu'ils secondaient l'essor des conceptions organiques.

D'après leurs dissidences croissantes avec leur ancien camp, le titre de Conservateur fut bientôt dégagé de son origine et servit à désigner le parti, de plus en plus distinct, qui s'efforçait de concilier l'ordre et le progrès.

Voilà comment prévalut, pendant sept ans (de 1821 à 1828), le plus honnête, le plus noble et le plus libéral de tous les régimes sous lesquels j'ai vécu jusqu'ici.

Par sa nature, il faisait directement surgir la question la plus fondamentale avec la liberté qu'exigeait l'élaboration.

En effet, il poussait à la réorganisation spirituelle pour surmonter la réaction théologique, et disposait à la prépondérance de la continuité sur la solidarité.

C'étaient alors les révolutionnaires qui s'opposaient à la reconstruction du pouvoir théorique, comme l'indique le contraste décisif que j'ai dû noter au début de l'Appendice général de ma *Politique positive*.

Mais, même dans ce camp, l'impossibilité de développer les dispositions factieuses entraînait tous les esprits vers les graves méditations.

Les sollicitudes populaires, ainsi détournées de l'agitation politique, se trouvèrent spontanément concentrées sur les questions directement relatives à l'avenir social.

Dès le début de cette dictature, elle avait indirectement secondé l'élaboration organique en supprimant les chaires officielles, où trois célèbres lettrés viciaient l'enthousiasme théorique de la jeunesse française.

Tous les efforts synthétiques eurent bientôt obtenu l'attention des gouvernés et le respect des gouvernants, dans une situation éminemment propre à faire partout sentir l'épuisement du théologisme et l'urgence d'une nouvelle systématisation.

Ainsi furent paisiblement accomplies mes méditations les plus fondamentales, caractérisées par les opuscules reproduits à la fin de mon principal ouvrage.

Dès ce début, ma mission trouva des sympathies décisives chez les meilleurs esprits, sans excepter ceux qui, plus tard, secondèrent le concert spontané des lettrés occidentaux contre la philosophie et la religion positives.

Outre l'attention générale du public théorique, je fus spécialement encouragé, dans tous les partis, par les praticiens les plus purs et les plus éminents.

La préface générale de ma *Politique positive* indique l'auguste approbation que mon opuscule fondamental reçut, à sa naissance, du grand citoyen qui constituait alors la meilleure représentation de la dictature républicaine.

Je dois ici compléter ce souvenir en signalant le noble accueil que ce travail obtint, en même temps, du plus distingué des hommes d'Etat dont le xixe siècle puisse jusqu'à présent s'honorer en Occident.

Malgré ses préoccupations pratiques, le digne président de la dictature légitimiste pressentit la portée politique de la synthèse, qui, subordonnant la science sociale à l'ensemble des précédentes, devait irrésistiblement discipliner l'esprit théorique, principale source des perturbations modernes.

Il doit m'être ici permis de témoigner ma tardive reconnaissance au seul homme d'Etat qui, dans ce siècle, ait su noblement renoncer à l'ascendant politique ; quand nous l'avons récemment perdu, son nom n'était, depuis longtemps, conservé que chez les âmes aptes à représenter la postérité.

Nul ne blâmera, j'espère, l'hommage que l'indépendance propre au vrai philosophe devait actuellement m'inspirer envers le régime qui seconda l'élaboration et l'avènement de mes conceptions les plus décisives.

Ma gratitude est d'autant plus libre que, quoique la légitimité m'ait toujours paru fournir le meilleur mode pour instituer la transition organique, je la regarde, depuis longtemps, comme ayant irrévocablement perdu, chez le peuple central, toute éventualité politique.

Elle n'y pourrait passagèrement revivre que si l'anarchie parlementaire s'y rétablissait momentanément, de manière à pousser tous les amis de l'ordre vers le régime le moins conforme aux inclinations françaises.

Or, la situation dictatoriale a déjà duré suffisamment pour éviter, dans un cas quelconque, la seule aberration qui pût faire désormais recourir au moyen de salut le plus extrême.

Quoi qu'il en soit, les indications précédentes font assez sentir que, même alors, le positivisme continuerait à développer la régénération occidentale, en utilisant les propriétés du régime qui protégea le premier essor de la synthèse universelle.

Malgré son apparence rétrograde, la dictature légitimiste n'aurait pas succombé si l'élaboration de la doctrine régénératrice avait pu s'achever avant que les sollicitudes relatives au progrès eussent assez ranimé les impulsions révolutionnaires.

La détermination générale de l'avenir humain, d'après l'explication positive de l'ensemble du passé, devait calmer les principales inquiétudes en fournissant, aux gouvernants comme aux gouvernés, une base fixe d'espérances et même de conduite.

Car, si cette conception avait été suffisamment précise, elle aurait bientôt indiqué la nature et la marche de la transition finale, de manière à prévenir ou réparer les déviations vraiment graves.

Dès son début, la nouvelle synthèse s'efforça de détourner les gouvernés de l'agitation politique et de rectifier l'attitude rétrograde des gouvernants, en représentant ces deux dispositions comme également contraires à la destination du xixe siècle.

Ses efforts auraient pu suffire, en un temps où l'intervention populaire était peu développée, si la construction de la philosophie de l'histoire avait été complète quand la dictature légitimiste tenta d'abolir le régime parlementaire.

Alors la situation occidentale, évitant beaucoup de désastres, eût atteint, vingt ans plus tôt, le mode propre à l'installation décisive de la transition organique, que la légitimité régénérée pouvait mieux instituer qu'aucun autre pouvoir, en faisant directement ressortir la réorganisation spirituelle.

J'ai toujours regretté qu'une telle marche fût incompatible avec la fatalité, qui ne permettait point au positivisme un développement assez rapide pour dissiper à temps l'égarement des gouvernés et l'aveuglement des gouvernants.

La déviation anarchique de l'explosion française, et la longue rétrogradation qui la suivit, avaient été dues à l'absence d'une doctrine régénératrice, d'après l'inégalité de vitesse entre les deux mouvements simultanés de décomposition et de recomposition propres à la révolution occidentale.

Il est vrai que la paix et la liberté firent bientôt surgir les germes décisifs du positivisme, dont le préambule scientifique était assez accompli.

Mais son développement intellectuel et social exigeait trop de temps pour permettre de préserver la dictature légitimiste en la régénérant.

Elle succomba quand les diverses factions liguées contre elle eurent assez exploité les inquiétudes suscitées par son attitude rétrograde.

Faute d'une doctrine capable de déterminer l'avenir et de régler le présent, les âmes populaires, alarmées sur le progrès, accueillirent les rêveurs et les jongleurs, qui leur promettaient des réformes à la fois immédiates et radicales.

Voilà comment surgit, en France, une phase honteuse et funeste, caractérisée par le développement connexe du journalisme et du régime parlementaire.

La dictature dégénérée n'abdiqua la suprématie spirituelle qu'en s'efforçant de prévaloir d'après des influences purement matérielles, sans comprendre qu'une telle conduite devait développer la plus vicieuse des dispositions révolutionnaires, en soulevant le nombre contre la richesse.

Plus incapable que le régime légitimiste de concilier l'ordre et le progrès, la domination bourgeoise fut bientôt poussée à faire directement ressortir le besoin de cette conciliation.

Une dénomination éphémère suscita la réhabilitation

du titre de Conservateur par ceux-là même qui le reprochaient jadis à leurs adversaires comme un symbole de rétrogradation.

Telle fut la seconde phase de la qualification qui, d'abord émanée du milieu rétrograde, convint dès lors à des chefs issus du camp révolutionnaire ; de manière à faire mieux ressortir son aptitude finale à désigner le parti propre à surmonter les deux autres.

Depuis que les tendances subversives étaient ranimées, la dictature française ne pouvait se régénérer que quand la secousse républicaine aurait assez développé le régime parlementaire et le journalisme pour faire prévaloir les besoins d'ordre sur les instincts de progrès.

Ainsi commença la phase finale du titre de Conservateur, qui, désormais adopté par des républicains dégagés de l'attitude révolutionnaire, peut partout indiquer la disposition à conserver en améliorant.

Mais ce programme resterait illusoire sans une doctrine capable de protéger le fond en changeant la forme, au lieu de compromettre l'un pour garder l'autre.

Cette synthèse avait pleinement surgi, quand une intervention décisive, non moins opportune qu'énergique, fit irrévocablement prévaloir la situation dictatoriale sur le régime parlementaire.

Pendant les quatre années écoulées depuis cette transformation, le positivisme a définitivement construit la religion de l'Humanité, seule capable de consacrer et de régler l'ordre et le progrès, simultanément compromis par le théologisme épuisé.

Les positivistes, ainsi purifiés de leur origine révolutionnaire, peuvent se combiner avec les conservateurs, assez dégagés de leur avènement rétrograde pour instituer la politique destinée à terminer la grande crise.

Tel est le but de cet opuscule, qui représente la transition finale comme devant caractériser la troisième génération du siècle exceptionnel, dont les deux premières furent, l'une d'abord révolutionnaire, puis rétrograde, l'autre à la fois rétrograde et révolutionnaire.

Les deux conditions, religieuse et politique, de cette inauguration, se trouvent séparément remplies ; il ne reste qu'à les combiner, d'après une suffisante harmonie entre la synthèse universelle et la volonté prépondérante.

Vu l'aptitude du positivisme à diriger la réorganisation intellectuelle et morale, la dictature régénérée saura bientôt abandonner les prétentions à la suprématie spirituelle, qui firent seules avorter l'effort des légitimistes contre le régime parlementaire et le journalisme.

En se combinant avec les conservateurs, les positivistes achèveront de rectifier les habitudes qu'ils tiennent d'une origine vicieuse, quoique nécessaire, désormais devenue contraire à leur vraie destination.

D'un autre côté, l'alliance des positivistes affranchira les conservateurs de leurs inclinations primitives et compensera l'insuffisance d'une qualification destinée à disparaître quand la reconstruction aura surmonté la démolition et la rétrogradation.

XXXVII

Il ne faut point s'étonner, ni surtout s'inquiéter, de la lenteur qu'offre encore l'essor d'une telle garantie, qui, d'abord spontanée, ne pouvait devenir systématique avant l'entière terminaison de ma construction religieuse.

L'aptitude du positivisme à dominer l'avenir, même prochain, lui suscite, dans le présent, de puissantes entraves.

Car, depuis sa naissance, il lutte directement contre l'anarchie mentale et morale, sur laquelle, au contraire, s'appuyaient les aberrations éphémères dont le facile succès fit la honte du xix° siècle.

A la vérité, le positivisme appelle ouvertement ses dignes adeptes, théoriques ou pratiques, à la domination, spirituelle ou temporelle, qu'exige le développement de la régénération humaine.

Mais leur ascendant nécessaire ne peut reposer que sur une vraie supériorité de cœur, d'esprit et de caractère, supposant une préparation difficile, et prescrivant une conduite, personnelle, domestique et civique, toujours conforme au type normal qu'ils proclament. Un tel empire ne peut inspirer beaucoup d'attrait à ceux qui le posséderont, tandis qu'il doit profondément choquer les hommes destinés à le subir. Quoique la réorganisation intellectuelle et morale soit généralement désirée, son essor décisif soulève d'actives antipathies parmi ceux qui se sentiraient ainsi forcés de régler leur conduite et d'abaisser leurs prétentions.

Telle est la principale source des entraves secrètes qu'éprouve, surtout en Angleterre, le développement complet du positivisme, chez la plupart des esprits qui d'abord accueillirent dignement sa base philosophique.

Si, renonçant à la mission que mes opuscules fondamentaux avaient caractérisée, j'eusse dirigé mes travaux vers une destination purement intellectuelle, ces premières sympathies auraient bientôt acquis une grande extension, aussi favorable à ma sécurité qu'à ma célébrité.

Car, sans imposer aux libres penseurs une reconstruction difficile et gênante, je leur aurais ainsi permis de prolonger le xviii° siècle au milieu du xix°, en les dégageant du joug que la logique rétrograde faisait peser sur eux depuis que leur impuissance organique était constatée.

Mais je ne pouvais oublier que l'ensemble du passé, surtout français, m'assignait une mission sociale, à laquelle ma philosophie devait seulement fournir une base systématique.

Quand mon principal office, après avoir été suffisamment préparé, fut directement poursuivi, ces affinités se trouvèrent bientôt transformées en antipathies, chez ceux qui voudraient borner ma carrière à la phase que j'avais toujours représentée comme purement préliminaire.

Je dois pourtant reconnaître qu'une disposition analogue peut quelquefois indiquer seulement l'insuffisance d'évolution, surtout quand le milieu fait peu sentir l'urgence sociale.

Néanmoins, la plupart des prétendus positivistes qui se qualifient d'intellectuels n'aspirent qu'à perpétuer la situation révolutionnaire ; aussi s'abstiennent-ils de coopérer à mon subside, quoiqu'un tel devoir se trouve assez motivé par les services qu'ils me reconnaissent.

Quelle que soit l'influence de ces divers obstacles, la lenteur des progrès du positivisme résulte surtout de la fatalité qui le força de naître dans le milieu le moins favorable à son développement.

Dès mon début, je dus attaquer le principe révolutionnaire plus systématiquement que n'avait pu le faire aucun rétrograde. Néanmoins, je ne pouvais d'abord obtenir de succès que dans le camp correspondant, seul assez accessible aux innovations philosophiques et sociales.

Par l'aveugle inertie des conservateurs empiriques, la doctrine qui concilie radicalement l'ordre et le progrès se trouve encore repoussée du milieu le plus propre à l'appliquer.

Les conversions décisives que le positivisme a maintenant obtenues chez les meilleurs révolutionnaires concourent même à le rendre suspect dans l'autre camp, qui jusqu'ici ne sait point y voir une irrécusable épreuve de l'aptitude organique de la nouvelle synthèse.

On reconnaît ainsi que, pour hâter l'essor de la doctrine régénératrice, il faut aujourd'hui la transplanter parmi les conservateurs, qui seuls présentent les dispositions et les habitudes qu'exige son installation.

Malgré leurs empiriques répugnances, ils ne peuvent, faute de dogmes qui leur soient propres, s'empêcher d'ouvrir leurs rangs à tout digne défenseur des institutions fondamentales de la société, non moins compromises par la rétrogradation que par l'anarchie.

C'est à ce titre que les vrais positivistes y transplanteront bientôt leur foi, seule capable de procurer une consistance décisive à des résistances jusqu'ici restées radicalement insuffisantes.

Malgré leur origine révolutionnaire, tous ceux qui sont sincèrement convertis à la Religion de l'Humanité se trouvent aujourd'hui transformés en conservateurs systématiques, destinés à devenir les véritables chefs du parti de l'ordre, qu'ils vont dégager de ses inconséquences.

Seuls ils sont aussi purifiés des tendances anarchiques que des inclinaisons rétrogrades, puisqu'ils conçoivent la régénération humaine comme consistant surtout à régler les forces graduellement surgies pendant la préparation spontanée que dirigea l'ancienne foi.

Réalisant les vœux conciliables de tous les partis, et dissipant leurs prétentions incompatibles, le positivisme surmonte l'hypocrisie théologique, aussi dégradante quand on l'exerce qu'oppressive lorsqu'on la subit, sans susciter l'hypocrisie métaphysique, plus nuisible et moins excusable.

En appelant ses dignes adeptes à gouverner le monde, il proclame que leur avènement politique doit être aujourd'hui précédé, pendant douze ans, d'une influence purement philosophique, qui disposera les chefs actuels à leur transmettre sagement le pouvoir.

Ainsi doit partout surgir une classe de véritables hommes d'Etat, qui manquent surtout au centre occidental, soit en vertu des difficultés propres à la mission française, soit d'après la marche de notre préparation.

Le cours des événements fait de plus en plus ressortir l'intime connexité de toutes les populations humaines, de manière à manifester le danger de l'irrationnelle politique qui considère chaque peuple isolément.

Or le positivisme peut seul compléter et consolider cette régénération des vues sociales, en étendant à l'ensemble des temps la liaison ainsi sentie entre les divers lieux.

Faute de pouvoir embrasser l'ordre collectif, la théologie et la métaphysique ne surent jamais inspirer une politique vraiment rationnelle, dont l'institution était nécessairement réservée à l'esprit positif, principalement caractérisée par la construction de la sociologie.

Etablissant l'unité spirituelle et dissipant toute aberration envers l'unité temporelle, la religion positive fera partout prévaloir l'ensemble des affaires humaines, sans altérer la spontanéité des impulsions spéciales.

Transformant Paris en patrie adoptive des âmes d'élite, la foi nouvelle fonde l'ascendant intellectuel et moral de la métropole universelle sur sa digne renonciation à la domination matérielle, même dans le milieu français.

Pour terminer la révolution occidentale, il faut irrévocablement constituer la division fondamentale des deux puissances, prématurément ébauchée au moyen âge d'après une doctrine insuffisante.

Le principe révolutionnaire consiste surtout dans l'absorption du pouvoir spirituel par les forces temporelles, qui ne reconnaissent d'autre autorité théorique que la raison individuelle, du moins envers les questions les plus importantes et les plus difficiles.

Tous les partis actuels méritent ainsi d'être également qualifiés d'anarchiques et de rétrogrades, puisqu'ils s'accordent à demander aux lois les solutions réservées aux mœurs.

Cette perturbation est devenue tellement universelle et profonde que les meilleurs amis de la liberté n'hésitent jamais à recourir aux moyens matériels pour faire prévaloir leurs opinions quelconques.

Voilà comment le pouvoir théorique se trouve forcé de surgir dans un milieu brutal, où la moindre dissidence l'expose toujours à subir un refus de subside, que l'ordre normal réserve aux chefs pratiques et borne aux conflits exceptionnels.

Le sacerdoce positif doit donc surmonter des difficultés devenues presque autant morales que mentales, puisque le trouble des pensées a gravement altéré les sentiments.

Sans doute la révolution moderne est principalement intellectuelle, tandis que celle qui s'accomplit au moyen âge fut essentiellement sociale.

Mais, pendant les cinq siècles de l'anarchie occidentale, et surtout depuis l'explosion de la grande crise qui doit la terminer, le désordre de l'esprit a de plus en plus affecté le cœur.

C'est d'après celui-ci qu'il faut maintenant définir la maladie révolutionnaire, consistant dans une surexcitation continue de l'orgueil et de la vanité, par suite d'une tendance, éminemment contagieuse, vers l'infaillibilité personnelle.

Ainsi se trouve directement compromis le principal résultat de l'ensemble du régime théologique : le développement de la vénération, seule base de la vraie discipline, et garantie nécessaire des deux autres instincts sympathiques.

Il faut que le positivisme fonde ses meilleurs titres au gouvernement spirituel sur la reconstruction décisive de ce grand sentiment, plus essentiel et plus altéré qu'aucun autre.

Un tel succès n'appartient qu'à la religion universelle, puisque toutes les croyances arriérées ont réellement aggravé ce désordre, sans excepter le catholicisme, qui ne peut vénérer qu'un essor de dix siècles dans une seule moitié du monde romain.

Ainsi, la maladie occidentale exige un traitement plus affectif qu'intellectuel, depuis que l'esprit a rempli son principal office en construisant la philosophie positive d'après la fondation de la sociologie, appuyée sur l'ensemble des sciences préliminaires.

Quoique les positivistes aient dû d'abord monter de la foi vers l'amour, ils doivent désormais préférer la marche, plus rapide et plus efficace, qui descend de l'amour à la foi.

Le sentiment étant moins troublé que l'intelligence, c'est surtout de lui que dépendra le rétablissement de l'ordre occidental.

Seul capable de compléter et de consolider les convictions émanées de l'esprit, le cœur peut même en dispenser à beaucoup d'égards, du moins envers l'assistance générale qu'exige toute grande construction.

Je ne regarderai le subside positiviste comme ayant acquis assez de consistance que lorsqu'il reposera principalement sur des impulsions sympathiques, au lieu de dépendre d'adhésions intellectuelles, toujours flottantes au moindre choc.

Invoquant le cœur plutôt que l'esprit pour consolider et développer cette institution naissante, je dois en agrandir la base en y provoquant la participation de toutes les âmes, qui, quelle que soit leur foi, sentent dignement le besoin d'une réorganisation spirituelle.

Leur ralliement continu peut seul préserver les Occidentaux de la dégradation vers laquelle ils tendent de plus en plus en négligeant la culture morale pour développer le progrès matériel.

Mais ce concours sympathique ne saurait être présidé par aucune des croyances théologiques, puisque leur nature absolue les rend directement inconciliables.

Toutes peuvent, au contraire, se subordonner au positivisme, qui, toujours relatif, les consacre nécessairement, chacune dans son milieu, comme autant d'institutions provisoires que l'Humanité fit spontanément surgir afin de diriger son initiation.

Sous leur inanité théorique, elles conservent, à divers degrés, une efficacité morale que la religion positive honore et développe, en reconnaissant que les plus imparfaites sont aujourd'hui devenues, quand elles rallient, préférables au scepticisme dispersif.

Aucun fanatisme spécial ne disposant, de nos jours, à négliger le but pour les moyens, toutes les âmes vraiment religieuses peuvent se réunir contre les dangers universels de l'irréligion.

En respectant avec sagesse la réserve provisoire de leurs solutions respectives, le positivisme peut utiliser leurs dispositions organiques en les faisant dignement concourir à surmonter les tendances révolutionnaires.

Je suis ainsi conduit à terminer cette circulaire en osant directement placer le subside positiviste sous la sympathique assistance des théologistes sincères qui regardent l'avènement d'un pouvoir spirituel comme le premier besoin de notre temps.

Après avoir assez rempli toutes les conditions intellectuelles qu'exige désormais une telle construction, j'en ai loyalement réalisé les conditions morales, tant privées que publiques.

Une carrière vouée, dès son début, à la réorganisation spirituelle fut, en temps opportun, complétée par l'intime régénération résultée de l'influence féminine, d'après un type angélique, que la mort consolide et développe.

Mon indépendance théorique se trouve pleinement garantie en vertu d'une irrévocable renonciation à toute existence officielle, à toute pension, et même aux profits matériels de mes travaux quelconques.

L'aptitude décisive de ma doctrine à glorifier l'ensemble des temps et des lieux, déjà caractérisée d'après mon appréciation abstraite du passé, devient irrécusable depuis ma systématisation concrète de la commémoration occidentale.

Voilà comment je puis maintenant espérer que les âmes vraiment religieuses, disposées à la synthèse par la sympathie, sauront bientôt surmonter les discordances dogmatiques pour encourager le seul effort de notre siècle envers la religion universelle.

Dès mon début, le célèbre écrivain qui défendait alors le catholicisme témoigna dignement cette affinité, qui ne cessa que lorsqu'il devint un déplorable auxiliaire des doctrines anarchiques.

Le développement de ma carrière a fait spontanément surgir, au sein du protestantisme, d'équivalentes manifestations, dignement caractérisées par une noble coopération au subside positiviste.

En même temps j'ai directement constaté mon active sympathie envers les cultes utiles et sincères, d'après un engagement solennel d'alimenter le budget catholique, quand il sera seulement fondé sur de libres souscriptions.

Ainsi, de tous côtés, ont déjà surgi les germes essentiels de la grande alliance que les principaux besoins du xixe siècle doivent bientôt développer entre les âmes religieuses contre les instincts irréligieux.

Une génération tout entière s'est maintenant écoulée depuis ma découverte fondamentale des lois sociologiques, en 1822, jusqu'à ma construction décisive de la religion positive, en 1854.

Ce long enfantement a dû susciter, envers la synthèse universelle, des sympathies et des antipathies qui ne pouvaient être que provisoires.

Devenu maintenant appréciable, son ensemble va partout déterminer les dispositions définitives auxquelles je subordonnerai l'avènement du sacerdoce de l'Humanité.

Surmontant, par la vénération, toute divergence secondaire, les vrais positivistes, plaçant le cœur au-dessus de l'esprit, sauront activement développer les convergences fondamentales.

Partout devenus les directeurs systématiques de l'ordre et du progrès, ils laisseront les dissidents retomber, plus que le vulgaire, dans un cours stérile d'oscillations empiriques entre l'anarchie et la rétrogradation.

XXXVIII

Destinée à terminer la révolution commencée, dans tout l'Occident, au xive siècle, la crise où la France se trouve plongée depuis 1789 n'a point encore acquis un caractère décisif. Elle continue d'osciller entre la rétrogradation et l'anarchie, en laissant toujours redouter des orages sans solution. Le besoin de concilier radicalement l'ordre et le progrès est pourtant senti de plus en plus depuis soixante ans. Il a fait graduellement surgir, sous le nom de conservateurs, un parti nombreux et puissant, qui s'efforce sincèrement d'écarter à la fois les révolutionnaires et les rétrogrades. C'est là que réside habituellement l'autorité politique, qui ne passe en d'autres mains qu'au moment des orages. Mais une telle prépondérance reste essentiellement neutralisée par l'absence d'une doctrine appropriée à cette destination. Un parti qui semble devoir irrévocablement éteindre l'état révolutionnaire ne tend jusqu'ici qu'à le faire indéfiniment durer, en consacrant à la fois la rétrogradation théologique et l'anarchie métaphysique, afin de pouvoir toujours opposer l'une à l'autre.

La prolongation d'une crise qui s'aggrave de plus en plus ne résulte pas du défaut de volonté, ni même de puissance. Elle est surtout due, malgré l'altération croissante des sentiments, à l'interrègne intellectuel déterminé par l'entier épuisement du théologisme et l'impuissance organique de l'ontologisme. Dès son début, l'explosion française fit également ressortir la caducité d'une religion incapable de prévenir ou d'arrêter un tel ébranlement et le danger d'une philosophie qui ne peut rien construire. Sous cette double démonstration, les deux opinions, dont la lutte remplit les cinq siècles de la révolution occidentale, sont également discréditées chez tous les esprits actifs. Néanmoins, jusqu'à l'installation d'une doctrine vraiment adaptée à la situation, l'empirisme se trouve forcé de rattacher l'ordre au type rétrograde et le progrès aux inspirations anarchiques, sans aucune conviction réelle. Ceux qui croient conduire ne peuvent obtenir ou conserver l'autorité que d'après une hypocrisie dégradante, où les inférieurs imposent leur état aux supérieurs. Voilà comment, depuis que le besoin de construire est devenu prépondérant, le scepticisme, qui ne convenait qu'au siècle de la démolition, constitue le principal obstacle à la véritable émancipation.

Non moins contraire à la sécurité qu'à la dignité, la situation contradictoire des hommes d'Etat les empêche autant de retenir que de pousser. En temps ordinaire, ils emploient les croyances rétrogrades et les dogmes anarchiques à se neutraliser mutuellement, sans pouvoir nulle part trouver des principes de prévision ni de conduite. Ils ne peuvent éviter les déviations qu'en demeurant passifs, quoique la situation les force souvent d'agir. Toujours incapables de guider ou d'arrêter le public, ils se bornent à le seconder, soit quand les vices de la rétrogradation suscitent des secousses anarchiques, soit lorsque les désastres résultés de celles-ci disposent à rétrograder davantage. C'est ainsi que, faute de doctrine propre, les conservateurs actuels n'ont réellement concilié que les dangers du droit divin et ceux de la souveraineté populaire.

Ils ne peuvent changer cette attitude qu'en devenant sagement systématiques, d'après une théorie vraiment capable d'éclairer la pratique, afin d'instituer la réorganisation spirituelle, qui seule terminera la révolution occidentale. Mais une telle solution devait exclusivement émaner des philosophes, sans que les hommes d'Etat, tous uniquement préoccupés de considérations matérielles, pussent aucunement la seconder. Elle exigeait que la raison moderne surmontât le plus universel et le plus profond des préjugés révolutionnaires, en osant concevoir, entre les deux puissances, une division fondamentale, destinée à combiner le programme du moyen âge avec celui de l'antiquité.

XXXIX

Quelle que soit l'importance de la discipline spéculative que l'Humanité vient ainsi fonder au milieu d'une anarchie essentiellement intellectuelle, je dois ici faire davantage sentir l'efficacité sociale, d'abord morale, puis politique, de la foi régénératrice, dont un tel service peut mieux caractériser l'urgence.

Attaquant, à sa vraie source, la révolution moderne, elle institue, plus qu'au moyen âge, la culture du sentiment, graduellement effacée sous l'essor désordonné de l'intelligence et de l'activité. Cette reconstruction s'y trouve préservée de toute mysticité, parce qu'elle est toujours rapportée au développement direct de la discipline humaine. Le progrès final étant ainsi conçu comme devant surtout régler des forces déjà surgies, sa conciliation avec l'ordre normal ressort aussitôt d'un tel régime, qui dissipe autant la rétrogradation que l'anarchie, en satisfaisant mieux que chacune d'elles à la destination correspondante.

Politiquement envisagé, le principe de l'Humanité fournit à des pouvoirs empiriques, tant privés que publics, la consécration et le régulateur qui leur manquent, en systématisant la domination nécessaire que les morts exercent de plus en plus sur les vivants. Dissimulé sous l'interposition théologique, ce joug a toujours régi l'essor spontané de la sociabilité préliminaire, et maintenant il limite l'anarchie, malgré les dénégations sophistiques qu'elle lui suscite.

On ne peut assez apprécier un tel service qu'en se formant une juste idée de l'étendue et de la gravité des ravages développés par l'état révolutionnaire, même chez les âmes qui s'en croient le mieux préservées. Jusqu'au moyen âge, la continuité générale n'avait jamais été radicalement méconnue, quoique le fétichisme eût seul institué provisoirement une religion vraiment universelle, en tant que commune à tous les peuples dans leur première enfance. En succédant au régime initial, la théocratie l'avait profondément consacré, d'après une véritable incorporation, fondée sur ses antécédents astrolatriques. Dans l'évolution propre à l'Occident, le mode social du théologisme progressif finit par se concilier essentiellement avec son mode intellectuel, qui pourtant avait dû le précéder.

Mais quand le mode affectif eut assez prévalu sur les deux autres, la continuité se trouva directement compromise, d'après l'attitude radicalement hostile du catholicisme envers tous les états précédents, sans excepter ceux d'où devait spécialement résulter sa propre élaboration. Sous une telle déviation, que l'islamisme a vainement tenté de réparer, l'instinct pratique est devenu le seul organe d'une tradition qui ne peut jamais être entièrement suspendue. La raison théorique se trouva de plus en plus entraînée à briser le joug du passé, d'abord envers le moyen âge, quand le protestantisme eut surgi, puis relativement à l'ensemble des ancêtres, lorsque tous les Occidentaux du centre, investis de l'initiative régénératrice, furent livrés au déisme.

D'après cette suite d'altérations, la transmission sociale a subi de telles atteintes, surtout chez le peuple chargé de la solution universelle, qu'aucun parti n'y saurait invoquer l'autorité de quelques siècles. Le plus souvent même, on n'y peut plus remonter au delà de l'explosion française, et la chaîne des temps s'y trouve autant rompue dans le camp conservateur que parmi les révolutionnaires, les rétrogrades offrant seuls une vaine apparence de continuité. Tandis que l'épuisement du principe divin, à mesure qu'il laissa surgir et développer l'anarchie, est généralement senti, le principe humain ne peut fournir une suffisante protection que d'après la systématisation accomplie par le positivisme.

Cette garantie est déjà devenue aussi nécessaire à la propriété qu'à l'autorité, pareillement exposées à l'ensemble des tendances subversives, contre lesquelles l'Humanité doit seule réparer l'impuissance de Dieu. Destinée à régler les forces quelconques, la religion positive se trouve d'abord obligée de les consolider; mais elle ne les consacre qu'en les disciplinant, de manière à ne laisser aucun prétexte aux sophismes anarchiques. Son empire sur le présent ne peut résulter que d'une pleine justice envers l'ensemble du passé, qui ne comportait pas plus de glorification que d'explication, jusqu'à ce que l'avenir en eût été déduit. Un tel privilège se trouve surtout caractérisé par l'aptitude nécessaire du principe positiviste à consacrer toutes les croyances antérieures, comme des institutions spontanées que l'instinct du Grand-Être fit successivement surgir pour guider son incomparable préparation. Quelque difficile qu'on juge aujourd'hui d'accepter l'ensemble de la succession humaine, ce devoir constitue l'obligation universelle d'une religion qui, privée de révélation quelconque, ne peut dominer l'avenir qu'en absorbant tous les programmes du passé, de manière à les faire finalement converger.

Je n'ai plus besoin d'insister sur l'appréciation directe du principe universel, que tout le reste de cet opuscule devra naturellement développer d'après des applications décisives. Pour compléter l'explication abstraite de la doctrine propre aux vrais conservateurs, il faut maintenant signaler les trois institutions qui caractérisent l'ensemble du régime, intellectuel et social, systématisé par la religion de l'Humanité.

Toutes sont destinées à combiner les deux programmes,

l'un romain, l'autre catholico-féodal, où se trouvent spontanément condensés ceux des autres âges préparatoires. En effet, le programme romain avait essentiellement absorbé celui de l'évolution grecque ; le programme du moyen âge tendait, spirituellement, vers celui de l'état théocratique, et, temporellement, vers celui de la révolution moderne. Or les deux programmes auxquels on peut ainsi réduire l'ensemble des aspirations humaines consistent surtout, l'un à faire prévaloir l'action sur la spéculation, pour compléter la subordination de la vie privée à la vie publique ; l'autre à discipliner l'intelligence et l'activité d'après le sentiment. Dans leur essor successif, les deux conditions de la véritable unité devaient longtemps sembler radicalement inconciliables. Les trois institutions qui caractérisent le régime positif sont surtout destinées à régler leur combinaison nécessaire, suivant les lois propres aux aspects correspondants de notre nature, spéculative, active, affective, respectivement élaborés par les trois âges de la transition occidentale.

1° *Prépondérance de la morale.* — Rien ne peut faire mieux apprécier la puissance organique de la nouvelle synthèse que son aptitude spontanée à placer la morale au sommet de la hiérarchie encyclopédique, comme résumé, théorique et pratique, de tout le savoir humain. Car le caractère anarchique de l'évolution moderne réside surtout dans l'intelligence, puisque l'activité, quoique trop disposée à négliger ou dédaigner la culture affective, n'est pas en révolte directe contre le sentiment. L'état révolutionnaire ne pouvait donc être irrévocablement terminé qu'en systématisant la soumission de l'esprit au cœur par la suprématie encyclopédique de la morale, suivant la loi de classement surgie de l'ensemble des études réelles.

Au point de vue positif, tout le problème humain consiste à constituer l'unité, personnelle et sociale, par la subordination continue de l'égoïsme à l'altruisme. C'est ainsi que les individus, les familles et les peuples se trouvent entièrement voués au service de l'Humanité, comme l'exigent à la fois leur devoir et leur bonheur. Directement destinée à guider notre conduite, la morale ne peut être érigée en suprême étude sans que la subordination de la spéculation à l'action ne se trouve normalement établie. Poussée, par sa nature et sa destination, à s'occuper surtout des sentiments, comme moteurs nécessaires de toute l'existence, elle fait spontanément prévaloir le cœur sur l'esprit et le caractère. Le double programme du passé se trouve ainsi réalisé, sans susciter aucune tendance ascétique ou quiétiste, puisque la théorie n'est alors cultivée qu'en vue immédiate de la pratique. Quoique la connaissance de la nature humaine offre plus de réalité, d'importance et de difficulté qu'aucune autre, elle reste toujours rapportée à l'être éternel et composé dont l'individu doit objectivement devenir le digne serviteur afin d'y demeurer subjectivement incorporé. Son étude consacre et discipline toutes nos spéculations ; l'ordre moral repose sur l'ordre social, qui dépend de l'ordre vital, comme celui-ci de l'ordre matériel, première base de la vraie synthèse, tant pratique que théorique, où tout progrès consiste à développer l'ordre.

Voilà comment la sociocratie systématise la discipline ébauchée par la théocratie envers la culture intellectuelle, afin que l'esprit ne puisse jamais éluder sa destination. Tout le contraste du régime final avec le mode provisoire peut donc se rattacher à cette maxime :

Entre l'Homme et le Monde, il faut l'Humanité.

Le premier hémistiche ayant consacré le dualisme de l'ancienne synthèse, le second institue la progression qui distingue la nouvelle, en intercalant le Grand-Être, sans lequel le monde ne pourrait assez dominer l'homme, ni l'homme assez modifier le monde, pour établir l'harmonie universelle.

2° *Séparation des deux puissances.* — Quoique la révolution moderne ait radicalement méconnu l'admirable effort du moyen âge envers la division normale des deux pouvoirs sociaux, la précocité de cette tentative ne pouvait éteindre la tendance la mieux appropriée au programme occidental. On ne peut régler l'ensemble des forces humaines qu'en érigeant, au-dessus des diverses autorités pratiques, une même influence théorique, destinée à subordonner les activités partielles à la providence générale, dont le vrai sacerdoce constitue l'interprète systématique. Cette hiérarchie, normalement conforme à la loi naturelle de tout classement, se trouve spécialement fondée, en politique, sur l'extension territoriale des pouvoirs correspondants. Après que les rois eurent annulé la papauté, leurs désastreuses aspirations à l'universalité de la domination temporelle firent partout surgir des tendances irrésistibles vers la dislocation finale des grands États provisoirement résultés de la révolution occidentale. Malgré le protestantisme et le déisme, les mœurs modernes sont ainsi disposées à ratifier la solution décisive que le positivisme vient offrir envers la question, irrévocablement posée au moyen âge, pour une digne conciliation entre l'indépendance et le concours. D'une part, le monothéisme oriental, après d'incomparables succès, a dû renoncer, autant que le polythéisme romain, à fonder l'association universelle sur la confusion des deux pouvoirs humains. En même temps le monothéisme occidental n'a pu résoudre, par leur séparation, la question d'universalité, qu'il avait dignement posée, et qui n'a jamais cessé d'être de plus en plus poursuivie chez toutes les populations avancées, d'où les autres peuples en attendent l'issue.

Puisque les deux formes propres au mode final du

théologisme progressif ont également échoué dans une entreprise qui persistera toujours jusqu'à ce qu'elle soit accomplie, la raison publique ne tardera point à reconnaître, tant en Orient qu'en Occident, que le positivisme peut seul y réussir. Il proclame, avec les Occidentaux, que l'association universelle doit exclusivement reposer sur une séparation réelle et durable entre l'autorité pratique et l'influence théorique. Mais il confirme le jugement des Orientaux envers l'inaptitude radicale du catholicisme à séparer le commandement et le conseil. Cette division était plus incompatible avec l'absolutisme du sacerdoce théologique qu'avec celui des gouvernements militaires. Elle ne peut s'établir que quand les croyances surnaturelles et l'activité guerrière se trouvent essentiellement éteintes. Alors elle doit spontanément surgir de l'universalité propre à la foi démontrable et de la liberté, qui distingue l'activité pacifique. Dans un tel milieu, la religion positive vient aisément systématiser une séparation normale entre deux puissances dont chacune se sent nécessairement incapable d'absorber l'autre, quels que puissent jamais être leurs conflits privés ou publics.

3° *Dignité de la femme.* — Il est facile de sentir combien le dernier caractère du régime positif se lie naturellement aux deux autres. Car on aurait vainement proclamé l'universelle prépondérance de la morale, si le sexe actif et spéculatif n'accordait point au sexe affectif un digne ascendant. De même, la séparation des deux puissances deviendrait illusoire dans la cité, si le commandement n'était pas convenablement modifié par le conseil au sein des familles.

Mais le privilège du positivisme a peu besoin d'explication envers son caractère final, où l'impuissance de l'ancienne synthèse est facilement appréciable. Parmi tous les modes propres au régime provisoire, le fétichisme, seul incorporable au régime définitif, fut aussi le seul qui pressentit la dignité féminine, d'après la suprématie spontanée qu'il accordait au cœur. Sous les autres phases, sans excepter l'état théocratique, l'évolution sociale du sexe affectif, qui fournit la meilleure mesure du progrès humain, ne se trouva réellement secondée que par l'ensemble des instincts pratiques. C'est ainsi que, d'après la polygamie initiale, surgirent d'abord l'institution, puis le perfectionnement, de la monogamie. Le pas que firent, au moyen âge, les mœurs occidentales résulta des impulsions chevaleresques, le catholicisme ne l'ayant préparé qu'en systématisant la pureté, sans pouvoir consacrer la tendresse, qui, repoussée par son dogme et même son régime, ne trouva d'accès que dans son culte.

Ces aspirations sont directement réalisées et développées dans la religion positive, où, l'existence du Grand-Être étant toujours fondée sur l'amour, le sexe aimant fournit sa meilleure personnification. La femme, qui présente, à tous égards, le vrai type de notre espèce, constitue un médiateur nécessaire entre l'homme et l'Humanité, comme le sacerdoce s'interpose entre les deux sexes. En vertu de sa prééminence affective, l'épouse accomplit, au nom du Grand-Être, l'intime perfectionnement de l'époux, et la mère préside à l'éducation des enfants quelconques, sauf le complément théorique qui doit toujours émaner du clergé. Mais ce double office ne saurait être dignement exercé, si la situation sociale du sexe aimant ne se trouvait sans cesse en suffisante harmonie avec sa nature et sa destination. Pour y pourvoir, le positivisme, systématisant les tendances occidentales, supprime à la fois les dots et les successions féminines, en fondant l'économie domestique, et par suite civique, sur l'axiome : *L'homme doit nourrir la femme.*

XL

Les conservateurs empiriques, en s'efforçant de surmonter à la fois les rétrogrades et les révolutionnaires, ont toujours montré plus d'estime et d'affinité pour ceux-là que pour ceux-ci. Cette préférence se trouve systématisée par le positivisme, qui la consolide et la développe en la liant à la politique destinée à fonder la transition finale des Occidentaux. Quelque vicieuses que soient les tendances rétrogrades, elles sont, à tous égards, moins contraires que les dispositions révolutionnaires à la grande construction qui doit caractériser le xixe siècle. En représentant un régime irrévocablement déchu, mais dont les services ont mérité l'éternelle reconnaissance de l'humanité, les unes rappellent nécessairement les conditions d'ordre communes à tous les États possibles. Au contraire, les autres, résultées d'une décomposition croissante, n'indiquent vaguement les aspirations au progrès qu'en les liant à des doctrines purement subversives, qui font radicalement méconnaître la nature et le caractère de la régénération occidentale.

Cette comparaison se trouve actuellement représentée par la composition spontanée des partis correspondants. Dans la population investie de l'initiative régénératrice, les rétrogrades ont pour principal appui le sexe le mieux apte à caractériser l'état normal. Parmi les quatre nations placées autour du centre occidental, ils prévalent chez le couple méridional, qui, resté nominalement catholique, est réellement supérieur, sous les aspects les plus essentiels, aux deux peuples devenus officiellement protestants.

Afin de mieux apprécier l'ensemble des tendances rétrogrades, il faut reconnaître qu'aucun grand problème ne peut être vraiment posé que d'après une solution quelconque. Cette nécessité, sensible envers les moindres domaines, doit surtout convenir au monde moral et social, où les questions sont spontanément négligées tant qu'elles restent dépourvues de toute réponse. Outre le besoin pratique de s'appuyer sur la rétrogradation pour combatre l'anarchie, on voit ainsi surgir un motif théorique qui représente les dispositions à rétablir le régime déchu comme provisoirement nécessaires à l'élaboration de la doctrine régénératrice.

D'après cette connexité, les conservateurs peuvent désormais inspirer d'actives sympathies aux rétrogrades, qu'ils n'ont jusqu'ici ralliés que passivement, pour éviter les révolutionnaires. Le positivisme doit bientôt toucher les partisans sincères du régime propre au moyen âge, en rendant une pleine justice à tous les services du catholicisme et de la féodalité. Rien ne peut mieux caractériser la synthèse relative que son aptitude spontanée à glorifier simultanément les divers régimes quelconques, sans aucune inconséquence, en les rapportant aux destinations correspondantes, qui durent toujours converger vers le règne de l'Humanité. Ce privilège est surtout applicable au moyen âge, où le programme général de la réorganisation occidentale dut provisoirement résulter d'une ébauche prématurée, mais décisive. Quoique les rétrogrades, entravés par une doctrine absolue, ne puissent rendre aux positivistes une justice équivalente à celle qu'ils en reçoivent, ils sentiront que l'ensemble du régime catholico-féodal, condensé dans la chevalerie, ne put être assez apprécié que d'après la synthèse universelle.

En développant une telle affinité, la religion de l'Humanité doit graduellement pénétrer chez ses meilleurs adversaires, au nom des sollicitudes qu'ils représentent, quand un fanatisme exceptionnel ne détourne pas vers les moyens l'attention d'abord fixée sur le but. Le problème de la réorganisation étant éminemment indivisible, ceux qu'il préoccupe sont ainsi disposés à reconnaître que le positivisme en a seul embrassé l'ensemble. Instituant le progrès comme le développement de l'ordre, la nouvelle synthèse fait nécessairement sentir que la rétrogradation ne comporte jamais un caractère pleinement organique.

On peut conduire les rétrogrades à reconnaître que leur état est contradictoire, puisqu'ils aspirent à l'unité sans remplir ses principales conditions. Elle doit être autant mentale que sociale, pour terminer une révolution plus spirituelle que temporelle. Rien ne peut désormais dispenser la religion de reposer sur la philosophie, et celle-ci sur la science ; comme, en sens inverse, notre siècle rejette la science incapable d'aboutir à la philosophie, et la philosophie qui ne peut se transformer en religion. La stagnation subversive, qu'on déplore envers les théories morales et politiques, s'étend déjà sur les domaines moins éminents, en proportion de leur propre complication. Bientôt elle atteindrait les doctrines les plus élémentaires, si la vraie discipline n'émanait à temps d'une systématisation qui, pour devenir efficace, devait tout embrasser, en subordonnant au sentiment l'intelligence et l'activité.

Tandis que les rétrogrades restreignent vicieusement la conception abstraite de l'ordre, ils sont plus impuissants envers son appréciation concrète. On ne saurait désormais méconnaître, entre toutes les populations humaines, une intime solidarité, que les événements journaliers font graduellement ressortir. L'universalité religieuse, déjà cherchée depuis vingt siècles, constitue maintenant une question urgente, que les rétrogrades ne peuvent pas plus résoudre qu'éluder.

Mais, pour être suffisamment apprécié, le problème de l'unité doit subir une dernière extension, naturellement propre à condenser les deux précédentes. Il faut que la vraie synthèse puisse autant embrasser tous les temps que tous les lieux et tous les modes : la continuité proprement dite est même supérieure à la simple solidarité. La véritable unité n'étant pas davantage immobile qu'absolue, les phases quelconques de l'évolution humaine durent de plus en plus tendre vers une harmonie qui ne saurait jamais être pleinement réalisée.

Sous cet aspect, qui résume tous les autres, le positivisme peut faire mieux sentir aux rétrogrades combien ils méconnaissent les conditions fondamentales de l'ordre qu'ils recommandent. L'irrécusable obligation d'accepter l'ensemble de la succession humaine doit d'abord s'appliquer au siècle immédiatement précédent, qui nous a nécessairement transmis le résultat général des évolutions antérieures. Or, les rétrogrades conçoivent le xixe siècle en l'isolant du xviiie, de manière à rompre la chaîne des temps dès son premier anneau. D'une autre part, ils apprécient le moyen âge en écartant sa filiation nécessaire envers l'antiquité. C'est ainsi que, méconnaissant l'indivisibilité de l'ordre humain, les rétrogrades veulent instituer une synthèse partielle, locale et temporaire, qui ne peut dominer l'avenir faute d'embrasser le passé.

XLI

Dès le début de la révolution moderne, le régime occidental s'est ouvertement dégagé des liens du moyen âge, en renonçant à la longue lutte entre le catholicisme et l'islamisme; il a paisiblement accepté l'absorption nécessaire de l'empire grec sous la domination musulmane. Cette transformation décisive a directement constaté la décadence sociale d'une religion dont le meilleur titre résultait de son aspiration directe à l'universalité, simultanément interdite aux deux monothéismes. Ainsi réduit à la moitié du monde romain, le domaine officiel du catholicisme subit, deux siècles après, une seconde restriction, quand la sagesse diplomatique termina des conflits sans issue par la répartition légale de l'Occident entre le papisme et le protestantisme. La religion absolue a dès lors été nécessairement écartée d'un régime où devaient habituellement concourir les infidèles et les hérétiques. On reconnaît ainsi que la déchéance politique des rétrogrades se trouve irrévocablement établie depuis deux siècles, malgré leurs protestations continues contre les tendances anarchiques des gouvernements occidentaux. Incapable de prévenir et de surmonter l'ébranlement français, qui compléta sa décadence graduelle, ce parti reste habituellement à l'état d'opposition. Mais son influence passive constitue un élément nécessaire de la transition qui doit terminer la crise finale, jusqu'à ce que la doctrine régénératrice ait assez modifié les révolutionnaires pour dissiper les craintes permanentes de subversion sociale.

Quand une telle destination sera convenablement acceptée, les représentants du régime catholico-féodal, renonçant à de vains projets, seront dignement accueillis par les vrais conservateurs, dont ils pourront utilement seconder la domination systématique. Les sympathies féminines, cessant de négliger le but pour les moyens, sanctionneront une construction religieuse où leurs meilleures aspirations se trouvent directement consolidées et développées. En même temps, l'élément aristocratique du parti rétrograde sentira l'aptitude spontanée de la politique positive à réorganiser le patriciat, de manière à surmonter toutes les tendances subversives. Sans aspirer au gouvernement, les dignes aristocrates concourront à préparer la sociocratie en secondant l'instinct nécessaire de la continuité, qu'ils doivent spécialement représenter jusqu'à ce que les mœurs occidentales soient régénérées. Par un sage emploi de leurs richesses, ils peuvent profondément faciliter l'extinction spontanée d'une bourgeoisie perturbatrice et l'avènement normal des vrais patriciens, surtout envers l'agriculture.

XLII

Malgré les immortels efforts de l'école rétrograde à laquelle le XIXe siècle dut une noble inauguration, sa juste défense du catholicisme fut tellement altérée par son opposition au progrès que les positivistes l'ont seuls comprise et sanctionnée en la complétant.

Je crois devoir spécifier cette consécration en indiquant le contraste que présentent les positivistes et les protestants envers l'appréciation du chef-d'œuvre catholique. Les prétendus réformateurs prouvèrent autant leur incompétence religieuse en dédaignant l'incomparable résumé du monothéisme occidental qu'en prescrivant la lecture universelle et journalière des livres sacrés du judaïsme. Mais le positivisme, outre qu'il justifie l'ancienne interdiction, est plus propre que le catholicisme à s'incorporer la mystique ébauche où la morale théorique et pratique reçut, d'après l'ensemble du moyen âge, la meilleure idéalisation compatible avec la synthèse provisoire.

Accordant leur principale vénération au mode normal du monothéisme occidental, les conservateurs doivent sincèrement respecter, suivant l'étendue et la durée des églises correspondantes, les fois incomplètes qui ne comportaient pas une vraie consistance. En attribuant à tout croyant l'infaillibilité retirée aux papes, chacune d'elles stimule l'orgueil et la vanité jusqu'au degré voisin de la folie, tandis qu'elle pousse l'intelligence à des divagations illimitées sur des questions insolubles. Mais, quoique tous les protestants soient ainsi rangés parmi les révolutionnaires, l'inconséquence qui les caractérise leur permet aussi d'être vraiment rétrogrades, d'après la tendance de chacun d'eux à repousser toute émancipation plus avancée que la sienne. Cette disposition devient un mérite, aux yeux du vrai philosophe, quand elle émane réellement du besoin d'éviter l'anarchie, vers laquelle les Occidentaux furent graduellement entraînés en sortant du catholicisme. Une telle règle conduit à placer les épiscopaux au-dessus des presbytériens, comme ayant moins altéré la discipline et plus conservé le culte, quelles que soient d'ailleurs les atteintes portées au dogme. Sans doute la distinction de ces deux degrés deviendra plus apparente que réelle, aussitôt que le clergé protestant, ayant perdu toute suprématie officielle, fondera la subsistance sur de libres subsides. Néanmoins, l'expérience a déjà montré que, chez les Occidentaux les plus arriérés, où l'imminence de l'anarchie fait mieux apprécier les tendances organiques, les épiscopaux peuvent, d'après ce mode, surpasser réellement les presbytériens.

On doit aujourd'hui placer au dernier rang de l'échelle théologique toutes les sectes indisciplinables, qui, sous les vagues dénominations de déiste, panthéiste, et même athée, ne s'accordent, en maintenant la synthèse absolue, qu'à la priver de toutes ses garanties mentales et morales. Quand ces fois sans culte deviennent assez intenses pour éviter l'état purement négatif, elles restent autant impropres à rallier qu'à régler, et n'aboutissent qu'à consacrer l'individualisme complet. Plus hostiles que toutes les autres à la religion positive, ces âmes, heureusement exceptionnelles, aspirent à la plus profonde rétrogradation, en rêvant la confusion, théocratique ou pédantocratique, des deux pouvoirs provisoirement séparés au moyen âge.

XLIII

Outre les vices propres à chacune des deux tendances entre lesquelles flotte la situation occidentale, elles offrent surtout un commun danger, qui consiste à s'alimenter mutuellement. L'explosion française avait manifesté l'impossibilité de maintenir le régime graduellement décomposé depuis la fin du moyen âge. Mais le triomphe politique de la révolution moderne dévoila son impuissance organique, dissimulée sous les luttes antérieures. Dès lors, l'imminence de l'anarchie ranima les dispositions rétrogrades, malgré l'extinction croissante de la foi qu'elles exigeaient. Quand la situation parut avoir repris le caractère antérieur à la crise, les impulsions révolutionnaires se réveillèrent pour lutter contre la rétrogradation, quoique les illusions qu'elles avaient d'abord suscitées se trouvassent dissipées. Sans convictions d'aucune espèce, deux doctrines également épuisées furent plus destinées à se neutraliser mutuellement qu'à développer leurs offices respectifs, consistant à représenter, provisoirement, l'une les conditions d'ordre, l'autre le besoin du progrès. Cette orageuse stagnation persistera jusqu'à ce que les conservateurs, au lieu de perpétuer passivement un déplorable antagonisme, puissent activement surmonter la rétrogradation et l'anarchie, qui ne s'éteindront que simultanément.

Quoique les trois partis actuels concourent à prolonger une telle situation, elle doit être surtout reprochée aux révolutionnaires, naturellement investis de l'initiative régénératrice. Les influences rétrogrades, théoriques ou pratiques, habituellement développées par les conservateurs, se bornent réellement à résister sans diriger, vu leur incompatibilité sentie avec la destination de notre siècle. C'est aux tendances révolutionnaires qu'il appartient de pousser, d'après la décomposition exceptionnelle que le mouvement moderne a graduellement introduite dans l'action politique, qui doit, normalement, être à la fois répressive et directrice. Depuis que l'expérience a constaté l'inanité sociale du négativisme, la théorie a doublement expliqué son avortement politique, d'après la démonstration ébauchée, au début du xixe siècle, dans l'école rétrograde, et complétée, en 1822, par le positivisme naissant. Une telle appréciation, où le progrès concourut avec l'ordre, rendit inexcusable l'usage ultérieur d'une métaphysique radicalement discréditée, qui, loin de pouvoir conduire la révolution moderne à son but nécessaire, ne tend qu'à perpétuer la crise occidentale.

L'empirique persistance des révolutionnaires mérite d'autant plus de blâme que la solution systématique dut surgir dans leur camp, et même y trouver son premier accueil, en un temps où les deux autres milieux repoussent sans examen toute nouvelle doctrine. Emané de l'ensemble du passé, sous l'impulsion nécessaire qui résulta de l'ébranlement français, le positivisme institue la régénération vers laquelle tendit le double mouvement moderne. Cependant la seule doctrine qui rende impossible toute rétrogradation a bientôt trouvé ses principales entraves parmi les défenseurs du progrès, parce qu'elle éteint aussi la métaphysique subversive, dont ils restent préoccupés.

Une impartiale comparaison fait donc reconnaître que la représentation provisoire des instincts de perfectionnement est inférieure à celle des conditions de conservation. Aspirant à construire, quoique d'après un mode vicieux, les rétrogrades se montrent plus conformes au vrai caractère de notre temps que les révolutionnaires tendant à perpétuer le siècle de la démolition. Les uns ne repoussent que la régénération brusquement accomplie, tandis que les autres ne cherchent des réformes radicales qu'en les voulant immédiates.

Mais on ne peut bien apprécier l'état arriéré des révolutionnaires actuels que d'après une constante distinction entre les deux éléments hétérogènes dont ce parti se trouve nécessairement composé. Guidés par les traditions du régime déchu, les rétrogrades n'ont point, à proprement parler, besoin d'une doctrine formulée, ni de chefs spirituels. Au contraire, les révolutionnaires ne peuvent tendre au progrès social sans une théorie propre à leur représenter l'avenir, et des docteurs aptes à la développer. Or, c'est surtout à ceux-ci qu'il faut maintenant attribuer les vices qui paralysent le parti progressiste dans tout l'Occident, et spécialement chez le peuple central. La masse révolutionnaire n'a réellement d'autre tort essentiel que de conserver sa confiance à des chefs pernicieux.

XLIV

Toutes les classes de la population occidentale, sans excepter les rétrogrades, adhèrent plus ou moins au principe fondamental de la doctrine révolutionnaire, la suprématie de la raison individuelle envers une question quelconque; ce qui ne permet réellement aucune réorganisation spirituelle. Cette élimination de l'ensemble des antécédents humains fut provisoirement nécessaire, pour que les philosophes pussent instituer une vraie rénovation. Mais, étendue à toutes les intelligences, quelle que soit leur préparation, elle est devenue profondément anarchique, même quand le protestantisme l'a vainement limitée, en conservant une révélation dépouillée de ses garanties naturelles. Or, quoique les rétrogrades n'aient point, dans la pratique, abdiqué l'infaillibilité personnelle, ils la rejettent en théorie, comme incompatible avec le catholicisme. Elle fournit, au contraire, le fondement essentiel de la doctrine révolutionnaire, autant chez les prolétaires que parmi les lettrés. Les premiers n'y sont pas seulement attachés d'après leur confusion provisoire d'une égalité mensongère et dégradante avec la digne fraternité. Quoique leur bon sens suffise pour apprécier une telle aberration, les prolétaires l'ont surtout conservée d'après son aptitude à flatter l'orgueil et la vanité, qui partout constituent le principal siège de la maladie cérébrale graduellement résultée du mouvement occidental.

Le désordre des âmes populaires est pourtant susceptible d'une pleine rectification, pourvu qu'elles soient convenablement soustraites à l'ascendant des lettrés, seuls radicalement incurables. Cette scission doit habituellement devenir le principal objet de la conduite des conservateurs envers les révolutionnaires. Or, le positivisme est directement propre à déterminer une telle élimination, en offrant aux prolétaires les seuls dogmes et les seuls docteurs avec lesquels ils puissent profondément sympathiser, d'après la conformité des habitudes et le concours des destinations. Imbus de positivité par la nature de leurs offices spéciaux, les travailleurs n'accueillent une métaphysique hétérogène qu'en vertu de l'aptitude qu'ils lui supposent envers leurs fonctions générales. N'aspirant pas davantage au sacerdoce qu'au gouvernement, le prolétariat admettra la doctrine qui les sépare, aussitôt qu'il la jugera propre à consacrer ses réclamations sociales, de plus en plus compromises d'après l'ambition et l'incapacité des lettrés.

XLV

Je n'aurais point assez caractérisé la conduite des conservateurs envers les révolutionnaires, si son appréciation générale n'était pas suivie, comme pour les rétrogrades,

de l'indication des dispositions spéciales qui doivent
compléter une telle politique. Les deux modes connexes
de ce complément exigent d'abord une commune explication, quant à la modification nécessaire du vote universel
qui constitue la consécration officielle de la maladie occidentale. Quoiqu'il importe de restreindre, autant que
possible, un usage toujours subversif, il ne saurait entièrement cesser que quand la réorganisation spirituelle
aura transformé l'état anormal dont il fournit le symptôme légal.

Néanmoins, sans attendre l'avènement direct de la sociocratie, on peut maintenant faciliter la préparation qu'il
exige en apportant au vote deux modifications générales,
qui seront bientôt acceptées par tous les dignes démo-
crates. La première consiste dans l'entière publicité des
suffrages, afin d'assurer une responsabilité que les âmes
corrompues ou timides peuvent seules refuser. Seconde-
ment, il faut autoriser la libre délégation de chaque vote,
pour que l'influence officielle se proportionne à l'ascendant réel.

La moralité des suffrages et leur concentration graduelle
étant ainsi garanties, l'état démocratique se trouvera bientôt modifié de manière à permettre les deux développements connexes qui doivent caractériser la conduite des
conservateurs envers les révolutionnaires.

1° *Système d'épuration.* — Dès son début, au xiv°
siècle, la révolution occidentale fit spontanément surgir
une distinction, de plus en plus marquée dans tout son
cours, entre les deux écoles qui concoururent au mouvement moderne, l'une par la liberté, l'autre pour l'égalité.
Leur incompatibilité se trouva dissimulée tant que le
progrès politique dut surtout consister à détruire un
régime devenu rétrograde. Mais, quand il fallut construire,
la crise centrale fit bientôt sentir que le nivellement exige
la compression permanente des supériorités quelconques,

tandis que le libre essor développe l'inégalité. Néanmoins, l'hétérogénéité propre au parti révolutionnaire y permet encore la coexistence des deux écoles, dont l'opposition reste implicite, comme pendant les cinq siècles antérieurs, sous la prépondérance des conservateurs, équivalente à la résistance des rétrogrades. Or, la saine politique doit aujourd'hui manifester et développer cette distinction, en accueillant les vrais libéraux et repoussant les purs niveleurs ; car les premiers ne deviennent anarchiques que quand ils prennent le moyen pour le but, tandis que les seconds sont toujours indisciplinables. Telle est l'épuration systématique qui peut seule permettre au parti révolutionnaire de concourir, à sa manière, autant que le parti rétrograde, à l'installation de la transition organique, sous la commune présidence du parti conservateur.

Cette scission semble essentiellement équivalente à celle, ci-dessus motivée, entre les lettrés et les prolétaires, où résident maintenant les chefs et les membres de la démocratie occidentale. En effet, les premiers prêchent surtout l'égalité, tandis que les seconds préfèrent spontanément la liberté, suivant les tendances respectives vers la domination ou l'amélioration. Néanmoins, les lettrés aspirent à la liberté quand ils sont comprimés, et les prolétaires à l'égalité lorsqu'ils espèrent prévaloir. Quoique chacune des deux séparations doive être prise en considération habituelle, il faut toujours éviter de les confondre, et même il importe de subordonner l'une à l'autre. Les conservateurs doivent, par exception, autant accueillir les lettrés sincèrement libéraux que repousser les prolétaires vraiment niveleurs ; parce que, contre leurs natures respectives, ceux-ci sont impropres à seconder une saine politique, tandis que ceux-là peuvent s'y rallier. Toutes les dignes aspirations à la liberté tendent à sortir de l'état purement révolutionnaire, en disposant à séparer les deux puissances, dont la confusion caractérise l'anarchie moderne. Au contraire, depuis que l'égalité ne peut plus être confondue avec la fraternité, la persistance à niveler indique toujours une infériorité, de cœur et d'esprit, qui rend incapable de seconder la régénération occidentale.

Il faut aussi comparer la distinction qui doit prévaloir envers les révolutionnaires au contraste des deux modes opposés que comporte l'anarchie moderne. Quoique ce camp ait toujours été rallié par une doctrine, ses dogmes n'ont jamais cessé de flotter entre deux aberrations contraires, l'individualisme et le communisme. L'état normal de la société demande que le concours se concilie toujours avec l'indépendance. Mais, dans la progression occidentale, cette conciliation ne put être dignement ébauchée que sous la dernière phase du moyen âge, suivant le mode propre au monothéisme défensif. Pendant tout le cours de la révolution moderne, les deux conditions de l'ordre divergèrent de plus en plus, et les besoins du progrès firent prévaloir l'indépendance sur le concours, inversement au caractère politique de l'antiquité. Depuis que la destination organique de la crise finale est devenue assez appréciable, l'instinct révolutionnaire pousse davantage au communisme qu'à l'individualisme, quoique ces deux tendances puissent habituellement converger contre la domination des conservateurs. Elles ne cesseront de coexister ainsi que d'après l'ascendant nécessaire du positivisme, qui doit simultanément éteindre les deux aberrations, en conciliant radicalement l'indépendance et le concours.

Tant que cette conciliation, actuellement instituée, n'est pas accomplie, la saine politique peut obtenir plus d'assistance des communistes que des individualistes. Comparés chez les prolétaires, seuls révolutionnaires désormais importants, les premiers caractérisent l'anarchie propre aux villes, et les seconds celle des campagnes.

Envers la plus orageuse des questions sociales, ceux-ci tendent vers la dispersion indéfinie des richesses, tandis que ceux-là poussent à leur concentration absolue.

Quoique le communisme doive aujourd'hui sembler plus anarchique que l'individualisme, parce qu'il est plus imminent, cette opportunité peut indiquer la transformation qu'il ébauche dans l'instinct révolutionnaire, qui s'efforce ainsi de quitter le caractère critique pour prendre l'attitude organique. L'un annonce le dérèglement de l'altruisme, tandis que l'autre consacre la prépondérance de l'égoïsme. Au nom du sentiment social, le positivisme fera bientôt comprendre aux meilleurs communistes que la solidarité reste insuffisante, et même contradictoire, quand elle n'est pas subordonnée à la continuité ; mais les individualistes font autant prévaloir le présent sur l'avenir que sur le passé. Posant le problème social, quoique d'après une solution non moins étroite que subversive, les premiers deviennent accessibles aux démonstrations résultées de l'indivisibilité de l'existence humaine, où l'essor matériel ne saurait être réglé séparément de l'ordre spirituel. Mais les seconds, consacrant la routine révolutionnaire, se bornent à disputer la possession du pouvoir sans discipliner son exercice autrement que par des restrictions anarchiques.

On peut maintenant comparer ce contraste aux deux précédents, de manière à caractériser les ressemblances et les différences. Quoique les lettrés soient plus individualistes que communistes, l'instabilité qui leur est propre leur permet de se mettre au service de toutes les tendances susceptibles de satisfaire leur ambition. Réciproquement, sans perdre leur disposition naturelle au communisme, les prolétaires se trouvent poussés à l'individualisme quand l'activité rurale fait trop sentir le besoin et la possibilité du degré de possession personnelle qui doit devenir universel. Bien que les communistes semblent disposés à renoncer à la liberté pour obtenir l'égalité, cette déviation cessera, chez la plupart d'entre eux, quand le positivisme leur fera reconnaître la nature, essentiellement morale, du problème dont ils proclament la solution politique. Au contraire, les passions et les préjugés propres aux individualistes les poussent surtout à niveler, quoiqu'ils poursuivent l'indépendance en vue de l'isolement.

Pour avoir assez indiqué l'épuration qu'exige le parti révolutionnaire, il faut encore comparer la division principale à celle qu'une mémorable transformation a définitivement opérée entre les parlementaires et les dictatoriaux. Les uns perpétuent la phase protestante de l'instinct progressiste, et les autres caractérisent son état catholique, seul immédiatement susceptible d'une régénération systématique. Quoique cette distinction diffère des précédentes, les individualistes et les lettrés préfèrent le régime parlementaire, qui favorise l'isolement et l'ambition ; tandis que les communistes et les prolétaires adoptent la dictature comme convenant mieux à la rénovation. Ce nouveau contraste ressemble davantage au principal parce que les purs niveleurs aspirent au règne des assemblées, tandis que les vrais libéraux tendent vers l'état dictatorial ; l'ensemble de la révolution occidentale confirme cette appréciation. Néanmoins, les deux distinctions ne sauraient coïncider ; car la passion de l'égalité peut pousser à l'emploi de la dictature, et l'instinct de la liberté disposer au régime parlementaire, quoique ces inversions doivent être exceptionnelles et passagères. Mais ces divisions doivent être surtout rapprochées d'après leur similitude envers l'appréciation de la séparation fondamentale des deux puissances ; car la concentration dictatoriale manifeste l'incompétence théorique du pouvoir pratique, tandis que la dispersion parlementaire dissimule la confusion entre le conseil et le commandement.

En comparant les quatre modes propres à la décomposition du plus incohérent de tous les partis, on reconnaît la nécessité de faire toujours prévaloir, dans son épuration systématique, la division entre les libéraux et les niveleurs, sans jamais négliger les autres contrastes.

XLVI.

Ayant assez ébauché l'appréciation générale de la destination propre aux conservateurs, il faut d'abord indiquer les dispositions spéciales qu'exige la dictature correspondante, puis la marche occidentale de son installation. Mais, parmi ces trois parties de ma conclusion, la première n'est pas suffisamment signalée par l'ensemble des aperçus précédents. Je dois les compléter en expliquant davantage l'attitude et l'extension de la dictature qui peut seule installer le gouvernement préparatoire.

Elle indique déjà la séparation des deux puissances, principale base de l'état normal, d'après sa nature purement pratique, garantie par la pleine liberté d'exposition et la suppression de tout budget théorique. Mais elle offre un caractère exceptionnel, qui, quoique conciliable avec celui-là, tend à l'altérer, surtout en vertu des habitudes propres à la révolution moderne. Il faut que la dictature reste monocratique jusqu'à ce que l'ascendant de la foi positive ait assez modifié les mœurs pour permettre l'avènement du triumvirat systématique, qui convient à la principale phase de la transition organique. Si le partage s'introduisait avant que les trois chefs puissent être assez ralliés par une doctrine complète, leurs discordances habituelles auraient bientôt compromis leur commune destination, à moins que l'un n'absorbât les autres. Le besoin initial de concentrer le gouvernement dans une seule main doit faire mieux apprécier les conditions propres à garantir le caractère exclusivement temporel du dictateur.

Cette garantie ne suffirait pas pour rassurer contre la rétrogradation, si la dictature n'était pas, dès le début, autant républicaine que monocratique. Quoique les qualifications de républicains et de conservateurs ne soient point inconciliables, puisque d'heureux exemples les ont spontanément combinées, leur accord reste exceptionnel tant qu'il n'est pas systématisé. Le positivisme doit d'abord indiquer son aptitude organique en disposant à confondre ces deux tendances, dont chacune demeure insuffisante et devient dangereuse sans l'autre, comme prolongeant l'opposition entre l'ordre et le progrès. Aucune d'elles ne peut finalement persister, parce que chacune annonce des préoccupations trop exclusives et des aspirations trop vagues, qui ne se trouvent combinées et précisées que dans la nouvelle synthèse. Mais, pendant la première phase de la transition organique, leur concours permanent doit corriger les vices propres à leur usage spontané. Jusqu'à ce que le positivisme prévale, nul ne saurait être vraiment républicain sans devenir conservateur, ni rester véritablement conservateur sans devenir républicain. Le vague encore inhérent à ces dispositions n'a pas toujours empêché les républicains sincères de repousser l'attitude révolutionnaire comme incompatible avec leur but, ni les vrais conservateurs de sentir la tendance du royalisme à compromettre l'ordre par la rétrogradation.

1856

XLVII

Je dois vous féliciter d'avoir, à l'occasion d'un écart passager, dignement senti que notre propre perfectionnement moral constitue normalement la principale affaire de chacun de nous. Ceci convient surtout aux positivistes, qui, venant aujourd'hui régler la vie humaine, doivent d'abord régler la leur. Il est vrai que chacun saisit premièrement les règles envers les autres, ce qui lui constitue un point de vue plus général et moins troublé par les impulsions personnelles. Mais il faut toujours finir par appliquer à soi-même la conduite qu'on a reconnue convenable chez autrui. Là commencent l'application la plus décisive du plan d'amélioration, puisqu'on peut davantage se modifier, et la plus puissante influence pour convaincre les autres de la supériorité du régime qu'on veut faire partout prévaloir.

Cela me conduit à la principale question de votre lettre, où je vois à la fois combien vous êtes encore loin d'une vraie régénération et pourtant avec quelle sincérité vous y tendez. La triple sentence que vous citez de saint Augustin[1] constitue, comme la plupart des maximes catholiques, un programme qu'on est souvent tenté de prendre

---

[1] « In necessariis unitas ; in dubiis libertas ; in omnibus charitas. »

pour une solution. Il n'appartient qu'au positivisme de réaliser le vœu, vainement formé jusqu'ici, d'obtenir l'unité nécessaire, la liberté permise, et la charité continue, que ne pouvait comporter une synthèse absolue et fictive.

Quant à votre demande directe sur la foi, vous n'êtes pas encore au point de vue convenable, puisque vous semblez envisager comme une charge, qu'il faut restreindre autant que possible, ce qui réellement constitue un bien, qu'il importe de développer. En relisant mon chapitre sur la théorie positive de la religion, il vous montrera que la foi forme, entre l'amour et l'espérance, l'une des trois conditions essentielles du bonheur humain. Dans mon opuscule relatif au pouvoir spirituel, j'ai spécialement établi, depuis trente ans, que l'état normal de notre intelligence consiste à décider et non à discuter, ou, sous un autre aspect, à développer les conséquences au lieu d'examiner les principes. Malheureusement la foi perdue n'est pas facile à reconstruire ; sa dissolution chronique constitue la maladie occidentale, commencée par le protestantisme, développée par le déisme, et complétée par le scepticisme. Le mal est d'autant plus grave que, lorsqu'il a surgi, sa guérison ne devient possible qu'après qu'il a suivi tout son cours, en parcourant ces trois degrés successifs d'anarchie qui séparent l'harmonie provisoire du catholicisme de l'ordre final du positivisme.

Vous auriez une fausse idée de l'état normal de l'humanité si vous pensiez que la foi doit, en devenant positive, se restreindre, tandis que l'avenir la développera, comme l'amour et l'espérance, d'après une telle transformation. Tous les préceptes du catholicisme sur la soumission de la raison à la foi sont des programmes à réaliser, qui ne furent finalement oppressifs qu'en se rapportant à des croyances chimériques. Le positivisme consacre et développe cette soumission, qu'il réduit à subordonner l'homme à l'Humanité, le présent au passé. Ce sera le principal résultat de l'éducation encyclopédique, disposant à se servir des doctrines pour la conduite et l'appréciation au lieu de les contester. Il faut que la foi soit toujours *démontrable*, et c'est en cela que consiste la régénération mentale. Mais elle ne peut ni ne doit être constamment *démontrée*, puisque les conditions qu'exige la démonstration sont rarement remplies par chacun de ceux qui doivent appliquer les règles. Quant à comprendre, et même utiliser, ce qui ne nous est aucunement démontré, l'exemple de la doctrine du mouvement de la terre suffit, depuis deux siècles, pour vérifier que la soumission volontaire détermine des convictions plus complètes et plus actives que le raisonnement le mieux dirigé.

L'altération de la foi, d'où résulte la perturbation de l'amour et de l'espérance, constitue le mal moderne des Occidentaux, d'après la nature instable des croyances sur lesquelles ont d'abord reposé les opinions humaines. Chacun se trouve ainsi dans un état voisin de la folie, par une surexcitation habituelle de l'orgueil et de la vanité ; toute secousse, physique ou morale, peut alors déterminer une véritable aliénation. Quoique presque tous les hommes aient surtout besoin d'être conduits, personne ne veut accepter cette condition, et chacun prétend conduire. Vu la décadence de l'ancienne synthèse et le besoin de la remplacer, chacun s'érige en rénovateur de l'entendement humain, à la manière de Bacon ou de Descartes. Il faut pourtant que tous ces régénérateurs donnent leur démission, puisque la reconstruction spirituelle est maintenant accomplie. En persistant à chercher la synthèse quand elle est trouvée, on se rend aussi malheureux que perturbateur, la soumission à la nouvelle foi pouvant seule préserver de l'ennui, du doute et de l'irrésolution, qui résultent aujourd'hui du défaut de guide spirituel. Néanmoins, la très majeure partie de nos Occidentaux est destinée à flotter jusqu'à la mort entre la rétrogradation et l'anarchie, d'où pourront seules se dégager les âmes assez éminentes pour accepter dignement la foi positive et seconder activement son installation.

D'après sa réalité constante et son utilité caractéristique, la nouvelle synthèse doit naturellement inspirer une soumission plus complète et plus durable que l'ancienne. Celle-ci, par le vague de ses préceptes, l'incertitude de ses motifs et l'inanité de ses tendances, devait être souvent repoussée comme inapplicable à la vie réelle, même chez les plus croyants. Mais des règles toujours jugeables et directement conformes à leur destination détermineront une pleine confiance parmi des âmes préoccupées d'agir au lieu de disserter. J'ai même indiqué, dans mon dernier opuscule, que la soumission, surtout intellectuelle, constitue toujours un bien, dût-elle être forcée, comme envers les fatalités extérieures, en comprimant la personnalité. Quand elle devient volontaire, elle fournit la principale source du perfectionnement, en développant l'altruisme.

XLVIII

Je dois beaucoup approuver vos rapports naissants avec les catholiques de New-York, et les efforts que vous faites pour les amener à la vraie foi. Mon récent *Appel aux conservateurs*, que vous avez déjà lu probablement, spécifie l'affinité spontanée entre le catholicisme et le positivisme, en caractérisant leur alliance religieuse pour réorganiser l'Occident. La continuité que nous systématisons nous oblige à mériter d'être librement reconnus, par nos prédécesseurs, comme les vrais héritiers des catholiques du moyen âge, dont nous venons réaliser le programme, en réglant, comme eux, la vie humaine d'après le sentiment, mais avec une meilleure doctrine et dans une situation plus favorable. Si, même ici, malgré toutes les altérations que leur suscite une vaine existence officielle, les catholiques me semblent mieux préparés au positivisme que tous les autres contemporains, je dois davantage espérer de ceux de votre cité, qui, placés au milieu d'une population hostile, ne peuvent aspirer à dominer et sont ainsi disposés à développer directement l'efficacité morale de leur religion. Quoique, par cela même, leur conversion ne puisse comporter l'importance qu'offrira celle des masses catholiques de l'Europe méridionale, elle offre plus de facilité et permet un début plus prompt de la sainte ligue qui doit rallier les catholiques aux positivistes contre les protestants.

Dans les instructions que vous désirez à cet égard, je vous recommande un contact spécial avec les jésuites, qui sont, à tous égards, les meilleurs organes et défenseurs du catholicisme. Ils doivent être, à New-York, spontanément purgés des vices que l'espoir de dominer leur inspire à Paris. Ce sont, parmi les catholiques, ceux qui peuvent le mieux apprécier l'aptitude du positivisme à la reconstruction du pouvoir spirituel, vainement tentée par les fondateurs du jésuitisme. En les qualifiant d'Ignaciens, je rappelle que notre calendrier a dignement glorifié leur chef, et je les délivre d'un nom aussi vicieux en lui-même que généralement discrédité.

XLIX

Mon *Appel aux conservateurs* a spécialement institué l'attitude spéciale des positivistes actuels, uniquement voués à la réorganisation spirituelle, jusqu'à ce que les gouvernements, surtout en France, transmettent dignement le pouvoir à nos hommes d'État, seuls reconnus aptes à surmonter le communisme, quand il sera suffisamment développé. Jusque-là, nous devons non seulement éviter l'agitation politique, mais en détourner tout le monde autant que possible, et toujours tendre à consolider systématiquement l'autorité, dans quelques mains qu'elle réside, parce que les vues d'avenir ne seront jamais goûtées de ceux qui n'ont pas de sécurité sur le présent. Entre les gouvernés et les gouvernants, notre attitude d'organes de l'avenir déduit du passé doit toujours correspondre au vers que j'ai récemment construit pour la caractériser :

Conciliant en fait, inflexible en principe.

Nous venons ouvertement régler la vie humaine, tant privée que publique, au nom de l'Humanité, d'après ces deux faits généraux, que la situation fait de plus en plus ressortir : d'une part, le besoin de la régler ; d'une autre part, l'impuissance de toutes les doctrines actuellement usitées à cet égard. L'aptitude de la nôtre est pleinement démontrée en principe, pour quiconque veut et peut la juger en elle-même. C'est à nous qu'il appartient, par l'excellence de notre conduite, publique et privée, de la constater en fait auprès des spectateurs empiriques, mais impartiaux, de manière à lui procurer bientôt un irrésistible ascendant, dans un milieu que l'anarchie empêche de réagir contre des convictions profondes et complètes, sans que leurs organes soient encore nombreux, pourvu qu'ils deviennent assez dévoués. Il faut remplacer le fanatisme, relatif à des opinions indiscutables, et désormais éteint chez les métaphysiciens comme parmi les théologistes, par l'enthousiasme qu'inspirent des principes démontrables. Tel est le symptôme habituel qui doit nous assurer, aux yeux de tous, la présidence de l'avenir, dans une situation où le positivisme peut seul inspirer un dévouement actif et continu.

C'est afin de donner une direction précise à notre intervention sociale que j'ai récemment invité vos deux confrères britanniques à prendre la digne initiative d'une libre et pacifique restitution de Gibraltar à l'Espagne, en faisant cesser une injurieuse anomalie, non moins vicieuse, depuis un siècle et demi, que l'usurpation de Calais pendant deux siècles, que personne n'oserait aujourd'hui justifier. Il faut introduire les grands principes par des applications fort simples, en morale comme en logique, et vous sentez la portée de celle-ci, malgré l'exiguïté du cas. Nous devons surtout devenir les directeurs de l'opinion occidentale, et la récente terminaison de l'épisode militaire résulté de l'incident russe doit spécialement disposer à resserrer les nœuds de l'occidentalité, dont il faut dignement préparer la reconstruction spirituelle, en comptant sur des sympathies que repousse l'examen des questions intérieures. Une telle initiative doit être britannique, afin de mieux manifester la nature pacifique d'une rectification pour laquelle mes disciples anglais doivent directement provoquer le sentiment et la raison de leurs concitoyens, surtout prolétaires, suivant le mode qu'ils jugeront le plus opportun. Si le positivisme obtenait cette première victoire pratique, il lui serait bientôt facile de l'étendre aux cas analogues, plus importants et plus difficiles, surtout en faisant spécialement appel au public germanique contre l'oppression autrichienne de l'Italie, d'où l'on peut aujourd'hui craindre de nouveaux orages occidentaux.

L

Votre *penseur* me paraît un de ces vulgaires partisans de l'individualisme protestant ou sceptique, qui, sans vouloir ni pouvoir remplir aucune des conditions de compétence, se réservent de choisir souverainement entre les synthèses actuelles, ou plutôt de ne jamais choisir, afin de perpétuer un interrègne favorable à leurs prétentions indisciplinables. Mais la situation occidentale s'aggrave tellement qu'elle forcera bientôt les *éclectiques* à se prononcer entre les deux seules doctrines qui présentent un caractère organique. Il serait fort heureux que tous les protestants qui ne peuvent aujourd'hui devenir positivistes retournassent au catholicisme. Mais, quoique cela ne soit pas possible, puisque leur inconséquence se lie à l'anarchie qu'il faut maintenant guérir, les deux partis extrêmes peuvent au moins s'entendre pour flétrir tous les personnages équivoques, quand ils persistent à vouloir conduire une situation qu'ils ne comprennent pas. Je m'occupe d'instituer un tel concert, et je vous entretiendrai des mesures que j'ai récemment indiquées, sous ce rapport, à la Société positiviste.

LI

Je dois spécialement approuver, et même encourager, le projet de publication que vous me soumettez, et qui, s'il est bien exécuté, pourra beaucoup seconder notre propagande. Peut-être, au lieu du mot *Anarchy*, vaudrait-il mieux, dans votre triple titre, mettre *Protestantism*, surtout en vue de votre milieu, mais sans altérer l'équivalence radicale des deux termes. Le moment est venu de réaliser le vœu que je formais en 1841, dans une note de ma *Philosophie positive* (t. V, p. 327), de concentrer les discussions philosophiques et sociales entre les catholiques et les positivistes, en écartant, d'un commun accord, tous les métaphysiciens ou négativistes (protestants, déistes, et sceptiques), comme radicalement incapables de coopérer à la construction qui doit distinguer le XIXe siècle du XVIIIe. Il faut maintenant presser tous ceux qui croient en Dieu de revenir au catholicisme, au nom de la raison et de la morale; tandis que, au même titre, tous ceux qui n'y croient pas doivent devenir positivistes. Pendant la génération qui doit terminer la révolution occidentale par la réorganisation spirituelle, le mode normal consistant à ce que la masse restât ou redevînt catholique, les âmes d'élite arrivant au positivisme conduiraient mieux le mouvement. Quoiqu'on ne puisse pas espérer que cette netteté de situation se réalise dans le milieu britannique ou germanique, nous devons pourtant faire toujours sentir combien le protestantisme, sous tous ses modes, est contraire au siècle de la construction. Si, comme je l'espère, la France se débarrasse du budget ecclésiastique, il sera bientôt facile de combiner les catholiques avec les positivistes contre les négativistes quelconques.

LII

Vous avez pleinement raison de regarder le positivisme comme tendant à relever la dignité de l'esprit pratique auquel il subordonnera l'esprit théorique dans l'ensemble de mon traité final. Déjà le récent volume doit profondément développer cette réaction chez tous ceux qui pourront le lire avec fruit, c'est-à-dire parmi les positivistes pourvus de connaissances mathématiques. La science la plus simple, la plus cultivée et la plus orgueilleuse s'y trouve finalement appréciée à sa juste valeur, consistant surtout à former une suite de programmes à peine ébauchés et radicalement inaccessibles, de manière à laisser toujours insolubles la plupart des questions spéciales que l'antiquité s'était immédiatement posées. Rien n'est plus vrai que la maxime du grand Frédéric, spontanément sentie par tous les éminents praticiens, sur l'inaptitude spontanée de l'esprit humain aux spéculations abstraites. Elles n'ont d'autre destination réelle que de procurer aux conceptions concrètes une généralité suffisante : au delà de ce but, elles deviennent autant inabordables qu'inutiles.

1857

LIII

L'universel affranchissement de la presse, et même de la parole, est désormais indispensable à l'organisation spirituelle, pour éteindre l'usurpation théorique à laquelle le pouvoir pratique fut de plus en plus conduit depuis la fin du moyen âge. Cette libération exige que, sauf les ménagements convenables envers les personnes, tous les clergés soient maintenant réduits à la condition actuelle du nouveau sacerdoce, en ne vivant que des libres subsides de leurs adhérents respectifs.

Un tel mode, loin de nuire au catholicisme, peut seul procurer à ses vrais organes l'indépendance indispensable à l'efficacité sociale que la foi du moyen âge doit naturellement conserver jusqu'à la fin de la transition occidentale. La situation matérielle où je me suis irrévocablement placé devient aujourd'hui conforme aux conditions communes de la dignité spirituelle. C'est ainsi que le positivisme instituera la ligue religieuse qui doit graduellement surmonter l'ensemble des tendances irréligieuses, en faisant seule converger le catholicisme, l'islamisme, et même le protestantisme. Nulle autre doctrine ne ferait habituellement prévaloir les sollicitudes spirituelles, quand les gouvernants et les gouvernés ne s'accordent qu'à chercher des solutions purement politiques à des questions essentiellement morales. Seul le positivisme rétablit et réalise, d'après de meilleures bases, l'irrévocable programme universel que le moyen âge posa : régler la vie humaine, tant privée que publique, en subordonnant au sentiment l'intelligence et l'activité, que les modernes ont exclusivement cultivées.

Graduellement développée par le protestantisme, le déisme et le scepticisme, la maladie occidentale consiste dans une révolte continue de la raison individuelle contre l'ensemble des antécédents humains. Résultée de la décadence nécessaire des croyances propres au moyen âge, elle a pour siège primitif la région spéculative du cerveau.

Mais sa principale gravité provient de son extension spontanée à la région affective, en surexcitant l'orgueil et la vanité, tandis qu'elle comprime la vénération, et, par suite, les deux autres instincts sympathiques. Développant à la fois la présomption intérieure et la défiance extérieure, elle a pour résultats caractéristiques, dans les trois parties du cerveau, l'ennui, le doute et l'irrésolution, que la foi positive fait seule cesser. Loin de se borner aux vrais révolutionnaires, le mal s'étend jusqu'aux plus purs rétrogrades, qui, sans admettre le dogme de l'infaillibilité personnelle, sont involontairement conduits à le pratiquer envers les principales questions habituelles. Ils ont spécialement manifesté cette tendance d'après leur participation croissante au journalisme, qui, résulté de l'interrègne religieux, tend à le perpétuer. Seuls les vrais positivistes s'abstiennent d'employer activement, et même d'alimenter passivement, une institution radicalement anarchique, dont ils apprécient les ravages intellectuels et moraux, en s'efforçant d'en délivrer l'Occident, d'après un digne usage de la liberté spirituelle.

LIV

A l'éminent fondateur de notre Église américaine devait naturellement appartenir le précieux opuscule théorique où, vers le milieu de 1856, la religion positive trouva, sous un titre trop modeste, sa meilleure appréciation actuelle. La situation générale d'un tel pays est directement propre à manifester la nature, essentiellement religieuse, de la vraie solution occidentale, en montrant l'inanité sociale des remèdes politiques les plus prônés par les docteurs révolutionnaires. Dépourvue d'antécédents spéciaux, la colonie universelle doit mieux sentir le besoin de se rattacher à l'ensemble de l'Humanité. Ses conservateurs sont naturellement exempts des illusions propres aux nôtres sur l'efficacité politique des clergés officiels et des armées permanentes. En même temps, ses progressistes peuvent aisément reconnaître que la suppression de ce double joug laisse pleinement subsister les difficultés sociales partout propres au prolétariat occidental. Privés du pouvoir officiel par les lettrés et les légistes, les riches, actifs ou passifs, y doivent apprécier la religion qui consacre à la fois le capital et le travail, tandis qu'elle y peut davantage détourner les pauvres d'une agitation uniquement profitable aux déclamateurs. Tous ces privilèges de la situation américaine recevront un prochain essor, d'après les travaux continus du digne apôtre qui vient de s'y caractériser et du noble prolétaire qu'il a pleinement adjoint à l'association régénératrice.

Je devais spécialement attendre de l'impulsion anglaise le mémorable opuscule politique où l'un de mes meilleurs disciples, profondément imbu de ma théorie historique, a dignement terminé cette année décisive en inaugurant la diplomatie positiviste par l'application la plus convenable. Chez le peuple où les vues de détail ont le plus entravé les pensées d'ensemble, le positivisme social ne peut immédiatement pénétrer d'après une exposition générale, directement contraire à la confusion officielle des deux pouvoirs. Un régime qui représente l'établissement de la dynastie anglicane comme ayant spécialement préservé ce pays de la grande crise occidentale, doit aujourd'hui repousser toute régénération intérieure. Mais il reste pleinement accessible à la rénovation de sa politique extérieure, actuellement dépourvue d'un plan quelconque. L'anarchie occidentale ayant d'abord affecté les relations internationales, c'est aussi par elles que la nouvelle spiritualité doit maintenant installer son influence sociale. En politique, comme en logique, les principes les plus importants devant d'abord prévaloir envers les questions les plus simples, la politique positiviste ne pouvait convenablement surgir que dans le cas le moins orageux. Tels sont les principaux motifs du précieux opuscule qui tend à régénérer la politique britannique en flétrissant, d'après un rapprochement décisif, l'outrage que subit, depuis un siècle et demi, la plus énergique des nations occidentales.

LV

La réorganisation spirituelle est tellement urgente que le positivisme y devra bientôt obtenir l'appui continu de toutes les âmes vraiment religieuses, qui, surtout féminines, sans partager notre foi, seconderont nos efforts pour préserver l'Occident du matérialisme universel. Elles peuvent déjà sentir combien la vie humaine, tant privée que publique, a besoin d'être systématiquement réglée, dans une situation où l'empirisme politique ne maintient l'ordre matériel qu'en altérant l'ordre moral. Que les vrais positivistes se montrent habituellement dignes d'une telle assistance en élevant leur conduite personnelle, domestique, et civique, au niveau de leur foi, les âmes impartiales ne tarderont pas à leur accorder une admiration qui bientôt s'étendra de la personne à la croyance. Ils seront ainsi reconnus les seuls hommes véritablement complets que comporte l'anarchie occidentale, et leur présidence sociale, d'abord religieuse, puis politique, sera dès lors incontestée. Mais cet ascendant nécessaire suscite le danger, déjà sensible, de développer en soi la surexcitation continue de l'orgueil et de la vanité d'après nos efforts même pour la guérir en autrui, vu l'opinion exagérée que nous sommes ainsi conduits à concevoir de notre propre mérite. Une telle chute doit maintenant déterminer la principale sollicitude de tous les vrais positivistes, qui déjà prévaudraient s'ils étaient assez unis et disciplinés ; leurs sentiments seuls retardent le triomphe social d'une doctrine pleinement adaptée à la situation correspondante. Cette entrave sera graduellement surmontée d'après une meilleure appréciation de leur destination et de leur croyance, qui concourent à leur prescrire, par dessus tout, le perfectionnement moral, seule source de l'unité réelle, et, par suite, de la dignité comme du bonheur.

Il doit aujourd'hui consister principalement à reconstruire la vénération chez les âmes d'élite, seules vraiment disciplinables dans une génération anarchique, qui ne peut être, sinon transformée, du moins dominée, que d'après leur propre rénovation directe. Les dignes positivistes doivent donc fournir l'exemple continu non seulement d'une subordination religieuse envers leur chef spirituel et ses délégués quelconques, mais aussi d'une obéissance civique à toutes les autorités temporelles, quelle que soit leur origine. Au milieu d'une agitation empirique, ils feront systématiquement sentir l'importance de conserver le commandement et la richesse chez leurs possesseurs actuels, qui ne peuvent sincèrement élaborer l'avenir social tant qu'ils restent naturellement préoccupés du présent personnel.

On aurait incomplètement apprécié l'insuffisance spontanée du subside occidental, si l'on méconnaissait les avantages, même intellectuels, et surtout moraux, qui jusqu'ici compensèrent les inconvénients, privés et publics, d'une telle détresse. Elle m'a spécialement préservé de l'orgueil, écueil ordinaire d'un pouvoir naturellement enclin à la vanité; son influence extérieure m'a fait mieux juger mon entourage, suivant la naïve remarque spécialement citée dans ma septième circulaire. Je dois même souhaiter que l'accroissement nécessaire du subside sacerdotal ne soit pas plus rapide que celui du service correspondant. Le positivisme est tellement opportun que, à chaque secousse sociale, on a communément supposé qu'il allait bientôt obtenir un grand ascendant, que la confusion des deux puissances dispose à croire plus temporel que spirituel. Souvent le zèle, et quelquefois la souscription, de certains adhérents tinrent à l'espoir d'atteindre ainsi l'élévation qu'ils ambitionnent, ou du moins l'aisance et l'estime qu'ils désirent sans les mériter : si le subside eût été plus large, ils m'auraient peut-être trompé. Quoi qu'il en soit, je me sens assez averti pour oser désormais garantir que le public positiviste n'aura pas davantage à regretter envers autrui, qu'à mon propre égard, l'usage, toujours responsable, du noble appui matériel qu'il fournit à ma mission sociale. Si le subside sacerdotal dépasse sa destination directe, tant collective que personnelle, j'appliquerai l'excédent à l'utile extension du fonds typographique, qui, par sa nature, comporte une addition quelconque, sans permettre aucune soustraction.

En terminant ma huitième circulaire, je dois spécialement déclarer que la lenteur des progrès sociaux du positivisme est plus imputable aux positivistes eux-mêmes qu'au public occidental et surtout qu'aux gouvernements actuels, principalement chez le peuple central. Forcée d'émaner du milieu révolutionnaire, pour une rénovation plus mentale que morale, la doctrine qui constitue la religion universelle, d'après la subordination de l'esprit au cœur, n'a pu jusqu'ici toucher le sentiment qu'à travers l'intelligence. Plus convenable au midi qu'au nord, mieux appréciable chez les femmes et les prolétaires que parmi les classes spéciales, elle n'a maintenant converti que des âmes exceptionnellement émanées de situations défavorables, en substituant la conviction à la persuasion. Les résultats obtenus suivant un tel mode font assez sentir quelle sera la rapidité du succès quand la prédication positiviste, enfin devenue plus poétique que philosophique, aura directement pris son caractère normal et sa destination naturelle. Grâce à la noble tolérance du dictateur qui produisit la meilleure sentence du xixe siècle, la liberté de mes volumes s'étend à mes opuscules, et même à mes circulaires, où la République occidentale est annuellement proclamée sous le timbre impérial. Une sagesse spontanée a toujours senti que ce frontispice systématique caractérise la prépondérance nécessaire d'une paisible reconstruction spirituelle sur un orageux mouvement temporel. Récemment invoquée pour un besoin exceptionnel, l'occidentalité ne peut normalement renaître qu'en reposant, mieux qu'au moyen âge, sur la combinaison continue de l'indépendance politique avec la communauté d'éducation, de religion et de sacerdoce.

LVI

Déjà spontanément désillusionné, quant aux savants, il faut que vous soyez systématiquement émancipé de la science, comme de la métaphysique et de la théologie. Le point de vue pratique qui, naturellement, domine vos études médicales, vous fait involontairement sentir l'inanité des spéculations biologiques. En relisant mon volume, vous étendrez cette appréciation à l'autre extrémité plus spécieuse de la philosophie naturelle, en reconnaissant l'impuissance des conceptions mathématiques. Sans être ainsi dégagé de tout prestige scientifique, vous ne pourriez assez conserver la pleine liberté d'esprit qu'exige la régénération finale. Toutes les sciences n'ont de valeur que comme préparant l'étude de la nature humaine. Même celle-ci n'est vraiment systématisable qu'en la rattachant à sa destination pratique, pour le perfectionnement de l'homme. Tout le reste est vanité.

LVII

Envers la principale partie de votre admirable lettre, je dois surtout ébaucher la systématisation directe des réflexions générales que je vous ai précédemment indiquées sur l'émancipation scientifique, spécialement instituée d'après le cas le plus décisif, quoique sous un mode spontanément latent, dans le volume que vous relisez maintenant. Il faut directement regarder un tel affranchissement comme le complément normal de l'évolution fondamentale qui caractérise la loi des trois états. Le dernier état doit être, à cet effet, décomposé, dans ses deux modes successifs, l'un scientifique, l'autre philosophique, respectivement analytique et synthétique. C'est seulement au second qu'appartient la qualification de *définitif* d'abord appliquée confusément à leur ensemble. Au fond, la *science* proprement dite est aussi préliminaire que la théologie et la métaphysique et doit finalement être autant éliminée par la religion universelle, envers laquelle ces trois préambules sont l'un provisoire, l'autre transitoire et le dernier préparatoire. J'ose même refuser aux sciences l'attribut de pleine positivité, qui ne consiste pas seulement dans la *réalité* des spéculations, mais dans la combinaison continue avec l'*utilité*, toujours rapportée au Grand-Être, et dès lors ne pouvant jamais être dignement appréciée que d'après la synthèse totale, c'est-à-dire subjective et relative. Dans la construction finale, le début théologique de la préparation humaine n'a pas moins d'efficacité que sa terminaison scientifique. Si celle-ci fournit les matériaux extérieurs, l'autre ébauche les dispositions intérieures, en compensant l'imaginarité par la généralité, dont l'absence interdit toute vraie rationalité théorique.

Sous un aspect plus systématique, la première vie est surtout distinguée, chez l'individu comme envers l'espèce, par la vaine recherche continue d'une *synthèse* essentiellement objective, tandis que la seconde construit et développe la *synthèse* purement subjective, dont l'autre a spontanément fourni les matériaux nécessaires. Même quand la science a déjà senti l'inanité des *causes* et fait graduellement prévaloir les lois, elle aspire autant que la théologie et la métaphysique à l'objectivité complète, rêvant l'universalité d'explication extérieure d'après une seule loi, non moins absolue que les dieux et les entités, suivant l'utopie académique. A cet égard, je dois naïvement étendre un mot de ma dernière circulaire, qui prolonge ce reproche jusqu'à moi, d'après mon ouvrage fondamental, où ne fût-ce qu'à ce titre, la postérité ne verra, comme je sais déjà le dire noblement, qu'une construction de début, un travail de première vie, ne tendant vers la seconde que dans le tome final, tous les autres restant plus ou moins soumis au prestige scientifique, dont l'état pleinement religieux m'a seul affranchi.

Ceci me conduit à vous faire mieux préciser la vraie

distinction normale entre la théorie et la pratique, d'après la meilleure appréciation sociale de la division fondamentale des deux puissances, surtout rapportée au mode spontanément entrevu par M. Dunoyer. Au fond, la théorie et la pratique ne sont nettement séparables qu'envers le domaine inorganique ; au delà de la cosmologie, elles restent nécessairement mêlées, quoique toujours distinctes, comme l'algèbre et l'arithmétique. Le pouvoir dit *théorique* agit sur l'homme, tandis que le pouvoir purement *pratique* modifie l'ordre matériel : telle est leur seule différence sociale. Dans l'action industrielle, le sacerdoce n'influe que spéculativement d'après les lois générales dont il reste normalement interprète. Mais, pour le perfectionnement humain, il est éminemment actif. Ses études sont alors subordonnées à sa destination, suivant l'axiome : *Connaître pour améliorer*, qui sera la seconde épigraphe de mon prochain volume, la première étant le fameux vers de Pope : *The proper study of mankind is man*, déjà choisi par Cabanis. Parvenue à la morale, même à son début biologique, la conception positive devient à la fois théorique et pratique.

On peut ainsi concevoir historiquement la restriction spontanée du régime purement scientifique à l'enceinte mathématique et cosmologique, hors de laquelle les médecins ont, de tout temps, développé des dispositions essentiellement synthétiques, qui doivent aujourd'hui fournir le meilleur appui théorique de la régénération universelle. Cette concurrence croissante entre les médecins et les savants doit bientôt aboutir à rendre les uns graduellement incorporables au sacerdoce positif, d'où les autres seront autant exclus que les théologiens ou métaphysiciens. Pour se transformer ainsi, les médecins n'ont besoin maintenant que de devenir pleinement conséquents à leur impulsion synthétique, en cessant d'aspirer à la synthèse corporelle, indépendamment de la synthèse cérébrale, et reconnaissant l'entière indivisibilité de la vraie systématisation subjective. Nous devons prochainement attendre ce dernier progrès du digne essor des médecins complètement positivistes. La lettre décisive à laquelle j'achève de répondre me confirme, après tant d'autres également précieuses, dans l'espoir que vous figurerez au premier rang parmi les dignes inaugurateurs de cette nouvelle médecine, immédiatement incorporable au sacerdoce de l'Humanité.

LVIII

Nous pouvons ainsi constater combien il est dangereux de s'allier à ces familles, incurablement révolutionnaires, dont le type reste heureusement restreint à la France, où même il s'étend rarement aux femmes. Sous l'impulsion d'un père stupidement roussien, cette jeune dame pense et dit que la vie humaine n'a nullement besoin d'être systématiquement réglée, et que le sentiment suffit seul pour nous conduire. Dès lors, elle ne professe qu'un déisme vague et stérile, ou plutôt perturbateur, qui ne peut aucunement susciter le mariage mixte, que j'accorderais volontiers à toute femme sincèrement catholique, musulmane, protestante, ou même juive. Je saurai désormais empêcher, autant que je le puis, de telles unions, en refusant, dès le préambule, de marier tout positiviste dont l'épouse serait entièrement dépourvue de religion quelconque. Toutes les âmes vraiment religieuses doivent, sous notre présidence, se concerter pour repousser de pareilles familles, qu'il faut graduellement réduire à ne s'allier qu'entre elles par le seul lien municipal.

LIX

Je vois que vous avez maintenant apprécié mon nouveau volume de manière à l'utiliser plus que personne. La réaction générale sur votre finale émancipation scientifique m'est surtout précieuse comme garantissant l'intégrité de vos dispositions synthétiques et leur efficacité religieuse. Vous avez dignement senti que la science, loin de constituer l'état positif, se borne à lui fournir, après la théologie et la métaphysique, une dernière préparation nécessaire, qui, comme les deux autres, a ses inconvénients autant que ses avantages et devient profondément nuisible en se prolongeant outre mesure.

Pour caractériser la *positivité* de nos conceptions, il faut toujours que leur *réalité* se combine avec leur *utilité*, laquelle n'est vraiment jugeable que d'après la relation de chaque partie avec l'ensemble. On sent que la science serait moins apte que la théologie à constituer un état fixe, puisque l'entendement ne saurait jamais prendre pour une vraie résidence une simple échelle, uniquement propre à monter et à descendre entre le monde et l'homme, quand nos besoins l'exigent, et nullement capable de nous fournir un domicile permanent. Il est temps que les véritables théoriciens s'affranchissent à cet égard d'une domination dégradante, afin de pouvoir dignement installer les grandes notions religieuses, contre laquelle la science sera bientôt insurgée avec plus d'animosité que la théologie et la métaphysique, parce qu'elle aspire davantage à perpétuer l'interrègne spirituel.

LX

D'après votre précieuse lettre de dimanche, que j'ai reçue avant-hier, celle dont vous m'y parlez a certainement subi la même mésaventure postale qu'une autre émanée, en décembre dernier, du jeune professeur Ingram de Dublin. Je me sens bien heureux que vous soyez scrupuleusement revenu sur l'importante annonce qu'elle contenait envers votre pleine acceptation finale, de la grande tâche que je vous proposai pour consacrer un noble volume à la saine appréciation historique de la vraie révolution anglaise, éternellement admirable, quoique immédiatement avortée par précocité. Cromwell et Milton, sociologiquement inséparables, constituent, avec Alfred, les trois plus grands hommes de l'Angleterre. Il vous appartient de faire dignement apprécier l'ensemble de leur nature et de leur influence, honteusement méconnues jusqu'ici, surtout dans le milieu britannique, malgré les récents efforts du pur littérateur Carlyle. Votre volume ne sera pas moins précieux pour la France, où j'aurai soin qu'il soit immédiatement traduit, afin d'éclairer nos révolutionnaires sur leur meilleur antécédent, resté totalement inconnu, même aux principaux penseurs du xviiie siècle, sans excepter l'incomparable Diderot. Ne craignez pas d'y faire justement ressortir combien les républicains anglais surpassèrent les nôtres, où Danton peut seul offrir l'imparfaite miniature de Cromwell, tandis que le type de Milton n'y comporte aucune analogie. En établissant, à travers quatre générations d'apparente discontinuité, l'intime filiation des deux explosions rénovatrices, vous ranimerez les nobles sympathies du prolétariat britannique envers le début de la crise française, à laquelle l'aristocratie anglicane fit une guerre acharnée, uniquement pour empêcher l'essor décisif de cette énergique solidarité, mieux sentie chez vous que parmi nous.

Je dois pleinement ratifier les sages prescriptions de vos médecins, en regardant l'année de repos que vous allez maintenant commencer comme n'étant nullement contraire à votre belle carrière philosophique et sociale. Outre la préparation directe que vous m'y désignez, j'y sens un préambule plus décisif, quoique indirect, résulté du libre développement spécial de la vie affective. Puisque vous avez eu le rare bonheur de trouver une compagne vraiment digne de vous, et spontanément devenue déjà sympathique à votre foi, savourez sans diversion, pendant tout ce chômage apparent, cette incomparable satisfaction, que je pus seulement entrevoir, et dont l'essor n'est chez moi que subjectif, ce qui me dispose à participer à votre propre félicité. La religion positive érige votre noble épouse en sainte collaboratrice involontaire de toutes vos grandes entreprises philosophiques et sociales. Son tendre ascendant peut seul consolider et développer votre véritable unité, d'après un doux essor habituel du sentiment, d'où dépend, non seulement le bon emploi, mais aussi l'alimentation, de l'intelligence et de l'activité. Quoique notre religion soit éminemment féminine, elle est jusqu'ici restée trop inconnue au sexe qui fournira son meilleur appui. Malgré que la sainte assistance doive finalement se développer surtout chez les Espagnoles et les Italiennes, je ne suis pas surpris qu'elle commence parmi les Anglaises d'élite, mieux disposées à goûter les satisfactions positivistes, d'après les lacunes que le cœur trouve sous le régime aristocratique et protestant.

En appuyant sur mon récent volume votre noble résolution de refaire, dès la base, votre éducation théorique, vous utiliserez ce traité plus qu'aucun de ceux qui l'étudient, même avec une instruction mathématique, souvent devenue plus contraire à l'ensemble que favorable aux détails d'une telle appréciation. Suivant la réaction annoncée dans ma dernière circulaire, cette étude vous disposera, mieux que personne, à compléter votre émancipation en vous affranchissant de la science proprement dite autant que de la métaphysique et de la théologie. après avoir convenablement utilisé, chacun selon sa nature et sa destination, ces trois préambules, dont le plus moderne diffère du véritable état positif comme la synthèse subjective de l'analyse objective, le relatif de l'absolu, les lois des causes. Une telle préparation vous permettra, j'espère, de ne pas borner votre carrière positiviste à l'apostolat théorique, dont vous avez dignement pris possession déjà, tandis que vous pouvez désormais aspirer au sacerdoce complet, que je ne dois jamais conférer avant l'âge de quarante-deux ans, sans aucune limite supérieure.

LXI

J'approuve votre interprétation de la réponse que vous me transmettez envers mes récents envois ignaciens. L'initiative et les avances devant naturellement caractériser la supériorité réelle, il faut peu s'étonner que la grande ligue religieuse des âmes d'élite contre l'irruption anarchique du délire occidental commence par le positivisme, seul capable d'y présider. C'est à la religion que convient la principale application de la loi des trois états, après que toutes les conceptions préliminaires l'ont suffisamment subie. Si, comme sentiment, la religion est immuable et doit seulement se développer continuellement, elle est, en tant que conception, assujettie, dans sa nature, à la marche universelle qui régénère l'ensemble d'après les parties. Or, l'état positif consiste, pour la religion, à tendre systématiquement et directement vers sa destination normale, jusqu'alors indirecte et spontanée : régler toute la vie humaine, privée et publique.

Pour cette transformation décisive, la philosophie des choses chimériques est irrévocablement remplacée par celle des lois réelles, qui ne peut pleinement prévaloir qu'en dirigeant une telle rénovation de la synthèse universelle. Depuis que le positivisme a dignement rempli cette condition finale, la situation occidentale doit de plus en plus susciter son ascendant nécessaire, en manifestant l'impuissance sociale des religions provisoires, qui, directement vouées au salut céleste, sont radicalement incapables de saisir l'ensemble des affaires terrestres, inappréciable avant notre avènement.

Trente-un ans me séparent des mémorables conférences qui suivirent l'opuscule décisif, où j'avais publiquement consacré ma vie à la fondation occidentale du vrai pouvoir spirituel. Alors, le véritable chef du parti catholique (l'abbé La Mennais) provoqua trois libres entretiens, où, comme dignes adversaires, sans aucun vain espoir de conversion mutuelle, nous fûmes spontanément conduits à l'ébauche de la grande ligue religieuse, maintenant parvenue à sa pleine maturité. Ce souvenir caractéristique soutient, malgré les déceptions individuelles, mon aspiration générale à la réalisation décisive de ce saint projet, où j'ai désormais rempli les conditions d'une présidence nécessaire, qui sera d'abord acceptée par les meilleurs débris de l'ancien sacerdoce. Pendant que vous ouvrez admirablement à Rome nos relations ignaciennes, mes deux éminents disciples de New-York ébauchent nos contacts paternels avec les catholiques américains, qui, là, dépourvus de toute domination, même idéale, sont mieux accessibles à notre ascendant. Mais ce double effort n'instituera la sainte ligue que quand les sympathies féminines y pourront activement seconder les impulsions masculines.

LXII

Le positivisme n'exalte que les instincts altruistes et comprime tous les penchants égoïstes. Il vient irrésistiblement régler la vie humaine, tant privée que publique, au milieu de l'anarchie universelle. Ses vrais adeptes doivent donc s'attendre au déchaînement des plus violentes animosités chez tous ceux qui, surtout parmi les lettrés et les bourgeois, veulent indéfiniment prolonger l'interrègne spirituel afin de perpétuer l'indiscipline morale. Je sais que, à cet égard, vous avez sagement écarté toute illusion, et noblement résolu de ne jamais accorder aucune attention sérieuse à des attaques aisément prévues. Elles ne vont pas tarder à se dérouler, tant en Amérique qu'en Europe, maintenant que la conspiration du silence se trouve essentiellement surmontée. Nous devons partout attendre les plus ignobles calomnies, sans que leur cours doive jamais troubler l'essor de nos travaux, en laissant à notre vie, privée et publique, le soin de répondre pour nous auprès des âmes vraiment compétentes.

Mais, quoique vous sachiez assez dédaigner nos contemporains, en vivant avec nos descendants et nos ancêtres, vous ne pouvez autant négliger les déceptions résultées de l'insuffisance ordinaire de vos propres frères actuels. Je ne parle pas de faux positivistes, très nombreux aux Etats-Unis comme en Angleterre, qui rejettent ma *Politique* en admettant ma *Philosophie* : ceux-là doivent bientôt devenir nos principaux ennemis, comme je l'ai depuis longtemps annoncé. Les seuls désappointements, vraiment amers, proviennent des positivistes complets, c'est-à-dire religieux, dont l'*esprit* ne repousse aucun de nos dogmes, ni même de nos pratiques ou de nos règles, quoique leur *cœur* n'ait pas régénéré leurs *habitudes*.

Quelques pénibles froissements que cette insuffisance doive vous susciter, il faut pourtant s'expliquer, sans l'imputer aux imperfections individuelles, une incohérence propre à la génération où le positivisme surgit. Elle a spécialement pesé sur moi par suite des habitudes négatives spontanément inhérentes au centre initiateur, où le xviiie siècle fit tristement prévaloir sa fatale tendance à la sécheresse morale en exaltant l'essor mental. Une *émancipation* absolue, qui ne convenait qu'aux âmes capables de concourir à l'avènement de la synthèse universelle, fut indistinctement étendue à tous les Occidentaux, surtout en France, de manière à dissoudre toute culture affective. C'est dans un tel milieu que le positivisme dut pourtant surgir, en sorte que ses adeptes ont ordinairement émané jusqu'ici d'une masse indisciplinable, où résidera le principal obstacle à son ascendant initial.

Si vous avez justement noté la précieuse exception que vous offre le noble Lonchampt, il faut compléter cette observation en remarquant que cet incomparable disciple passa directement du catholicisme au positivisme sans aucune station dans le scepticisme. Malgré l'excellence de sa nature, plusieurs de ses vrais confrères m'auraient peut-être satisfait autant, s'ils eussent été, comme lui, préservés de la fatalité qui fait aujourd'hui passer les jeunes penseurs français par plusieurs années d'indiscipline totale, d'où résulte ensuite la discordance ordinaire entre leur cœur et leur esprit, malgré les convictions les plus complètes et les plus stables. Vous trouverez moins d'obstacle à cet égard chez les positivistes directement émanés du protestantisme, qui, sans être aussi disciplinant que le catholicisme, maintient quelques habitudes de vraie culture morale.

Une telle explication me conduit à commencer mes réponses spéciales, en vous félicitant des heureux contacts que vous savez maintenant instituer avec les catholiques américains, d'où peuvent bientôt provenir de précieux prosélytes. Pendant que ce digne effort s'ébauchait dans un désert transatlantique, une équivalente tentative s'accomplissait, au chef-lieu du catholicisme, envers les meilleurs débris de l'ancien sacerdoce. L'éminent révolutionnaire français, dont j'ai récemment signalé la merveilleuse conversion, M. Alfred Sabatier, noble ami de M. Lonchampt, par lequel il fut d'abord initié, vient de s'aboucher, en mon nom, à Rome, avec le général des jésuites pour commencer la grande ligue religieuse à laquelle le positivisme peut seul présider, de manière à sauver l'Occident de l'immense désordre dont il est maintenant menacé. Dans une admirable lettre officielle, que je saurai finalement publier, mon digne ambassadeur a directement caractérisé notre religion comme plaçant « la dignité dans la soumission, le bonheur dans l'obéissance et la liberté dans le dévouement ». Vous apprendrez avec joie que ce précieux disciple élabore, à l'usage du public italien, une judicieuse exposition sommaire du positivisme, qui nous dédommagera du prétentieux opuscule de Douai, dont vous devez maintenant regarder l'auteur comme irrévocablement avorté, par cet excès de présomption et défaut de tendresse qui, combinés, m'ont déjà frustré de tant d'espérances.

Dans une récente lettre, M. Congreve s'est spécialement félicité de l'ouverture de ses relations directes avec vous, qui doivent de plus en plus offrir à tous deux d'importantes satisfactions, de cœur comme d'esprit. Il a noblement accepté la grande proposition que je lui fis, l'an dernier, pour composer un volume décisif sur l'histoire positiviste de la vraie révolution anglaise, afin d'établir la connexité sociologique entre les deux explosions républicaines que personnifient Cromwell et Danton. Accompli dans trois ou quatre ans, avec la perfection que promettent ses deux admirables opuscules historique et politique, ce travail doit irrévocablement lier les deux prolétariats, dont l'union importe le plus à la solution occidentale. Mais ce résultat sera spécialement consolidé par la précieuse élaboration que vous allez exécuter sur le socialisme positif, et d'après l'urgente exposition projetée par votre digne ami M. John Metcalf, qui, comme prolétaire, est seul apte à réveiller directement le prolétariat britannique, dont l'apparente torpeur ne tient qu'à sa juste défiance des lettrés quelconques, combinée avec son secret instinct de la présidence parisienne, envers la régénération universelle.

LXIII

Quant à votre noble appréciation finale du vrai positivisme, elle est directement digne de mon entière approbation. Toute ma mission fut spontanément annoncée dans l'opuscule décisif de 1826, où je vouai ma vie à la fondation du nouveau pouvoir spirituel. C'est là ce qui peut seul condenser et réaliser la doctrine rénovatrice que j'ai pleinement établie. Il faut regarder comme une pure chimère l'espoir de rallier et régler les hommes d'après une foi, quelque complète et démontrable qu'elle soit, qui n'aboutirait pas à l'installation du vrai sacerdoce. Une telle conclusion est seule capable de bien distinguer désormais les dignes positivistes; même quand les faux admettraient tous nos dogmes, leur action sociale serait essentiellement vaine sans la subordination au pontife universel, unique source du faisceau régénérateur. Vous devez seulement reconnaître que, hors de son sein, le positivisme doit bientôt trouver un précieux appui dans les sympathies que son aptitude organique va naturellement inspirer aux divers gouvernements occidentaux, à mesure que la situation développera l'anarchie virtuellement inhérente aux âmes actuelles. Une telle affinité sera d'abord appréciable chez les praticiens retirés, comme me l'a spécialement confirmé la récente visite d'un vieux capitaine de vaisseau de la marine royale d'Angleterre, dont la noble humilité devant moi formait un admirable contraste avec l'attitude spontanée de dignité que procure la longue habitude du commandement régulier.

LXIV

La profonde appréciation de votre mémorable lettre envers l'introduction de mon récent volume me fait naturellement espérer que vous saurez pleinement utiliser l'ensemble de ce traité, dont l'étude vous est spécialement facilitée par des habitudes mathématiques, que j'ai lieu de croire exemptes de préjugés académiques, moins enracinés en Angleterre qu'ailleurs. Vous avez dignement senti que, si ma *Philosophie* manifesta la supériorité théorique du positivisme, ma *Politique* établit sa prééminence sociale et morale, tandis que ma *Synthèse* instituera sa prépondérance poétique. Rien d'essentiel ne pourra dès lors manquer à la religion universelle pour surmonter les graves obstacles de tous genres que présente sa substitution finale aux religions locales et temporaires, qui l'ont spontanément préparée. Quelque difficile que soit une telle rénovation, elle est la conséquence nécessaire de la loi des *trois états*, que mes trente ans de travaux ont déjà fait admettre par tous les penseurs vraiment au niveau de ce siècle. Car la principale application de cette loi doit naturellement concerner la religion, qui, quoique immuable comme sentiment, est profondément modifiable comme conception. Après que toutes les théories spéciales sont successivement devenues positives, suivant la complication croissante de leurs domaines, il est normalement impossible que la conception générale des divers aspects humains ne soit finalement assujettie à la même régénération, jusqu'alors restée purement préparatoire, et radicalement insuffisante, sinon équivoque ou précaire. Or, l'incorporation systématique du fétichisme au positivisme, en éliminant le théologisme, doit aujourd'hui caractériser l'accomplissement direct de cette reconstruction décisive.

Pour la religion, l'état positif consiste à poursuivre, immédiatement et rationnellement, sa destination sociale, régler l'ensemble de la vie humaine, tant privée que publique; but que l'état théologique ne put jamais atteindre que d'une manière empirique et détournée. La substitution des lois réelles aux causes chimériques ne devient vraiment décisive qu'envers le système général de notre existence. Elle résulte de la doctrine d'ensemble maintenant construite par le positivisme, où toutes les affaires terrestres sont synthétiquement appréciées, pour la première fois, sans aucune liaison avec les prétendues affaires célestes, dont il laisse le soin à ceux qui, les conservant, deviennent désormais incapables de participer à la gestion suprême des relations humaines, envers lesquelles leur abdication coïncide avec l'avènement de la religion sociale et rationnelle.

Dans cette grande rénovation, mon nouveau tome, outre sa corrélation aux suivants, doit déjà remplir un office spécial, en joignant l'émancipation scientifique à la double émancipation, d'abord théologique, puis métaphysique, aujourd'hui commune aux âmes directrices. Cette réaction spontanée de ma philosophie mathématique, indiquée par ma dernière circulaire, va, j'espère, résulter chez vous de la lecture que vous m'annoncez. Les théoriciens ont plus besoin que les praticiens de cette préparation finale, que je recommande à tous les vrais positivistes, comme devenue désormais indispensable à leur digne ascendant au milieu de l'anarchie occidentale. Si le prestige scientifique survit au joug théologique et métaphysique, on reste encore impropre à diriger la réorganisation finale. Il faut autant s'affranchir de la science que de l'ontologie et de la théologie, après avoir utilisé chacun de ces préambules selon sa nature et sa destination. En tant qu'analytique et spécial, l'*état* scientifique ne constitue qu'un dernier *passage* vers l'état vraiment positif, où l'*utilité*, nécessairement synthétique et subjective, complète la *réalité*, d'abord objective et même absolue tant qu'elle reste particulière, comme l'indique l'inconséquence de tous les savants actuels, aspirant à la cause à travers la loi. Tous les esprits vraiment capables de seconder l'installation décisive du positivisme doivent soigneusement atteindre cette pleine émancipation, parce que les principaux obstacles à notre ascendant vont bientôt émaner de la science, qui déjà réclame contre notre institution du veuvage éternel et du chaste préambule conjugal au nom des prétendues lois physiologiques promulguées par le matérialisme académique ; symptôme très propre à montrer combien il importe que le génie d'ensemble domine l'esprit de détail, sous peine de perpétuer l'interrègne religieux, où consiste la révolution occidentale.

LXV

Je suis de plus en plus satisfait de voir votre noble carrière désormais assurée de la plénitude d'essor propre à l'intime concours domestique. Votre office public et votre bonheur privé seront également secondés par les réactions continues d'une telle fusion, si précieuse en tout temps et si rare aujourd'hui. Votre digne compagne vous en deviendra plus chère et votre travail plus facile. La diversité des croyances n'empêche pas la femme qui

remplit la principale condition de son sexe, c'est-à-dire
la tendresse, d'être toujours regardée, par un vrai positiviste, comme la personnification spontanée de l'Humanité. Mais ce culte devient plus complet et plus efficace
quand une sincère conformité de convictions seconde le
développement habituel de la sympathie fondamentale.

L'affectueuse destination que vous avez heureusement
annexée à votre propre régénération théorique achève
de me rassurer sur le succès de cette importante et difficile entreprise, qui peut seule vous mettre en pleine
valeur. Puisque l'éducation encyclopédique doit normalement devenir commune aux deux sexes pour l'universalité des âmes humaines, je ne suis pas surpris qu'une
femme d'élite ose aujourd'hui tenter de devancer, à cet
égard l'état final, et je ne doute point que ce noble
exemple ne réussisse si l'effort est assez persévérant.
Toutes les dignes mères devant maintenant aspirer à produire des fils vraiment capables de terminer la révolution occidentale, elles doivent spécialement sentir le
besoin de remplir les conditions théoriques de la sainte
mission exceptionnelle que le Grand-Être leur assigne
envers la prochaine génération. D'ailleurs, la vraie dignité
féminine doit toujours être directement indépendante de
l'office maternel, dont beaucoup de femmes sont naturellement privées sans perdre leur principale destination
sociale, plus relative à l'époux qu'au fils. Notre temps
fournit même aux femmes dignement exceptionnelles une
mission plus intime et plus personnelle, quoique anomale, en leur réservant l'apostolat le plus décisif pour
l'installation de la seule religion où le sexe aimant soit
convenablement apprécié.

Si, comme je l'espère, votre précieuse année de chômage vous inspire quelque excursion à Paris, j'aurais
beaucoup de satisfaction en causant avec vous de votre
important volume sur la révolution anglaise. Plus je la

compare à la nôtre, mieux j'en sens la supériorité radicale. Ni le temps, ni le lieu, ni, par suite, la doctrine dirigeante et la force employée ne pouvaient réellement convenir à la solution occidentale. Mais, malgré son avortement apparent, ou du moins immédiat, l'explosion républicaine de l'Angleterre a mieux posé que celle de la France l'ensemble du problème moderne. L'une ayant été religieuse, tandis que l'autre fut irréligieuse, la première a seule senti que la révolution occidentale ne pouvait être vraiment terminée que par une nouvelle religion, dont le véritable caractère était alors inappréciable. Depuis que cette solution est irrévocablement trouvée, la révolution française, s'élevant du négatif au positif, tend à devenir aussi digne et plus efficace que l'ébauche anglaise. Toutefois, la précocité même de celle-ci lui permit de susciter des types qui resteront toujours incomparables.

Espérant vivre assez pour inaugurer le Panthéon parisien, que j'ai déjà réclamé comme appartenant au positivisme, je compte finalement obtenir la profonde satisfaction d'accomplir, en vrai Grand-Prêtre de l'Humanité, devant un digne auditoire occidental, la solennelle apothéose de Cromwell, de Milton et de leurs énergiques coopérateurs. Alors, à titre de Français, je ferai mieux apprécier la supériorité morale et politique de ces régénérateurs sur les nôtres, dont l'enthousiasme, et même les convictions, subirent les atteintes propres à leur scepticisme caractéristique, quand les circonstances eurent assez changé pour altérer l'impulsion initiale. Tandis que les guerriers de Cromwell allèrent peupler l'Amérique afin de ne pas fléchir sous la royauté, les soldats de Danton furent bientôt livrés à l'incomparable orgie militaire où réside la principale souillure de la crise française ; le même contraste surgit, sous d'autres formes, entre les types civils.

Dans la prochaine refonte de votre éducation théorique, vous saurez spontanément subir la réaction signalée, par ma dernière circulaire, envers l'ensemble de mon récent volume. Le prestige scientifique entrave aujourd'hui la plupart des esprits les mieux affranchis du joug théologique et même métaphysique. Cette émancipation finale est pourtant devenue autant indispensable que les deux précédentes à l'installation de la religion positive, dont les principaux adversaires, surtout en France, vont de plus en plus s'appuyer sur la science proprement dite. Sans une digne préparation théorique, qui peut seule surmonter cette dernière entrave, le nouveau sacerdoce ne pourrait assez instituer l'admirable sentence de Pope (*The proper study of mankind is man*), qui formera l'épigraphe spéciale de mon prochain tome, comme elle inaugura le livre de Cabanis. Mais, après avoir pleinement réalisé le vœu de Bacon sur la construction de la *scala intellectui*, nous ferons irrévocablement reconnaître qu'une échelle ne put jamais constituer un domicile, et que la raison humaine peut seulement s'établir au suprême terrain graduellement atteint par l'ascension objective. Une vraie positivité ne peut finalement résulter que d'une intime combinaison entre la réalité des spéculations et leur utilité, qui n'est pleinement jugeable que d'après une synthèse complète, nécessairement subjective. Quiconque a bien compris la loi des trois états doit toujours regarder sa principale application comme naturellement relative à la religion, qui, devenue enfin positive, dissipe la prépondérance provisoirement accordée à ses divers préambules scientifiques.

Relativement à votre question sur la Chine, je ne saurais aucunement partager vos inquiétudes envers le prétendu concours du gouvernement français à l'immorale politique des brouillons britanniques. Ses récentes ou prochaines gracieusetés à l'égard de la Russie doivent directement rassurer là-dessus, et faire même penser que notre dictateur saura bénévolement détourner votre cabinet d'un infâme renouvellement de l'ignoble guerre de l'opium en 1841. En cas d'aggravation, la Russie ne manquerait pas de solliciter, et probablement avec succès, contre la puissance britannique, une coalition occidentale moralement analogue à celle que suscita l'incident russe. Au pis aller, cette réaction se développerait plus que la précédente, en menaçant l'Inde anglaise, d'après une invasion concertée entre la Russie et la Chine par le Thibet. Mais la seule perspective de telles éventualités va probablement prévenir leur réalisation, sans que la nouvelle autorité spirituelle ait spécialement besoin de soulever l'indignation occidentale contre une aristocratie perturbatrice.

LXVI

La répugnance intérieure que vous me décrivez envers les pratiques religieuses de votre récent compagnon de voyage, ou plutôt de sa famille, me semble un reste inaperçu des habitudes contractées pendant la phase sceptique. Vous avez ainsi laissé trop d'ascendant à l'esprit, et sans assez respecter les besoins du cœur, qui pourtant doivent toujours prévaloir chez le vrai positiviste. Même sous les modes les plus imparfaits, la religion tend nécessairement à régler la vie humaine, surtout en cultivant le sentiment. Quelque arriérée que soit cette culture, ceux qui s'y livrent sincèrement sont plus recommandables et plus heureux que les révolutionnaires qui la laissent aujourd'hui tomber en désuétude totale. Notre résumé général de l'évolution humaine, tant individuelle que collective, dans la loi : *L'homme devient de plus en plus religieux*, doit toujours constituer la formule caractéristique de notre conduite, privée et publique.

Depuis que j'ai totalement achevé la *Politique positive* (en septembre 1854), je termine, chaque mercredi, ma sainte visite subjective par une demi-heure de pieuse station dans l'église Saint-Paul, qui se lie au meilleur souvenir de ma vie intime. Je me suis de plus en plus félicité d'avoir dignement institué cette irrévocable pratique, où ma vie privée se combine mieux avec ma vie publique, sous la commémoration hebdomadaire des affinités spéciales entre le positivisme et le catholicisme. Quoique le protestantisme ne puisse nous inspirer autant de vénération et de sympathie, cependant, en tant que réglant, à sa manière, la vie humaine, il doit aussi trouver place, au troisième rang, dans la grande ligne religieuse dont je conçus la première pensée après quelques mois de pratique de cette paternelle fraternisation avec la meilleure des religions provisoires.

Il me semble que vous avez incomplètement senti la portée sociale du précieux volume promis par M. Congreve. Outre sa grande réaction occidentale en liant les deux prolétariats les plus influents, il doit directement exercer une puissante action britannique en rectifiant la vaine opinion officiellement prépondérante chez votre aristocratie et votre bourgeoisie. Elles regardent l'Angleterre comme radicalement soustraite d'avance à la crise actuelle de l'Occident par sa révolution dynastique de 1688. Aucune élaboration spéciale ne peut donc avoir aujourd'hui plus d'importance pour l'installation sociale du positivisme occidental que celle qui rétablira la vraie filiation historique entre les deux grandes explosions républicaines de l'Angleterre et de la France.

LXVII

Quant à votre appréciation générale, radicalement saine, de la ligue religieuse, dont la portée n'est bien sentie que par vous, il faut mieux concevoir le vrai caractère d'une telle alliance, où la présidence positiviste ne comporte aucun partage, et doit pourtant respecter l'indépendance de chaque élément. La conciliation résulte de ce que l'ascendant du positivisme s'y borne à la portion du public occidental, qui représente l'avenir, tandis que les quatre monothéismes subordonnés, catholicisme, islamisme, judaïsme et protestantisme proprement dit, n'agissent que sur les âmes beaucoup plus nombreuses, mais bien moins influentes, où le passé domine encore. Ils seront naturellement conduits à reconnaître notre suprématie par les mêmes impulsions sociales qui leur feront finalement souhaiter une ligue religieuse, que le positivisme peut seul instituer et maintenir d'après ses affinités spontanées avec ces divers éléments, tous naturellement incompatibles sans cette présidence commune. Tandis que la ligue du xvi° siècle devait rallier les différentes populations catholiques contre l'imminente invasion du protestantisme, celle du xix° réunira tous les éléments vraiment religieux de l'Occident contre le concert de plus en plus systématique des âmes radicalement indisciplinables dont l'ascendant social tendrait à dissoudre toute religion et, par suite, tout gouvernement.

Si la première ligue ne put réellement durer au delà d'une génération, faute d'atteindre son but, la seconde ne doit aussi fonctionner que pendant ce même temps, parce qu'il sera pleinement suffisant à sa principale destination, la prépondérance décisive du principe religieux, d'après l'installation de la foi positive, librement assistée par les diverses croyances caduques.

Nous devons déjà compter avec confiance sur la formation occidentale de cette noble ligue temporaire, parce que l'anarchie mentale et morale va bientôt se développer au point d'attirer la principale attention continue de toutes les âmes honnêtes vers la terminaison directe de l'interrègne religieux. J'ai souvent annoncé que nous sommes seulement au début de cette anarchie qui ne pouvait pleinement surgir, tant que l'ordre matériel était habituellement menacé, les préoccupations qu'il suscite tendant à suspendre les dissidences spirituelles devant un péril universellement senti. Quoique cet ordre ne puisse aussi durer que sous l'assistance continue de laborieux artifices empiriques, qui laissent toujours redouter sa prochaine dissolution, son maintien reste pourtant assuré, sauf les orages passagers, par l'infatigable surveillance des divers gouvernements occidentaux, qui, surtout au centre, s'efforcent avec un succès qui mérite toute notre reconnaissance, d'étouffer, tant au dedans qu'au dehors, les résultats pratiques des tendances anarchiques, dont le traitement ne leur appartient pas. D'après cette précieuse disposition habituelle, principale différence entre les hommes d'État du xixe siècle et ceux du xviiie, le calme matériel se trouve assez assuré pour permettre le plein développement du désordre spirituel, déjà parvenu, même au sein des familles, à troubler les diverses relations sociales, par une action dissolvante, contre laquelle l'impuissance nécessaire des gouvernements les poussera bientôt à seconder la réorganisation religieuse. C'est du libre essor de ces perturbations radicales que surgira, de plus en plus, le besoin de la sainte ligue propre au xixe siècle, à l'insu même de la plupart de ceux qui deviendront ses membres les mieux dévoués, surtout si mes disciples savent assez remplir, à cet égard, les conditions d'initiative nécessairement liées à leur état systématique, essentiellement stérile jusqu'ici, faute de cœur et de caractère.

LXVIII

D'après la conduite, sagement affectueuse, que vous me décrivez envers votre noble mère, je vois que vous avez pleinement saisi, de cœur et d'esprit, l'ensemble de la grande ligue religieuse qui peut le mieux seconder l'installation sociale du positivisme et sa mission organique contre la coalition spontanée des natures maintenant indisciplinables. Quoique, dans cette sainte alliance, le catholicisme mérite la principale attention de la présidence positiviste, il n'y faut négliger aucun protestantisme, même le plus voisin de l'état purement révolutionnaire. Pourvu que la hiérarchie mutuelle des différentes églises quelconques soit toujours respectée, chacune d'elles comporte des contacts spéciaux avec une religion qui réalise tous les programmes humains, en écartant leurs divergences. Envers les dissidents britanniques, tant américains qu'anglais, la croyance des *millénaires*, si développée chez les républicains de Cromwell et Milton, me semble, comme à vous, remplir les conditions naturelles d'une telle affinité. La durée ainsi marquée au règne personnel du divin inaugurateur de l'âge des *saints* coïncidant avec celle de notre transition organique, on peut utilement exploiter ce vague aperçu comme un confus pressentiment de la régénération occidentale.

Il faut déjà regarder la digne institution de la sainte ligue du xixe siècle comme la principale affaire spécialement commune à tous les vrais positivistes, tant pratiques que théoriques. Car le positivisme ne pouvant aujourd'hui prévaloir que chez une minorité d'élite, son efficacité sociale deviendrait bientôt insuffisante sans l'assistance indirecte des diverses croyances caduques, dont la vulgarité peut seule nous permettre de prévenir ou surmonter, chez les différentes masses occidentales, l'ensemble des impulsions anarchiques. Le catholicisme, trop aveuglé par la protection officielle, ne pourra, je le crains, assez apprécier une telle ligue que sous la dure pression des prochains événements; tandis que le protestantisme, dépourvu d'autorité légale, est mieux susceptible de devancer cette pénible nécessité.

LXIX

Dans votre lettre de dimanche soir, reçue hier matin, je suis spécialement touché de la noble appréciation où je pressens le jugement final de la Postérité sur ma sainte collègue éternelle. J'ai récemment acquis à cet égard une sécurité complète, en reconnaissant que sa glorification morale est irrévocablement liée à la conviction intellectuelle de l'incomparable supériorité de ma *Politique* sur ma *Philosophie*. Afin de mieux mesurer cette prééminence décisive, j'ai spécialement relu, ces jours-ci, la meilleure partie de la *Philosophie positive*, c'est-à-dire les trois chapitres extrêmes des *conclusions générales* que je n'avais jamais regardés depuis quinze ans. Outre leur sécheresse morale, qui m'a fait immédiatement lire un chant d'*Arioste*, pour me remonter, j'ai profondément senti leur infériorité mentale, par rapport au vrai point de vue philosophique où le cœur m'a pleinement établi. Nul digne penseur ne saurait maintenant méconnaître un tel contraste, ni, par suite, oublier l'angélique influence qui le produisit d'après une filiation dont toutes les phases essentielles sont nettement appréciables. Je ne pourrais jamais trouver une meilleure occasion de vous communiquer mon jugement final, que ma biographie consacrera, mais qui déjà circule depuis six mois parmi mes disciples parisiens. Il consiste en ce que, quoique j'aie dû professer et même écrire le *Cours de philosophie positive*, je ne devais pas le publier, sauf à la fin de ma carrière, à titre de pur document historique, avec mon volume personnel de 1864. La préparation qu'il accomplit m'était réellement indispensable, mais je pouvais et devais l'éviter au public, où la marche du positivisme eût certainement été plus ferme et plus rapide, si je ne m'étais directement manifesté que par ma *Politique positive*, après ma régénération morale, d'une manière pleinement conforme au principal esprit de mes opuscules fondamentaux, directement dirigés vers une destination sociale, sans susciter une station intellectuelle qui fait maintenant surgir, surtout en Angleterre, de graves entraves à notre installation religieuse.

Cette faute primitive ne m'a finalement laissé de vraie compensation durable que de mieux signaler, d'après un irrécusable contraste, la profonde réaction philosophique due à l'ascendant spontané de mon incomparable patronne ; en ce sens, je ne dois rien regretter. Personne ne s'attend à me voir finalement juger ma propre carrière avec une telle sévérité, qui, pourtant, n'est pas exagérée. Si le prétendu positivisme intellectuel nous suscite tant d'embarras, c'est surtout à moi qu'on doit aujourd'hui reprocher l'apparente consistance que ses chétifs adeptes n'auraient jamais acquise sans la consécration systématique que mon premier grand ouvrage semble leur offrir, et qui suffirait pour vous expliquer le soin spécial que je mets, depuis quelques années, à détourner les nouveaux disciples d'une telle lecture, à laquelle les anciens doivent leurs principales imperfections.

Vous avez dignement apprécié la mort de M. *Vieillard*, auquel je consacrerai quelques pages définitives dans la préface de mon volume de l'an prochain. Me voilà personnellement privé du seul adhérent, qui, depuis mon opuscule fondamental en 1822, ait toujours suivi l'ensemble de ma carrière avec une noble et constante sollicitude; il fut même l'auditeur, à mon insu, de mes principaux cours, et surtout de celui de 1847, où surgit ma transformation finale. Le positivisme perd son unique patron officiel, qui sera difficilement remplacé, quoique incomplet et faible, parce qu'il était intègre et persévérant.

Quant à sa résolution mortuaire, je regrette qu'il ne m'ait pas demandé là-dessus les conseils qu'il avait noblement sollicités en d'autres affaires graves. Je l'aurais probablement détourné d'une manifestation purement négative, où ce vrai conservateur semble se confondre avec de purs révolutionnaires. Sans qu'il eût encore poussé sa conversion positiviste jusqu'à l'état pleinement religieux, il avait assez subi mon ascendant philosophique pour surmonter, envers le catholicisme, les préjugés du dernier siècle. Dès lors une déclaration testamentaire de ses véritables convictions actuelles lui permettait, en évitant toute hypocrisie comme toute protestation, d'avoir dignement recours à l'inhumation catholique, en un cas très propre à bien montrer que le culte le plus caduc est pratiquement préférable à l'absence de tout culte, surtout en un temps de reconstruction. Cette déclaration, que j'eusse, au besoin, rédigée, pouvait se borner à la double loi d'évolution et de classement, dont mon civique patron s'était profondément imbu, depuis qu'il l'avait vue naître. En adressant aux autorités ecclésiastiques et civiles des copies imprimées d'une telle pièce, ainsi qu'à chaque assistant du convoi funèbre, mais sans aucun recours aux journaux quelconques, une décente inhumation eût été vraisemblablement accordée, et l'attitude du mort eût été certainement préservée d'une fâcheuse équivoque, même quand le clergé n'aurait pas voulu concourir. Il faut avoir été, comme moi, le douloureux témoin de l'indécente incohérence où le caractère irréligieux a naturellement conduit le convoi de vendredi dernier pour être assez pénétré du prix qu'aurait maintenant acquis la marche que je viens ainsi d'indiquer envers tous les positivistes sincèrement incomplets.

LXX

Quand on s'établit au vrai point de vue social sans donner trop d'importance aux dissidences intellectuelles, on reconnaît qu'il n'existe au fond, aujourd'hui comme toujours, et même plus que jamais, que deux partis : celui de l'ordre et celui du désordre ; les conservateurs et les révolutionnaires, ceux qui veulent sincèrement résoudre l'anarchie occidentale, et ceux dont le vœu secret consiste à perpétuer, sous prétexte de progrès, l'interrègne religieux afin d'éviter la discipline spirituelle, à laquelle ils veulent indéfiniment soustraire leur existence personnelle, domestique et civique. Les chefs de ces derniers sentent l'épuisement radical de la métaphysique, sur laquelle ils ont systématiquement fondé leurs tendances subversives ; ils commencent à soupçonner l'avenir du positivisme et reconnaissent le besoin d'emprunter sa couleur pour entraver avec succès la reconstruction qui les effraie en un siècle nécessairement organique. En Angleterre, où l'opinion officielle représente le milieu britannique comme préservé de la révolution actuelle par l'avènement antérieur de la dynastie anglicane, ces roués ont ouvertement pris la qualité de positivistes *intellectuels* en adoptant ma *philosophie positive*, pour mieux rejeter ma *politique positive*, ce qui me fait davantage regretter d'avoir non pas écrit, mais publié, mon ouvrage préparatoire, ainsi devenu le point d'appui systématique d'un coupable complot. Mais en France, quoique le fond des dispositions soit essentiellement semblable, la situation oblige à prendre en considération apparente la destination sociale du positivisme; alors les faux positivistes doivent désormais feindre d'adopter la religion de l'Humanité, mais ils s'efforcent de prolonger l'interrègne spirituel en ajournant la formation du sacerdoce régénérateur, et le faisant même diriger par un comité, sans le reconnaître chez un pontife; tel est le vrai but de la compilation B..., peut-être à l'insu du fat et sot auteur qui n'a principalement pensé qu'à satisfaire son inqualifiable vanité. Tout cela vient trop tard, et nous pouvons laisser librement développer les intrigues anarchiques, comme je le dis à la fin de ma lettre de flétrissure; rien ne pouvait, sauf une mort immédiate, empêcher le *fondateur de la religion universelle* de devenir aussitôt, et par cela même, sans aucune réclamation directe, le *Grand-Prêtre de l'Humanité*. Pour mieux manifester cet avènement, mes circulaires annuelles seront dorénavant signées de ce double titre; et voilà tout ce qu'aura gagné la coterie Littré.

LXXI

Maintenant installés au vrai point de vue social, sans trop s'arrêter aux dissidences intellectuelles, les dignes théoriciens doivent systématiquement consacrer la sagesse spontanée des meilleurs praticiens de tous les temps, en reconnaissant que, aujourd'hui comme toujours, et même plus que jamais, il n'existe, au fond, que deux partis réels : celui de l'ordre et celui du désordre; les conservateurs et les révolutionnaires; ceux qui veulent sincèrement terminer l'anarchie occidentale, et ceux dont, sous prétexte du progrès, la secrète tendance aspire à perpétuer l'état de non-gouvernement, surtout spirituel. Notre principale mission actuelle consiste à former et diriger, en Occident, le véritable parti de l'ordre, qui n'a jusqu'ici ni tête ni queue, puisqu'il est simultanément attaqué par les lettrés et les prolétaires : les agitateurs des différentes nations occidentales se concertent mieux que les pacificateurs, ceux-ci restant partout dépourvus de principes et de guides, que le positivisme peut seul leur fournir. Dans cette noble attitude finale, je me sens mieux sympathiser avec M. Bonaparte, ou même M. Henri V, ou tout autre de ceux qui maintiennent ou maintiendront l'ordre matériel au milieu du désordre spirituel, qu'avec mes prétendus auxiliaires Mill, Littré, Lewes, etc., quelle que soit la dose de théorèmes positivistes que ceux-ci puissent sincèrement admettre, tandis que ceux-là les ignorent; dès ma jeunesse, j'ai toujours préféré le Gouvernement à l'*Opposition*.

LXXII

Je suis de plus en plus touché de votre zèle actif et permanent, et satisfait des précieuses acquisitions, latentes ou patentes, mais également irrécusables, qu'il m'a récemment procurées. Toutes proviennent d'Oxford, tandis que Cambridge ne m'a jamais produit qu'une visite insignifiante. Ce contraste inattendu peut nous faciliter la rectification des préjugés actuels sur le mérite respectif des études littéraires et scientifiques. A la manière dont celles-ci sont aujourd'hui dirigées, elles méritent autant que celles-là le reproche de développer la funeste habileté d'exposer ce qu'on ne comprend pas : dix-neuf ans d'officielle exploration journalière me l'ont trop prouvé dans la fameuse Ecole polytechnique. Sous tout autre aspect, les études littéraires sont réellement supérieures, en excitant davantage, quoique vaguement, l'esprit d'ensemble, pendant que l'instruction mathématique cultive et consacre l'esprit de détail, principal fléau du siècle actuel. Le positivisme termine cette longue controverse en plaçant, dans l'état normal, la poésie au-dessus de la philosophie, comme étant plus près de la religion ; c'est-à-dire plus synthétique et plus sympathique.

LXXIII

Les judicieuses remarques de M... sur l'inutilité des prétendues expositions *générales* du positivisme et les embarras qu'elles peuvent susciter acquièrent un nouveau poids en considérant l'extrême difficulté de les accomplir dignement. S'il n'en fallait juger que par l'expérience des synthèses antérieures, on serait même tenté de déclarer ces résumés radicalement impossibles ; car l'*Exposition de la doctrine catholique* constitue un très faible opuscule du grand Bossuet, qui n'y fait aucunement sentir le génie social du catholicisme. On n'a pas mieux sur l'islamisme ou le judaïsme ; en sorte que les trois synthèses monothéistes ne peuvent être encore dignement comprises qu'en relisant les lettres de saint Paul, le Coran, et la Bible ; mais cela ne tient qu'à leur nature incomplète, incohérente et spontanée. En vertu de sa plénitude, de son indivisibilité, de sa systématisation, le positivisme doit finalement comporter des sommaires satisfaisants, quand son ensemble sera mieux saisissable, chez les fils de mes vrais disciples actuels ; j'en verrai peut-être d'heureux essais, si je vis autant que Fontenelle, ou même que Hobbes. Jusque-là, la propagande générale doit uniquement s'alimenter d'après le commentaire *oral*, public ou privé, des résumés que j'ai moi-même construits à divers degrés, personne ne pouvant aujourd'hui se trouver assez imbibé de l'*ensemble* du positivisme pour en *écrire* convenablement. Cet ensemble doit surtout pénétrer dans les âmes occidentales par le développement de l'essor poétique qu'il tend à susciter chez les grandes natures convenablement préparées. Telle sera, j'espère, la glorieuse carrière, encore susceptible d'avortement, d'un de mes meilleurs disciples français, qui maintenant, à Rome, sait dignement préparer, de cœur et d'esprit, la haute mission poétique que je lui crois réservée.

D'après la triste expérience récemment accomplie, le public d'élite doit désormais se tenir en garde contre l'hypocrisie positiviste, dont l'essor va bientôt devenir imminent. Les niais restent seuls dupes de l'hypocrisie théologique (ou *cant*), et même, du moins en France, de l'hypocrisie métaphysique, les docteurs en nivellement ayant été trop éprouvés pour retrouver des succès sérieux. Il en est autrement de l'hypocrisie positiviste, fondée sur le nouveau jargon sentimental et religieux que la synthèse universelle aura bientôt accrédité ; vous voyez avec quelle déplorable facilité les plus vulgaires roués peuvent déjà le parler sans être immédiatement démasqués.

Je suis profondément touché de la noble déclaration collective que vous me transmettez comme chef spontané des positivistes britanniques, dont j'espère que vous garderez longtemps la présidence involontaire. Mon pontificat devait tellement succéder au suffisant accomplissement de ma construction religieuse qu'une mort immédiate aurait pu seule m'en priver. Néanmoins, c'est un grand mérite, de cœur plus que d'esprit, d'avoir dignement reconnu cet enchaînement nécessaire, qui sera longtemps contesté, quoique en vain, par les brouillons finalement forcés de plier sous Auguste, faute d'avoir su se soumettre à César.

LXXIV

En approuvant votre naissant recueil de maximes vraiment caractéristiques graduellement émanées de tous les temps et de tous les pays, je vous invite à le compléter et systématiser. Alors il pourrait vraiment réaliser le projet que j'ai plusieurs fois indiqué devant la Société Positiviste, depuis cinq ou six ans, et qui convenait surtout au malheureux Jundzill, pour composer un utile volume durable, publié sous le titre de : *les Oracles spontanés de l'Humanité*. Je suis d'avance persuadé que les poètes et les femmes en fourniraient la meilleure partie. Dante m'a toujours paru plus fécond en véritables sentences décisives que même Thomas à Kempis; leur lecture journalière me fait de plus penser ainsi, parce que l'un était plus près que l'autre du moyen âge, quoiqu'il ne le comprît pas.

Mon heureuse dédicace au vénérable Daniel Encontre n'a réellement modifié mon opinion sur le protestantisme qu'envers les protestants français, en me faisant mieux apprécier la réaction sociale, aujourd'hui développable, de la position exceptionnelle qui les priva de la domination indispensable à leur secte. Néanmoins, je suis pleinement convaincu que les dignes protestants de tout genre figurent, à divers degrés, dans le véritable parti de l'ordre, que le positivisme vient irrévocablement constituer ; les déistes, les athées et les sceptiques, surtout les deux extrêmes de ces trois groupes, doivent seuls être définitivement renvoyés au parti du désordre, dont ils sont les vrais meneurs actuels. En approuvant la plupart de vos remarques sur le protestantisme, j'excepte celle qui concerne la *Bible*; la substitution de cette dangereuse lecture, dont la vraie valeur est purement historique, à celle de l'*Imitation*, constitue une rétrogradation anarchique.

LXXV

Votre lettre du 20 Charlemagne, reçue hier, m'a profondément satisfait par votre digne acceptation de la carrière normale que je vous ai finalement conseillée, d'après l'ensemble de votre nature et de vos antécédents, pour fournir aujourd'hui le vrai type décisif du prolétaire positiviste. Combinée avec la noble résolution de votre éminent ami M. Edger envers le sacerdoce, cette décision peut finalement puiser chez les Anglais, transplantés en Amérique, les meilleurs modèles de la régénération occidentale, qui, devant nécessairement surgir à Paris, ne pouvait cependant y trouver ses premiers types complets, théoriques ou pratiques, vu le scepticisme trop prolongé par lequel y furent naturellement précédées les conversions initiales.

Déjà vous avez compris tous les devoirs que cette mission vous impose dans l'existence personnelle, et même domestique. Sous ce second aspect, je vous félicite d'avoir noblement terminé vos différends de famille par un sage sacrifice, en remboursant à votre frère tout ce qu'il avait lui-même fixé. L'intervention d'arbitres quelconques, quoiqu'elle vous eût probablement épargné quelque argent, n'aurait pas autant satisfait votre conscience, ni manifesté votre dignité.

C'est donc sur l'existence civique que je dois seulement insister pour avoir assez caractérisé l'ensemble de vos devoirs. Elle vous offre deux sortes d'obligations, les unes spéciales, les autres générales, qui sont également impérieuses, quoique rarement conciliées chez les prolétaires actuels. Votre premier devoir civique concerne vos occupations professionnelles, par lesquelles vous devenez, dans la religion positive, un vrai fonctionnaire public, quand même les autres ne vous apprécieraient pas ainsi. Le digne accomplissement de votre travail journalier, une noble vénération continue envers vos chefs industriels, vous fourniront les meilleurs moyens habituels de faire tacitement sentir la supériorité morale et sociale du positivisme. Mais tout le temps que vos fonctions spéciales rendent vraiment disponible doit normalement appartenir à la saine appréciation et culture des plus vastes relations humaines, où la providence systématique du sacerdoce doit toujours être assistée, surtout aujourd'hui, par l'active spontanéité des prolétaires et l'influence affective des femmes. Avant de considérer les trois aspects sociaux sous lesquels vous devez maintenant contempler cet office général, je dois d'abord indiquer la prescription qui leur est commune.

Elle consiste à combattre les deux tendances, également funestes et profondément connexes, par lesquelles le prolétariat occidental est radicalement corrompu, surtout chez le peuple central : d'une part, la disposition au déclassement ; d'une autre part, le penchant à l'emploi de la violence numérique pour résoudre les conflits quelconques. L'incorporation sociale du prolétariat occidental ne sera jamais réalisée, malgré tous les efforts du sacerdoce, tant que les meilleurs prolétaires n'auront pas irrévocablement abandonné tout projet de déserter leur classe en passant dans la bourgeoisie. Toutes les réclamations du prolétariat doivent maintenant sembler déclamatoires, quand on sait que la plupart des prolétaires actuels ne travaillent que par force, sans aucunement sentir la dignité du travail industriel, auquel chacun d'eux préfère secrètement l'existence égoïste et fainéante qu'ils reprochent aux riches. Il faut donc faire d'abord apprécier à tous vos frères occidentaux que l'utopie où tous les hommes vivraient d'un revenu quelconque est autant immorale qu'absurde, et que l'existence matérielle de l'immense majorité des citoyens doit uniquement reposer sur un salaire périodique.

En second lieu, tout recours à la violence devient un contresens politique, quand on aspire à fonder le régime final de l'activité pacifique : en se conduisant ainsi, les prolétaires occidentaux perpétuent, autant que possible, le système militaire qu'on doit partout éteindre en le transformant. Sans doute le positivisme consacre, et même développe en le systématisant, l'emploi des ligues ouvrières pour faire convenablement hausser les salaires, surtout aujourd'hui ; mais il le représente toujours comme un moyen extrême et l'oblige à respecter la libre spontanéité de chaque travailleur. Quant à la violence politique, elle est aussi contraire que possible à la vraie cause populaire et ne profite qu'aux ambitions lettrées ou bourgeoises ; parce qu'elle empêche la formation et l'essor de la véritable opinion publique, qui, sous la direction sacerdotale, deviendra la meilleure ressource sociale du prolétariat.

Tels sont les principes généraux que vous devez spécialement appliquer aux trois contacts successifs que comporte votre précieuse situation actuelle, d'abord envers les prolétaires américains, puis vis-à-vis de ceux de l'Angleterre, enfin à l'égard des prolétaires français.

Quant aux premiers, qu'il faut soigneusement séparer de tous les intrus européens, sans excepter les meilleurs, vous devez surtout vous attacher à discerner, au sein de la population *yankee*, les vrais descendants des dignes coopérateurs du grand Cromwell, qui préférèrent émigrer, par milliers, en Amérique, plutôt que de fléchir sous la royauté britannique. Malgré son attitude habituellement passive, il est moralement impossible que cette noble race ait jamais abandonné des aspirations sociales auxquelles on ne renonce que quand elles sont satisfaites. Cette classe n'est encore intervenue dans la politique américaine que pour la guerre de l'indépendance, dont le succès lui fut surtout dû, parce qu'elle sentait la rupture d'un lien essentiellement aristocratique, comme alors indispensable à la régénération radicale qu'elle ne cessait de souhaiter. Retournée ensuite à son activité purement industrielle, elle attend une doctrine systématiquement capable de réaliser le programme spontané des cromwelliens. Il faut donc lui représenter le positivisme comme remplissant toutes les conditions, politiques et religieuses, de la construction qu'elle souhaite.

Des dispositions analogues doivent, à plus forte raison, exister au fond du prolétariat anglais. Sa torpeur apparente est surtout fondée sur le juste dédain qu'il applique à toutes les doctrines en circulation, et sur sa légitime défiance des lettrés quelconques, tous plus ou moins complices de l'oppression qu'il subit. Mais la même disposition reste aussi maintenue par la conviction instinctive que c'est à Paris, et non à Londres, qu'appartient l'élaboration de la doctrine propre à la régénération occidentale. L'ardeur unanime avec laquelle les prolétaires anglais accueillirent le début de la crise française a spontanément manifesté ce pressentiment tacite. Il suffit donc qu'une voix nullement suspecte, en tant qu'émanée de leur sein, leur dévoile l'accomplissement actuel de la grande construction religieuse que Paris pouvait seul établir, et qu'ils doivent maintenant approprier à leur situation, en se concertant avec les prolétaires français.

Relativement à ceux-ci, vos consciencieuses remontrances fraternelles doivent surtout consister à leur faire dignement sentir combien ils sont encore au-dessous de la mission rénovatrice dont l'ensemble du passé leur confère la noble initiative. Il est vraiment honteux que M. Magnin soit jusqu'ici le seul prolétaire français que le positivisme ait profondément converti, quoique ses anciennes habitudes révolutionnaires restent souvent prépondérantes dans les détails de la vie civique. L'attitude silencieuse des prolétaires anglais me semble infiniment préférable à la bruyante agitation empirique de leurs frères français, qui, d'après la dernière expérience officielle, n'ont pas fait, depuis neuf ans, un seul pas décisif hors de la métaphysique anarchique, et seraient tout prêts à seconder les mêmes aberrations, si nous avions le malheur de perdre, avant le temps normal, le salutaire dictateur où réside aujourd'hui notre unique garantie d'ordre public.

APPENDICE

APPENDICE

LXXVI

Le principe révolutionnaire consistant surtout dans la rupture de la continuité, le positivisme doit aujourd'hui commencer son office social en systématisant la commémoration publique, également méconnue de toutes les écoles actuelles. C'est pourquoi, sans attendre la terminaison du présent traité, je m'efforçai d'inaugurer la transition organique en construisant le *Calendrier positiviste;* son succès décisif atteste l'opportunité d'une telle initiative. Dès la première de ses quatre éditions, publiée en 1849, j'expliquai sa destination provisoire, bornée au siècle exceptionnel, pour préparer le culte abstrait de l'Humanité, dont j'indiquai déjà la nature et le plan, conformes au développement accompli dans ce volume.

J'institue la glorification concrète du Grand-Être en combinant trois degrés de célébration, envers les meilleurs types personnels, mensuels, hebdomadaires et quotidiens, de la préparation humaine, depuis la théocratie initiale jusqu'au début de la crise finale. Le fétichisme y reste seul dépourvu de commémoration spéciale, parce qu'il n'a jamais pu fournir des noms. Mais son incorporation définitive au positivisme se trouvera tellement indiquée dans les fêtes de la transition organique que cette lacune forcée ne saurait susciter aucune injustice envers la source nécessaire de toute l'évolution humaine.

Pour chaque degré de l'idéalisation du passé, la succession chronologique fixe sans incertitude la position d'un type quelconque ; ainsi les fêtes pourraient partout désigner les dates. Mais j'ai laissé toujours facultative une telle indication, sauf envers le cas principal où les meilleurs serviteurs du Grand-Être se trouvent surtout glorifiés en fournissant les noms des treize mois de l'année positiviste. Dès la seconde édition, publiée en 1850, j'introduisis, dans l'opuscule spécial, cette nomenclature nécessaire, maintenant consacrée par un usage décisif. Ce succès me conduit à résoudre ici la question posée dans le second chapitre du volume que j'achève, envers les noms définitifs des mois normaux, auxquels je crois devoir étendre l'institution fondée pour la transition. Quoique concrète, cette nomenclature offre une telle généralité qu'elle convient au culte abstrait, où je l'ai même appliquée aux différents jours de la semaine, afin de ranimer le sentiment familier de la continuité principale.

Il ne peut en être ainsi pour l'ère positive, qui, jusqu'à la fin de la transition organique, doit rester placée au début de la crise finale, dont il importe que tous les Occidentaux puissent mesurer habituellement le cours. L'incomparable assemblée qui dirigea l'explosion républicaine commit, à cet égard, une grave méprise, faute d'avoir reconnu, comme la postérité, que la République française commença réellement par la prise populaire de la forteresse parisienne. J'ai donc rétabli l'usage adopté par sa devancière, qu'une irrésistible impulsion rendit spontanément supérieure sous ce seul aspect, et qui respecta l'origine de l'année occidentale, en pressentant les motifs indiqués au second chapitre de ce volume.

Mais l'état normal ne peut conserver une ère qui rappelle une explosion anarchique bientôt suivie d'une longue rétrogradation. On ne saurait pourtant assez lier l'avenir au passé sans puiser dans le siècle exceptionnel le point de départ de la chronologie finale. Pour concilier ces deux conditions, il suffit de placer l'ère positive au début de la transition organique, réservée à la dernière des trois générations comprises entre l'extinction du théologisme et l'établissement du positivisme. Fixé chronologiquement à l'année 1855, ce point de départ s'y trouve sociologiquement caractérisé par la coïncidence décisive d'une irrévocable dictature avec l'entière construction de la Religion de l'Humanité. Les deux ères, provisoire et définitive, du calendrier positiviste doivent donc différer de deux tiers de siècle ; ce qui facilite la comparaison habituelle entre le présent et l'avenir ou le passé.

Si le système de commémoration n'avait qu'une destination intellectuelle, on pourrait le borner aux deux premiers degrés, dont la combinaison représente suffisamment la philosophie de l'histoire, du moins envers l'ensemble de la transition occidentale. Après que le mois initial a glorifié tous les liens théocratiques de la famille universelle, chaque type mensuel caractérise une phase de la préparation humaine ou l'un de ses aspects essentiels. Les quatre chefs hebdomadaires qui s'y subordonnent sont surtout destinés à personnifier les principaux modes ou degrés de l'évolution correspondante, dès lors assez appréciable. D'après un tel complément, la succession des treize types mensuels institue une suffisante idéalisation de l'ensemble du passé. Cette double base du système de commémoration restera toujours incorporée au trimestre historique du culte normal, où ces soixante-cinq noms concourent presque tous au développement concret des célébrations abstraites, comme l'indique le tableau sociolâtrique.

Quelque importance qu'on doive attacher à faire esthétiquement pénétrer, dans le public occidental, la conception générale du passé, le calendrier historique a surtout une destination morale, pour ranimer le sentiment de la continuité, profondément altéré partout. A ces âmes anarchiques, qui cherchent l'avenir en dédaignant le passé, le sacerdoce de l'Humanité vient annoncer le Grand-Être en glorifiant ses meilleurs serviteurs. Il faut donc développer assez le culte concret pour que la vénération due aux ancêtres détermine à se dévouer aux descendants. Le poids méconnu du passé doit aujourd'hui se faire sentir en multipliant les liens personnels, qu'on devra condenser quand la continuité sera suffisamment instituée. Une telle expansion est également prescrite par le besoin de surmonter l'égoïsme théologique et l'individualisme métaphysique, en suscitant partout le noble désir d'une digne incorporation à la suprême existence. Voilà pourquoi la commémoration occidentale doit aujourd'hui s'étendre jusqu'aux types quotidiens, toujours disposés chronologiquement, mais indifféremment choisis parmi les précurseurs, émules et successeurs de chaque chef hebdomadaire. Je me suis ainsi trouvé conduit, dès l'origine, à compléter le culte concret en instituant, pour certains jours, une célébration secondaire, qui remplace la principale dans les années bissextiles.

C'est seulement envers ces adjoints, toujours inscrits en italiques au tableau ci-joint, que j'ai quelquefois utilisé les dignes réclamations qui me furent souvent adressées, depuis cinq ans, afin d'améliorer le calendrier occidental par addition ou substitution. D'après ce perfectionnement graduel, cette construction ne m'inspire aucun regret d'omission, quoique je doive toujours examiner soigneusement les nouvelles propositions, pourvu qu'elles ne soient pas purement négatives. Seul placé maintenant au point de vue occidental, je suis assez dégagé des partialités françaises pour juger des illustrations quelconques à travers les illusions nationales.

En comparant le tableau ci-joint à l'ensemble du volume précédent, on peut nettement apprécier l'imperfection nécessaire du culte concret, incapable d'embrasser la majeure partie de la préparation humaine. Outre son impuissance, déjà motivée envers le fétichisme, la théocratie n'y peut être assez glorifiée, parce qu'une admirable abnégation nous cache ses meilleurs types ; ce qui m'a forcé d'incorporer au mois initial quelques célébrations collectives, et même des illustrations fabuleuses. Dans tout le reste du calendrier, l'extension des fêtes se trouve rarement proportionnée à l'importance des évolutions ; en sorte qu'un tableau destiné surtout à représenter l'ensemble de la transition occidentale en compare mal les principales phases. Il consacre trois mois à l'élaboration grecque, tandis que la civilisation romaine s'y condense dans un seul, dont la moitié ne concerne même qu'une préparation indirecte. Si deux mois suffisent réellement à l'idéalisation des neuf siècles du moyen âge, l'évolution moderne ne semble pas mériter un semestre. Parmi les cinq éléments de l'occidentalité, le type espagnol n'est point assez honoré, parce que son admirable supériorité, surtout relative au sentiment, ne saurait être dignement appréciée en célébrant l'essor de l'intelligence et de l'activité. Quoique les divers inconvénients d'un tel système puissent se trouver beaucoup atténués par la sagesse de ses interprètes, ils resteront toujours inhérents au culte concret, qui doit seulement préparer les âmes actuelles à la glorification abstraite du passé.

Pour compléter cette indication des imperfections nécessaires du calendrier historique, il faut noter que les services théoriques ou pratiques doivent y prévaloir sur le mérite moral, afin d'apprécier l'essor des forces humaines pendant un âge incapable de les discipliner. Cette institution n'est point destinée à fournir des types de conduite, qui ne pourront se multiplier assez que dans l'état normal, mais à ramener des âmes anarchiques à la subordination envers le passé par la glorification concrète des progrès accomplis. Quoique une telle liste doive, après la transition, servir toujours pour le choix des prénoms, quand elle aura reçu l'extension convenable, cette destination ne cessera jamais d'exiger l'intervention du sacerdoce, afin d'éviter un vicieux patronage. Même en classant les types intellectuels, j'ai dû quelquefois subordonner la valeur personnelle aux résultats effectifs, qui dépendent surtout de la situation historique, favorable à certaines vocations et contraire à d'autres. Des six penseurs rangés sous Bacon, trois lui furent, à mes yeux, supérieurs, quoique cette prééminence n'ait pu se développer assez pour leur permettre de seconder autant l'évolution mentale : un pareil contraste existe entre Lagrange et Newton.

Tel est l'esprit suivant lequel il convient d'étudier et d'enseigner le tableau ci-joint (*Voyez, ci-après, le double tableau B, B'*), qui résume toute la commémoration. Quoique consacrée surtout à l'immense transition qui devait conduire l'Occident de la théocratie à la sociocratie, il peut être aujourd'hui regardé comme représentant l'ensemble de la préparation humaine, dont cette évolution fournit le dénoûment. L'instinct de continuité ne fut réellement altéré que pendant ces trente siècles, que le positivisme termine en ralliant les Occidentaux, de plus en plus révolutionnaires, à l'attitude normale des théocrates et des fétichistes, afin d'instituer l'association universelle. Outre que la construction générale du calendrier historique indique une destination purement provisoire, sa composition spéciale annonce directement le prochain avènement du culte normal, d'après la nature abstraite des deux célébrations finales. Car le dernier jour de chaque année et le jour additionnel des années bissextiles reproduisent ici les fêtes extrêmes du tableau sociolâtrique.

Je suis ainsi conduit à compléter cette explication par deux éclaircissements, sans lesquels cet état du culte de transition ne serait pas nettement comparable aux cinq éditions antérieures, y compris l'annexe du *Catéchisme positiviste*.

Il faut rejeter le spécieux projet qu'une bienveillance imméritée me disposa trop à recommander envers la consécration des différents jours de la semaine aux divers liens fondamentaux. Outre qu'un tel mode ne saurait convenir à l'état normal, où cet office appartient aux mois, il serait inutile pendant la transition, naturellement bornée aux fêtes publiques, l'adoration intime et les sacrements domestiques ayant atteint déjà leur état définitif. La tentative avortée ne laissera d'autre trace que la touchante série de prières dont elle fournit l'occasion au cœur d'un vrai positiviste, qui, les dégageant d'une vicieuse solidarité, les désignera d'après leurs destinations, en respectant les noms antiques.

Une explication plus importante concerne la *Fête des réprouvés*, qui, de mon discours préliminaire, passa dans toutes les éditions de mon calendrier, à travers mes cours oraux. Après une modification décisive, suggérée par une réclamation féminine, les dignes remontrances d'un positiviste britannique m'ont suscité des réflexions qui me déterminent à supprimer entièrement l'institution projetée. J'avais assez apprécié sa nature exceptionnelle pour restreindre toujours une telle fête aux quatre premières années bissextiles de la transition organique. Mais un meilleur examen des motifs que j'assignais à cette restriction m'a conduit à ne jamais détourner le jour additionnel de sa destination normale, ci-dessus rappelée. Ayant reconnu le danger de cultiver régulièrement les sentiments haineux, même quand l'indignation est la plus légitime, il faut surtout éviter de les stimuler, dans un milieu critique, où le positivisme vient réorganiser la vénération. Envers des chefs dont les torts provinrent principalement d'un besoin déréglé de célébrité, le silence constitue la meilleure punition, complétée par le contraste des dignes types. Toute solennité spécialement destinée à réprouver exposerait un public incompétent à faire une vicieuse application des principes de condamnation qu'on serait ainsi forcé de proclamer.

La nature des types propres à la majeure partie du calendrier historique doit conduire le sacerdoce régénérateur à compléter cette institution en proposant un système de lectures en harmonie avec la transition organique. Car, la plupart des célébrations concernant des poètes, des philosophes, ou des savants, le public ne peut les glorifier sans connaître leurs ouvrages, qui pourtant ne sauraient tous lui convenir. D'une autre part, il doit ainsi présumer que les auteurs exclus du culte provisoire ne méritent jamais d'être lus, ce qui serait souvent injuste et quelquefois nuisible. Pour éviter des lectures déplacées et des lacunes fâcheuses, il faut donc régler un penchant, devenu non moins abusif qu'universel, en complétant le tableau de l'ensemble des illustrations personnelles par celui des écrits dignes de survivre. Tel est l'objet de l'appendice propre au volume que j'achève ; il reproduit, avec quelques modifications, le catalogue déjà joint à la préface du *Catéchisme positiviste*, après une édition séparée en octobre 1851.

Dans cette collection provisoire de cent cinquante volumes plus ou moins usuels, qui prépare la condensation normale du trésor intellectuel en cent tomes systématiques, il faut distinguer les lectures poétiques et morales, seules susceptibles de devenir habituelles. En s'y bornant aux vrais chefs-d'œuvre, la transition organique se trouvera partout secondée d'après un commerce familier avec les meilleurs types de la préparation humaine. Une expérience décisive me conduit à recommander surtout la lecture quotidienne de la sublime ébauche d'A'Kempis et de l'incomparable épopée de Dante. Plus de sept ans se sont écoulés depuis que je lis chaque matin un chapitre de l'un, et chaque soir un chant de l'autre, sans que je cesse d'y trouver des charmes auparavant inaperçus et d'en retirer de nouveaux fruits, intellectuels ou moraux. Outre l'aptitude positive d'une telle coutume, qui rappelle toujours le principal objet de la méditation humaine, elle comporte une efficacité négative, en détournant des lectures inutiles ou vicieuses, dont elle fournit le meilleur correctif. Jusqu'à ce que le positivisme accomplisse, en invoquant l'Humanité, la synthèse morale et poétique ébauchée par le catholicisme au nom de Dieu, le mystique résumé du moyen âge nous servira de guide journalier pour étudier et perfectionner notre nature. Indépendamment de la valeur monumentale qu'elle doit offrir à nos plus lointains successeurs, cette composition sans exemple, dont je me félicite d'avoir déjà propagé l'usage chez les vrais croyants, est actuellement rangée parmi nos livres sacrés.

En considérant le catalogue positiviste comme le complément naturel du calendrier historique, on l'emploie et l'apprécie suivant l'esprit synthétique, le caractère dynamique et la destination provisoire du principal tableau. Pareillement propres à l'Occident, ces deux listes transitoires ont un égal besoin d'être épurées et complétées pour comporter un usage universel et définitif. Toutes deux s'adressant à des âmes privées de discipline intellectuelle et morale, il faut juger leur efficacité, non d'après les résultats partiels, mais par l'ensemble des impressions synthétiques et sympathiques que suscite leur application habituelle. Leur office envers la transition leur procurera, dans l'état normal, une efficacité secondaire, quand les fonctions sacerdotales qu'elles ébauchent se trouveront pleinement régularisées. Alors le catalogue modifié continuera de guider les lectures universelles, et le calendrier complété servira toujours de base pour le choix des prénoms positivistes.

Telle est la double institution d'après laquelle le sacerdoce de l'Humanité fondera son ascendant sur les vivants en jugeant les morts pendant la première phase de la transition organique. Ce libre office, que tout doit seconder, et que rien ne peut empêcher, a précédé l'avènement de la dictature, qui constitue la condition temporelle de son efficacité sociale. Il se développera dès que la liberté spirituelle sera suffisamment établie, sans attendre le triple complément qui doit la garantir de toute rétrogradation. Néanmoins, l'influence régénératrice du clergé positif ne pourra s'exercer directement que quand l'attitude officielle deviendra pleinement conforme à la situation réelle, en dissipant le mensonge qui consacre trois pouvoirs spirituels dans une société sceptique. Mais, aussitôt que la suppression totale du budget théorique, théologique, métaphysique et scientifique, permettra d'apprécier le besoin continu de réorganisation spirituelle, la religion de l'Humanité fera partout sentir son aptitude à terminer la grande crise. En posant irrévocablement le problème fondamental, cet affranchissement nécessaire peut seul aussi fournir les moyens de développer la solution décisive d'après l'essor public du culte positif, aujourd'hui dépourvu des ressources matérielles que la loi réserve aux fois déchues. Quoique l'abolition du budget ecclésiastique doive toujours respecter les édifices catholiques, leur désertion spontanée, à mesure que se dévoilera la désuétude réelle des croyances arriérées, procurera paisiblement au positivisme quelques temples dignes du Grand-Être.

Naturellement consacrée au culte, dont l'avènement précédera celui du dogme et surtout du régime, la première phase de la transition organique en instituera, sur une échelle quelconque, les trois modes ou degrés essentiels. Déjà l'adoration intime, et même les sacrements sociaux, ont irrévocablement surgi chez les vrais croyants, parce que leur essor exige seulement des conversions privées, sans dépendre de la situation publique. A mesure que le régime dictatorial fera partout sentir le besoin de réorganisation morale, les âmes flottantes ou flétries viendront demander au culte de l'Humanité des consolations et des garanties que les croyances caduques ne peuvent plus leur procurer. Ce besoin se développera surtout pour les liens domestiques, et principalement envers l'union fondamentale, où l'impuissance théologique dévoile l'insuffisance civique. Quelques exemples décisifs ont déjà prouvé que les tendres couples, sentant dignement les lacunes morales d'un milieu sceptique, sont disposés à consolider leur nœud par le libre engagement d'un éternel veuvage, incompatible avec les cultes déchus.

BIBLIOTHÈQUE POSITIVISTE

AU DIX-NEUVIÈME SIÈCLE

CENT CINQUANTE VOLUMES

1° POÉSIE (trente volumes)

L'*Iliade* et l'*Odyssée*, réunies en un même volume, sans aucune note.
Eschyle, suivi de l'*Œdipe-Roi* de Sophocle, et *Aristophane*, idem.
Pindare, et *Théocrite*, suivis de *Daphnis et Chloé*, idem.
Plaute, et *Térence*, idem.
Virgile complet, *Horace* choisi, et *Lucain*, idem.
Ovide, *Tibulle*, et *Juvénal*, idem.
Fabliaux du moyen âge, recueillis par Legrand d'Aussy.
Dante, *Arioste*, *Tasse*, et *Pétrarque* choisi, réunis en un seul volume italien.
Les *Théâtres* choisis de Métastase et d'Alfieri, *idem*.
Les *Fiancés*, par Manzoni (un seul volume italien).
Le *Don Quichotte* et les *Nouvelles* de Cervantès (dans un même volume espagnol).
Le *Théâtre espagnol* choisi, recueil édité par Don José Segundo Florez (un seul volume espagnol).
Le *Romancero espagnol* choisi, y compris le poème du Cid (un seul volume espagnol).
Le *Théâtre* choisi de P. Corneille.
Molière complet.
Les *Théâtres* choisis de Racine et de Voltaire (réunis en un seul volume).
Les *Fables* de La Fontaine, suivies de quelques *Fables* de Lamotte et de Florian.
Gil Blas, par Lesage.

La *Princesse de Clèves*, *Paul et Virginie*, et le *Dernier Abencérage* (à réunir en un seul volume).
Les *Martyrs*, par Chateaubriand.
Le *Théâtre* choisi de Shakespeare.
Le *Paradis perdu*, et les *Poésies lyriques* de Milton.
Robinson Crusoé, et le *Vicaire de Vakefield* (à réunir en un seul volume).
Tom Jones, par Fielding (en anglais, ou traduit par Chéron).

Les sept chefs-d'œuvre de Walter Scott. { *Ivanhoé*, *Quentin Durward*, la *Jolie fille de Perth*, l'*Officier de fortune*, les *Puritains*, la *Prison d'Edimbourg*, l'*Antiquaire*.

Les Œuvres choisies de *Byron* (en supprimant surtout le *Don Juan*).
Les Œuvres choisies de *Gœthe*.
Les *Mille et une Nuits*.

2° SCIENCE (trente volumes)

L'*Arithmétique* de Condorcet, l'*Algèbre* et la *Géométrie* de Clairaut, plus la *Trigonométrie* de Lacroix ou de Legendre (à réunir en un seul volume).
La *Géométrie analytique* d'Auguste Comte, précédée de la *Géométrie* de Descartes.
La *Statique* de Poinsot, suivie de tous ses mémoires sur la mécanique.
Le *Cours d'analyse* de Navier à l'Ecole polytechnique, précédé des *Réflexions sur le calcul infinitésimal*, par Carnot.
Le *Cours de mécanique* de Navier à l'Ecole polytechnique, suivi de l'*Essai sur l'équilibre et le mouvement*, par Carnot.
La *Théorie des fonctions*, par Lagrange.
L'*Astronomie populaire* d'Auguste Comte, suivie des *Mondes* de Fontenelle.
La *Physique mécanique* de Fischer, traduite et annotée par Biot.
Le *Manuel alphabétique de philosophie pratique*, par John Carr.
La *Chimie* de Lavoisier.
La *Statique chimique*, par Berthollet.
Les *Eléments de Chimie*, par James Graham.
Le *Manuel d'anatomie*, par Meckel.
L'*Anatomie générale* de Bichat, précédée de son traité *Sur la vie et la mort*.
Le premier volume de Blainville : *Sur l'organisation des animaux*.
La *Physiologie* de Richerand, annotée par Bérard.
L'*Essai systématique sur la biologie*, par Segond, et son *Traité d'anatomie générale*.

Les *Nouveaux éléments de la science de l'homme*, par Barthez (seconde édition, 1806).
La *Philosophie zoologique*, par Lamarck.
L'*Histoire naturelle* de Duméril.
Les *Discours sur la nature des animaux*, par Buffon.
L'*Art de prolonger la vie humaine*, par Hufeland, précédé du *Traité sur les airs, les eaux et les lieux*, par Hippocrate, et suivi du livre de Cornaro : *Sur la sobriété* (à réunir en un seul volume).
L'*Histoire des phlegmasies chroniques*, par Broussais, précédée de ses *Propositions de médecine*.
Les *Éloges des savants*, par Fontenelle, et par Condorcet.

3° HISTOIRE (soixante volumes)

L'*Abrégé de géographie universelle*, par Malte-Brun.
Le *Dictionnaire géographique* de Rienzi.
Les *Voyages* de Cook, et ceux de Chardin.
L'*Histoire de la Révolution française*, par Mignet.
Le *Manuel de l'Histoire moderne*, par Heeren.
Le *Siècle de Louis XIV*, par Voltaire.
Les *Mémoires* de Mme de Motteville.
Le *Testament politique* de Richelieu, et la *Vie de Cromwell* (à réunir en un seul volume).
Les *Mémoires* de Benvenuto Cellini (en italien).
Les *Mémoires* de Comines.
L'*Abrégé de l'histoire de France*, par Bossuet.
Les *Révolutions d'Italie*, par Denina.
L'*Abrégé de l'histoire d'Espagne*, par Ascargorta.
L'*Histoire de Charles-Quint*, par Robertson.
L'*Histoire d'Angleterre*, par Hume.
L'*Europe au moyen âge*, par Hallam.
L'*Histoire ecclésiastique*, par Fleury.
L'*Histoire de la décadence romaine*, par Gibbon.
Le *Manuel de l'histoire ancienne*, par Heeren.
Tacite complet (traduction Dureau de la Malle).
Hérodote, et *Thucydide* (à réunir en un volume).
Les *Vies* de Plutarque (traduction Dacier).
Les *Commentaires* de César, et l'*Alexandre* d'Arrien (à réunir en un volume).
Le *Voyage d'Anacharsis*, par Barthélemy.
L'*Histoire de l'art chez les Anciens*, par Winckelmann.
Le *Traité de la Peinture*, par Léonard de Vinci (en italien).
Les *Mémoires sur la Musique*, par Grétry.

4° SYNTHÈSE (trente volumes)

La *Politique* d'Aristote et sa *Morale* (à réunir en un volume).
La *Bible* complète.
Le *Coran* complet.
La *Cité de Dieu*, par saint Augustin.
Les *Confessions* de saint Augustin, suivies du *Traité sur l'Amour de Dieu*, par saint Bernard.
L'*Imitation de Jésus-Christ* (l'original et la traduction en vers de Corneille).
Le *Catéchisme de Montpellier*, précédé de l'*Exposition de la Doctrine catholique*, par Bossuet, et suivi des *Commentaires sur le sermon de J.-C.*, par saint Augustin.
L'*Histoire des Variations protestantes*, par Bossuet.
Le *Discours sur la Méthode*, par Descartes, précédé du *Novum Organum* de Bacon, et suivi de l'*Interprétation de la nature*, par Diderot.
Les *Pensées* de Pascal, suivies de celles de Vauvenargues, et des *Avis d'une mère*, par Mme de Lambert.
Le *Discours sur l'Histoire universelle*, par Bossuet, suivi de l'*Esquisse historique*, par Condorcet.
Le traité du *Pape*, par de Maistre, précédé de la *Politique sacrée*, par Bossuet.
Les *Essais philosophiques* de Hume, précédés de la double dissertation *Sur les sourds* et *Sur les aveugles*, par Diderot, et suivis de l'*Essai sur l'Histoire de l'astronomie*, par Adam Smith.
La *Théorie du beau*, par Barthez, précédée de l'*Essai sur le beau*, par Diderot.
Les *Rapports du physique et du moral de l'homme*, par Cabanis.
Le traité *Sur les fonctions du cerveau*, par Gall, précédé des *Lettres sur les animaux*, par Georges Leroy.
Le traité *Sur l'irritation et la folie*, par Broussais (première édition).
La *Philosophie positive* d'Auguste Comte (condensée par Miss Martineau), sa *Politique positive* et son *Catéchisme positiviste*.

Auguste COMTE.
(10, *rue Monsieur-le-Prince*.)

Paris, le 3 Dante 66 (mardi, 18 juillet 1854.)

ŒUVRES D'AUGUSTE COMTE

Système de Politique positive, ou Traité de Sociologie, instituant la religion de l'Humanité, 4 vol. in-8°.
Tome I (juillet 1851), contenant le *Discours préliminaire* et l'*Introduction fondamentale;*
Tome II (mai 1852), contenant la *Statique sociale* ou le *Traité abstrait de l'ordre humain;*
Tome III (août 1853), contenant la *Dynamique sociale* ou le *Traité général du progrès humain* (*Philosophie de l'histoire*);
Tome IV (août 1854), contenant le *Tableau synthétique de l'avenir humain*. Ce volume est terminé par un appendice général, qui reproduit tous les opuscules primitifs de l'auteur sur la philosophie sociale.

Catéchisme positiviste, ou sommaire exposition de la Religion Universelle, en onze entretiens systématiques entre une Femme et un Prêtre de l'Humanité (octobre 1852).

Appel aux conservateurs (août 1855).

Synthèse subjective, ou système universel des conceptions propres à l'état normal de l'Humanité : tome I, contenant le *Système de Logique positive* ou *Traité de Philosophie mathématique* (novembre 1856).

Testament d'Auguste Comte avec les documents qui s'y rapportent. *Pièces justificatives*, *Prières quotidiennes*, *Confessions annuelles*, *Correspondance avec M*^{me} *de Vaux*. Publié par ses exécuteurs testamentaires, conformément à ses volontés (septembre 1884).

Correspondance générale. Publiée par ses exécuteurs testamentaires, conformément au paragraphe D de son *Testament* (sous presse).

Le premier grand ouvrage d'Auguste Comte intitulé : *Cours de Philosophie positive*, œuvre de jeunesse, publié de 1830 à 1842, ne figure pas sur cette liste.
On trouvera, dans la lettre d'Auguste Comte au Dr Audiffrent, page 293 de notre volume, les raisons qui nous ont empêché de l'y faire figurer.
Voir aussi deux mentions à ce sujet, pages 270 et 296.

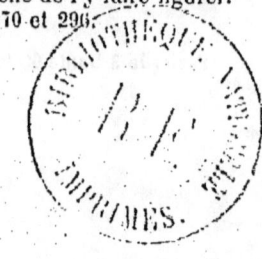

TABLE GÉNÉRALE DES MATIÈRES

CONTENUES

DANS LE SYSTÈME DE POLITIQUE POSITIVE

TOME PREMIER (juillet 1851)

Contenant le *Discours préliminaire* et l'*Introduction fondamentale*

PRÉFACE.
DÉDICACE.

COMPLÉMENT DE LA DÉDICACE.
- 1° Lucie, nouvelle.
- 2° Lettre philosophique sur la commémoration sociale.
- 3° Les pensées d'une fleur, *canzone*.

DISCOURS PRÉLIMINAIRE

SUR L'ENSEMBLE DU POSITIVISME

PRÉAMBULE GÉNÉRAL.
PREMIÈRE PARTIE. — Esprit fondamental du positivisme.
SECONDE PARTIE. — Destination sociale du positivisme.
TROISIÈME PARTIE. — Efficacité populaire du positivisme.
QUATRIÈME PARTIE. — Influence féminine du positivisme.
CINQUIÈME PARTIE. — Aptitude esthétique du positivisme.
CONCLUSION GÉNÉRALE DU DISCOURS PRÉLIMINAIRE. — Religion de l'Humanité.

INTRODUCTION FONDAMENTALE

A LA FOIS SCIENTIFIQUE ET LOGIQUE

Chapitre premier. — Appréciation générale de cette introduction.
Chapitre deuxième. — Introduction indirecte, essentiellement analytique, ou Cosmologie.
Chapitre troisième. — Introduction directe, naturellement synthétique, ou Biologie.
Appendice du tome premier. — Discours funèbre sur Blainville.

TOME DEUXIÈME (mai 1852)

Contenant la *Statique sociale* ou le *Traité abstrait de l'ordre humain*

Préface.

Appendice de la préface.
1° Troisième circulaire de l'auteur sur le libre subside institué pour lui.
2° Lettre au directeur de la *Revue Méthodiste* de New-York.
3° Lettre à M. le sénateur Vieillard.
4° Prospectus de la *Revue occidentale*.

Préambule général.
Chapitre premier. — Théorie générale de la religion, ou théorie positive de l'unité humaine.
Chapitre deuxième. — Appréciation sociologique du problème humain; d'où théorie positive de la propriété matérielle.
Chapitre troisième. — Théorie positive de la famille humaine.
Chapitre quatrième. — Théorie positive du langage humain.
Chapitre cinquième. — Théorie positive de l'organisme social.
Chapitre sixième. — Théorie positive de l'existence sociale, systématisée par le sacerdoce.
Chapitre septième. — Théorie positive des limites générales de variation propres à l'ordre humain.
Conclusion générale du tome deuxième.

TOME TROISIÈME (août 1853)

Contenant la *Dynamique sociale*, ou le *Traité général du progrès humain*.

(PHILOSOPHIE DE L'HISTOIRE)

PRÉFACE.

APPENDICE DE LA PRÉFACE.
- 1° Programme sommaire d'un cours philosophique sur l'histoire générale de l'Humanité.
- 2° Quatrième circulaire de l'auteur sur le libre subside institué pour lui.
- 3° Lettre à S. M. le tzar Nicolas.
- 4° Lettre à S. E. Reschid-Pacha, ancien grand-vizir de l'empire ottoman.

PRÉAMBULE GÉNÉRAL.

CHAPITRE PREMIER. — Théorie positive de l'évolution humaine, ou lois générales du mouvement intellectuel et social.

CHAPITRE DEUXIÈME. — Théorie positive de l'âge fétichique, ou appréciation générale du régime spontané de l'Humanité.

CHAPITRE TROISIÈME. — Théorie positive de l'état théocratique, ou appréciation générale du polythéisme conservateur.

CHAPITRE QUATRIÈME. — Théorie positive de l'élaboration grecque, ou appréciation générale du polythéisme intellectuel.

CHAPITRE CINQUIÈME. — Théorie positive de l'incorporation romaine, ou appréciation générale du polythéisme social.

CHAPITRE SIXIÈME. — Théorie positive de la transition catholico-féodale, ou appréciation générale du monothéisme défensif.

CHAPITRE SEPTIÈME. — Théorie positive de la révolution occidentale, ou appréciation générale du double mouvement moderne.

CONCLUSION GÉNÉRALE DU TOME TROISIÈME.

TOME QUATRIÈME ET DERNIER (août 1854)

Contenant le *Tableau synthétique de l'avenir humain.*

Préface.

Appendice de la préface.
{ Cinquième circulaire de l'auteur sur le libre subside institué pour lui.
Reproduction des circulaires qui n'avaient pas été jointes aux autres tomes.

Préambule général.
Chapitre premier. — Théorie fondamentale du Grand-Être; d'où tableau simultané de la religion universelle et de l'existence normale.
Chapitre deuxième. — Tableau général de l'existence affective, ou systématisation finale du culte positif.
Chapitre troisième. — Tableau général de l'existence théorique, ou systématisation finale du dogme positif.
Chapitre quatrième. — Tableau général de l'existence active, ou systématisation finale du régime positif.
Chapitre cinquième. — Appréciation systématique du présent, d'après la combinaison de l'avenir avec le passé; d'où tableau général de la transition extrême.
Conclusion générale du tome quatrième.
Conclusion totale du système de politique positive.
Invocation finale.
Appendice du tome quatrième. — Bibliothèque positiviste au XIXe siècle.

TABLE DES MATIÈRES

DU

CATÉCHISME POSITIVISTE

INTRODUCTION

PREMIER ENTRETIEN. — Théorie générale de la religion. — Théorie de l'Humanité.

PREMIÈRE PARTIE

EXPLICATION DU DOGME

DEUXIÈME ENTRETIEN. — Ensemble du dogme.
TROISIÈME ENTRETIEN. — Ordre extérieur, d'abord matériel, puis vital.
QUATRIÈME ENTRETIEN. — Ordre humain, d'abord social, puis moral.

SECONDE PARTIE

EXPLICATION DU CULTE

CINQUIÈME ENTRETIEN. — Ensemble du culte.
SIXIÈME ENTRETIEN. — Culte privé.
SEPTIÈME ENTRETIEN. — Culte public.

TROISIÈME PARTIE

EXPLICATION DU RÉGIME

HUITIÈME ENTRETIEN. — Ensemble du régime.
NEUVIÈME ENTRETIEN. — Régime privé.
DIXIÈME ENTRETIEN. — Régime public.

CONCLUSION

HISTOIRE GÉNÉRALE DE LA RELIGION

ONZIÈME ENTRETIEN. — Période fétichique et théocratique commune à tous les peuples. — Transition propre à l'Occident.
AVIS AU LECTEUR.

TABLE DES MATIÈRES

CONTENUES

DANS L'APPEL AUX CONSERVATEURS

Préface.

Appendice de la préface...
- 1° Circulaire sur le subside positiviste.
- 2° Programme d'un cours sur la philosophie de l'histoire.

INTRODUCTION

AVÈNEMENT DES VRAIS CONSERVATEURS

Institution d'une doctrine universelle.
Fondation philosophique.
Construction religieuse.

PREMIÈRE PARTIE

DOCTRINE PROPRE AUX VRAIS CONSERVATEURS

1° *Explication abstraite*

Conditions fondamentales...
- 1° Suprématie du sentiment.
- 2° Relativité complète.
- 3° Indivisibilité de la vraie synthèse.

Principe universel.

Institutions caractéristiques.
- 1° Prépondérance de la morale.
- 2° Séparation des deux puissances.
- 3° Dignité de la femme.

2° *Appréciation concrète*

Existence personnelle.
Vie privée.
Vie publique.

SECONDE PARTIE

CONDUITE DES CONSERVATEURS ENVERS LES RÉTROGRADES

Appréciation générale.
Dispositions spéciales...... { 1° Système de ménagement.
{ 2° Alliance religieuse.

TROISIÈME PARTIE

CONDUITE DES CONSERVATEURS ENVERS LES RÉVOLUTIONNAIRES

Appréciation générale.
Dispositions spéciales...... { 1° Système d'épuration.
{ 2° Alliance politique.

CONCLUSION

DESTINATION PROPRE AUX VRAIS CONSERVATEURS

Appréciation générale.
Dispositions spéciales...... { 1° Culte historique.
{ 2° Décomposition politique.
Coordination occidentale.

TABLE DES MATIÈRES

		Pages.	Pages.
Préface...			V
I. — Système de Politique positive, tome I...		50	1
II. — — ...		60	5
III. — — ...		75	6
IV. — — ...		86	10
V. — — ...		378	14
VI. — — ...		467	17
VII. — — ...		493	27
VIII. — — ...		592	29
IX. — tome II...		XXVI	31
X. — — ...		69	34
XI. — — ...		149	39
XII. — — ...		177	51
XIII. — — ...		299	95
XIV. — — ...		320	99
XV. — — ...		352	100
XVI. — — ...		391	104
XVII. — — ...		400	107
XVIII. — Catéchisme positiviste, 1re édition........		XXIX	112
XIX. — Lettre à Richard Congreve.............		19	116
XX. — Système de Politique positive, tome III...		448	122
XXI. — — ...		456	127
XXII. — — ...		475	144
XXIII. — — ...		533	164
XXIV. — — ...		537	165
XXV. — — ...		583	167
XXVI. — — ...		596	173
XXVII. — — ...		605	178
XXVIII. — — ...		610	184
XXIX. — tome IV...		XVI	188
XXX. — — ...		XIX	189
XXXI. — — ...		393	192
XXXII. — — ...		457	197

		Pages.	Pages
XXXIII. — Lettre à Henry Dix Hutton................		55	200
XXXIV. —	....	58	201
XXXV. —	....	62	203
XXXVI. — Appel aux Conservateurs................		VI	206
XXXVII. —	....	XXV	214
XXXVIII. —	....	1	223
XXXIX. —	....	28	226
XL. —	....	55	234
XLI. —	....	67	237
XLII. —	....	73	239
XLIII. —	....	81	241
XLIV. —	....	86	243
XLV. —	....	95	244
XLVI. —	....	111	250
XLVII. — Lettre à Henry Dix Hutton............		75	252
XLVIII. — John Metcalf................		73	255
XLIX. — Henry Edger................		44	256
L. — Henry Dix Hutton................		90	258
LI. — John Metcalf................		80	259
LII. — Henry Dix Hutton................		100	260
LIII. — Huitième Circulaire................		92	262
LIV. —	....	99	264
LV. —	....	103	265
LVI. — Lettre au Dr Audiffrent................		56	268
LVII. —	....	56	269
LVIII. — Lettre à John Fisher................		65	272
LIX. — au Dr Audiffrent................		59	273
LX. — à Richard Congreve		36	274
LXI. — à Alfred Sabatier................			276
LXII. — à Henry Edger................		59	278
LXIII. — —		64	281
LXIV. — à A. Ellis................		86	282
LXV. — à Richard Congreve................		44	284
LXVI. — à John Fisher................		70	288
LXVII. — au Dr Audiffrent................		62	290
LXVIII. — à Henry Edger................		67	292
LXIX. — au Dr Audiffrent................		64	293
LXX. — —		inédite	296
LXXI. — à Richard Congreve................		55	297
LXXII. — —		58	298
LXXIII. — —		59	299
LXXIV. — à Henry Dix Hutton................		117	301
LXXV. — à John Metcalf................		85	302
Appendice................			307
LXXVI. — Système de Politique positive, tome IV.		398	309

	Pages.
Tableau sociolâtrique	
Calendrier positiviste	320
Bibliothèque positiviste au XIXᵉ siècle	321
Œuvres d'Auguste Comte	325
Table des matières des Œuvres d'Auguste Comte	326

32248. — TOURS. — IMPRIMERIE DESLIS FRÈRES, 6, RUE GAMBETTA.

TABLEAU SOCIOLATRIQUE

L'Amour pour principe, et l'Ordre pour base; le Progrès pour but.

RÉSUMANT, EN 81 FÊTES ANNUELLES,

Vivre pour autrui. (La Famille, la Patrie, l'Humanité.)

l'adoration universelle de l'HUMANITÉ

LIENS FONDAMENTAUX

- **1er Mois, l'Humanité**
  - 1er Jour de l'année...... Fête synthétique du Grand-Être.
  - Fêtes hebdomadaires de l'Union sociale
    - religieuse.
    - historique.
    - nationale.
    - communale.
- **2e Mois, le Mariage**
  - complet.
  - chaste.
  - inégal.
  - subjectif.
- **3e Mois, la Paternité**
  - complète....
    - naturelle.
    - artificielle.
  - incomplète...
    - spirituelle.
    - temporelle.
- **4e Mois, la Filiation**...... Mêmes subdivisions.
- **5e Mois, la Fraternité**.... Idem.
- **6e Mois, la Domesticité**
  - permanente.
    - complète.
    - incomplète.
  - passagère... Même subdivision.

ÉTATS PRÉPARATOIRES

- **7e Mois, le Fétichisme**
  - spontané....
    - nomade. (Fête des Animaux.)
    - sédentaire. (Fête du Feu.)
  - systématique.
    - sacerdotal. (Fête du Soleil.)
    - militaire. (Fête du Fer.)
- **8e Mois, le Polythéisme**
  - conservateur. (Fête des Castes.)
  - intellectuel... (Salamine.)
    - esthétique. (Homère, Eschyle, Phidias.)
    - théorique. (Thalès, Pythagore, Aristote, Hippocrate, Archimède, Apollonius, Hipparque.)
  - social....... (Scipion, César, Trajan.)
- **9e Mois, le Monothéisme**
  - théocratique. (Abraham, Moïse, Salomon.)
  - catholique...
    - (Saint-Paul.)
    - (Charlemagne.)
    - (Alfred.)
    - (Hildebrand.)
    - (Godefroi.)
    - (Saint-Bernard.)
  - islamique.... (Mahomet.) (Lépante.)
  - métaphysique.
    - (Dante.)
    - (Descartes.)
    - (Frédéric.)

FONCTIONS NORMALES

- **10e Mois, la Femme.** Providence morale.
  - mère.
  - épouse.
  - fille.
  - sœur.
- **11e Mois, le Sacerdoce.** Providence intellectuelle.
  - incomplet.... (Fête de l'Art.)
  - préparatoire. (Fête de la Science.)
  - définitif.....
    - secondaire.
    - principal. (Fête des Vieillards.)
- **12e Mois, le Patriciat.** Providence matérielle.
  - banque. (Fête des Chevaliers.)
  - commerce.
  - fabrication.
  - agriculture.
- **13e et dernier Mois, le Prolétariat.** Providence générale.
  - actif. (Fête des inventeurs : Guttemberg, Colomb, Vaucanson, Watt, Montgolfier.)
  - affectif.
  - contemplatif.
  - passif. (Saint-François-d'Assise.)
- Jour complémentaire......... Fête universelle des MORTS.
- Jour bissextile.............. Fête générale des SAINTES FEMMES.

Paris, le samedi 7 Archimède 66 (1er avril 1854).

AUGUSTE COMTE

(10, rue Monsieur-le-Prince.)

CALENDRIER POSITIVISTE
POUR UNE ANNÉE QUELCONQUE
ou
TABLEAU CONCRET DE LA PRÉPARATION HUMAINE, destiné surtout à la transition finale de la République occidentale, formée, depuis Charlemagne, par la libre connexité des cinq populations avancées, française, italienne, espagnole, britannique et germanique.

[B]

Les quatre premières éditions de ce Calendrier furent publiées, avec le préambule initial du Système de communication, en avril 1849, février 1850, février 1851, et janvier 1852, la quatrième en octobre 1852, dans le Catéchisme positiviste; et la sixième, en août 1854, dans le tome quatrième du Système de politique positive.

AVIS

Les noms inscrits en italiques désignent des adjoints, qui, dans les années bissextiles, remplacent les types correspondants.

	PREMIER MOIS **MOÏSE** LA THÉOCRATIE INITIALE	DEUXIÈME MOIS **HOMÈRE** LA POÉSIE ANCIENNE	TROISIÈME MOIS **ARISTOTE** LA PHILOSOPHIE ANCIENNE	QUATRIÈME MOIS **ARCHIMÈDE** LA SCIENCE ANCIENNE	CINQUIÈME MOIS **CÉSAR** LA CIVILISATION MILITAIRE	SIXIÈME MOIS **SAINT-PAUL** LE CATHOLICISME	SEPTIÈME MOIS **CHARLEMAGNE** LA CIVILISATION FÉODALE
Lundi 1 Mardi 2 Mercredi 3 Jeudi 4 Vendredi 5 Samedi 6 DIMANCHE 7	Prométhée, *Cadmus* Hercule, *Thésée* Orphée, *Tirésias* Ulysse, Lycurgue, Romulus, **NUMA.**	Hésiode, Tyrtée, Anacréon, Pindare, *Sapho* Sophocle, *Euripide* Théocrite, *Longus* **ESCHYLE.**	Anaximandre, Anaximène, Héraclite, Anaxagore, Démocrite, Hérodote, *Leucippe* **THALÈS.**	Théophraste, Hérophile, Érasistrate, Celse, Galien, *Avicenne* Averroès **HIPPOCRATE.**	Miltiade, Léonidas, Aristide, Cimon, Xénophon, Phocion, *Épaminondas* **THÉMISTOCLE.**	Saint-Luc, Saint-Cyprien, *Saint-Jacques* Saint-Athanase, Saint-Jérôme, Saint-Ambroise, Saint-Monique, **SAINT-AUGUSTIN.**	Théodoric-le-Grand, Pélage, Otton-le-Grand, Saint-Henri, *Saint-Odon* Villers, *Henri l'Oiseleur* Don Juan de Léponte, *Jean Sobieski* **ALFRED.**
8 9 10 11 12 13 14	Belus, Sésostris, Menou, Cyrus, Zoroastre, *Ossian* Les Druides, **BOUDDHA.**	Scopas, *Ennius* Plaute, Térence, *Lucrèce* Phèdre, Juvénal, Lucain, **VIRGILE.**	Solon, Xénophane, Empédocle, Thucydide, Archytas, Apollonius de Tyane, *Philon* **PYTHAGORE.**	Euclide, Aristée, Théodose de Bithynie, Héron, Papus, Diophante, **APOLLONIUS.**	Périclès, Philippe, Démosthène, Ptolémée Lagus, Philopœmen, Polybe, **ALEXANDRE.**	Constantin, Théodose, Saint-Chrysostôme, *Saint-Basile* Sainte-Pulchérie, Saint-Grégoire-le-Grand, Saint-Léon-le-Grand, **HILDEBRAND.**	Charles-Martel, Pépin, Richard Ier, *Robert* Jeanne d'Arc, Albuquerque, Bayard, *Walter Raleigh* **GODEFROI.**
15 16 17 18 19 20 21	Fo-hi, Lao-Tseu, Meng-Tseu, Les Théocrates du Thibet, Les Théocrates du Japon, Manco-Capac, *Toussaint-l'Ouverture* **CONFUCIUS.**	Ésope, *Pilpaï* Aristophane, Plaute, Ménandre, Térence, Lucien, **SOCRATE.**	Aristippe, Antisthènes, Zénon, Cicéron, Épictète, Tacite, *Arrien* **PLATON.**	Eudoxe, Pythéas, Aristarque, Ératosthène, Sosigène, *Pline-le-Jeune* Ptolémée, **HIPPARQUE.**	Junius-Brutus, Camille, *Arat* Fabricius, Annibal, *Mérope* Paul-Émile, *Régulus* Marius, **SCIPION.**	Saint-Antoine, Saint-Benoît, Saint-Boniface, *Saint-Austin* Saint-Isidore de Séville, Lanfranc, *Saint-Bruno* Héloïse, *Béatrice* **SAINT-BERNARD.**	Saint-Louis-le-Grand, *Léon IV* Raymond de Toulouse, *Pierre Damien* Sainte-Élisabeth de Hongrie, Blanche de Castille, Alfonso III, Saint-Ferdinand III, *Alphonse X* **INNOCENT III.**
22 23 24 25 26 27 28	Abraham, Joseph, Samuel, Salomon, *David* Isaïe, *Ovide* Saint-Jean-Baptiste, *Lucrèce* **MAHOMET.** *Méhémet III*	Ennius, *Lucrèce* Lucain, Horace, Tibulle, Ovide, Juvénal, *Pétrone* **VIRGILE.**	Xénocrate, Philon d'Alexandrie, Saint-Jean l'Évangéliste, Saint-Justin, Saint-Clément d'Alexandrie, Origène, *Tertullien* **PLATON.**	Varron, Columelle, *Vitruve* Strabon, Frontin, Plutarque, Pline, *Lucien* **PLINE L'ANCIEN.**	Auguste, Vespasien, Adrien, *Titus* Antonin, *Nerva* Papinien, *Marc-Aurèle* Alexandre-Sévère, *Ulpien* **TRAJAN.**	Saint-François-Xavier, *Ignace de Loyola* Saint-Charles Borromée, *Frédéric Borromée* Saint-Thérèse, *Sainte-Catherine de Sienne* Saint-Vincent de Paul, *Eudes de Mézeray* Bourdaloue, *Claude Fleury* William Penn, *St. Luc* **BOSSUET.**	Sainte-Clotilde, Sainte-Bathilde, *Ste-Mathilde-de-Toscane* Saint-Étienne de Hongrie, Saint-Élisabeth de Portugal, Saint-Éloi, Théodore Roëcke, *Alphonse X* **SAINT-LOUIS.**

Réd. : 24× [ruler 0-10]

CALENDRIER POSITIVISTE
POUR UNE ANNÉE QUELCONQUE
ou
TABLEAU CONCRET DE LA PRÉPARATION HUMAINE, destiné surtout à la transition finale de la République occidentale, formée, depuis Charlemagne, par la libre connexité des cinq populations avancées, française, italienne, espagnole, britannique et germanique.

[B]

Les quatre premières éditions de ce Calendrier furent publiées, avec le préambule intitulé *Système de commémoration*, en avril 1849, avril 1850, février 1851, et mai 1852 ; la cinquième, en août 1852, dans le *Catéchisme positiviste* ; et la sixième, en août 1854, dans le tome quatrième du *Système de politique positive*.

AVIS

Les noms inscrits en italiques désignent des adjoints, qui, dans les années bissextiles, remplacent les types correspondants.

	HUITIÈME MOIS **DANTE** L'ÉPOPÉE MODERNE	NEUVIÈME MOIS **GUTTEMBERG** L'INDUSTRIE MODERNE	DIXIÈME MOIS **SHAKESPEARE** LE DRAME MODERNE	ONZIÈME MOIS **DESCARTES** LA PHILOSOPHIE MODERNE	DOUZIÈME MOIS **FRÉDÉRIC** LA POLITIQUE MODERNE	TREIZIÈME MOIS **BICHAT** LA SCIENCE MODERNE
Lundi...... 1	Les Troubadours.	Marco-Polo.	Lope de Vega.	Albert-le-Grand.	Marie de Molina.	Copernic.
Mardi...... 2	*Chaucer.*	Jacques Cœur. *Gresham.*	Moreto. *Guillem de Castro.*	Roger Bacon. *Jean de Salisbury.*	Cosme de Médicis. *Isabelle.*	Tycho-Brahé. *Képler.*
Mercredi... 3	Boccace.	Népir.	Rojas.	Saint-Bonaventure. *Raymond Lulle.*	Philippe de Comines. *Guichardin.*	Bergmann.
Jeudi...... 4	Rabelais. *Bergues.*	Briggs.	Otway.	Joachim. *Le cardinal de Cusa.*	Isabelle de Castille.	Scheele. *Berg.*
Vendredi.. 5	Cervantes.	Lacaille.	Lessing.	Erasme.	Charles-Quint.	Priestley. *Cavendish.*
Samedi.... 6	La Fontaine. *Goldsmith.*	Coste. *Bréhalde.*	Goethe. *Schiller.*	Campanella.	Henri IV. *Sixte-Quint.*	Davy. *Wollaston.*
Dimanche.. 7	**ARIOSTE.**	Texman.	**CALDÉRON.**	**SAINT-THOMAS-D'AQUIN.**	**LOUIS XI.**	**GALILÉE.**
Lundi...... 8	Léonard de Vinci.	Bernardo Cellini.	Tirso.	Hobbes.	Coligny.	Viète.
Mardi...... 9	Michel-Ange. *Le Titien.*	Amontons. *Pierre Leroy.*	Vondel. *Wickerley.*	Pascal. *Giordano Bruno.*	Barneveldt. *L'Hôpital.*	Wallis. *Fermat.*
Mercredi.. 10	Paul Véronèse.	Harrison.	Racine.	Locke. *Malebranche.*	Gustave-Adolphe.	Clairaut.
Jeudi...... 11	Poussin.	Dollond.	Voltaire.	Vauvenargues. *Mme de Lambert.*	De Witt.	Euler. *Moyno.*
Vendredi.. 12	Velasquez. *Lesueur.*	Arkwright. *Jacquard.*	Métastase. *Schiller.*	Diderot. *Duclos.*	Ruyter.	D'Alembert. *Jean Bernouilli.*
Samedi.... 13	Téniers. *Rubens.*	*Jacquard.*	*Alfieri.*	Cabanis.	Lagrange.	
Dimanche. 14	**RAPHAËL.**	**VAUCANSON.**	**CORNEILLE.**	**Le Chancelier BACON.**	**GUILLAUME-le-Taciturne.**	**NEWTON.**
Lundi...... 15	Froissart.	Stévin.	Alarcon.	Grotius.	Ximénès.	Bergmann.
Mardi...... 16	Camoëns.	Mariotte.	Mme de Motteville. *Mme Roland.*	Fontenelle. *Vico.*	Sully. *Louis XIV.*	Priestley. *Berg.*
Mercredi.. 17	Les Romanciers espagnols.	Papin.	Lady Montague.	Vico. *Bergoulas.*	Colbert. *Mazarin.*	Cavendish.
Jeudi...... 18	Walter Scott. *Manzoni.*	Black.	Mme de Staël.	Herder. *Winckelmann.*	Walpole.	Guyton-Morveau. *Geoffroy.*
Vendredi.. 19	*Manzoni.*	Jouffroy.	Mme d'Epinay.	Boulanger. *Laurenton.*	D'Aranda.	Berthollet. *Fielding.*
Samedi.... 20		Fulton. *Trévithick.*	Fielding. *Richardson.*	Rabelais. *Scaliger.*	Pombal.	Berzelius. *Ritter.*
Dimanche. 21	**LE TASSE.**	**WATT.**	**MOLIÈRE.**	**LEIBNITZ.**	**RICHELIEU.**	**LAVOISIER.**
Lundi...... 22	Pétrarque.	Bernard de Palissy.	Pergolèse.	Hobbes.	Sidney.	Harvey.
Mardi...... 23	Th. à Kempis. *L'Aréopage.-Bacon.*	Stephenson. *Bulturi da Menezzi.*	Sacchini. *Gréty.*	Adam Smith. *Deseng.*	Franklin. *Bouquin.*	Ch. Bell. *Stahl.*
Mercredi.. 24	Mme de Lafayette.	Vauban. *Coulomb.*	Gluck.	Kant. *Fichte.*	Washington. *Kosciusko.*	Linné. *Vogel-Loyle.*
Jeudi...... 25	Klopstock. *Saint-François-de-Sales.*	Franklin. *Bougier.*	Lulli. *Beethoven.*	Condorcet. *Ferguson.*	Jefferson. *Madison.*	Haller. *Lowell.*
Vendredi.. 26	Byron. *Körner.*	Dalton. *Wedgwood.*	Händel. *Boccherini.*	Gall.	Bolivar.	Bichat. *Vicq-d'Azyr.*
Samedi.... 27	Élisa Mercoeur. *Wieland.*	Thilorier. *Vauban.*	Rossini. *Benedetti.*	Hegel. *Sophie Germain.*	Francia. *Toussaint-Louverture.*	Broussais. *Morgagni.*
Dimanche. 28	**MILTON.**	**MONTGOLFIER.**	**MOZART.**	**HUME.**	**CROMWELL.**	**GALL.**

Jour complémentaire................ Fête universelle des **MORTS.**

Jour bissextile........................ Fête générale des **SAINTES FEMMES.**

Réd. : 24x

0 1 2 3 4 5 6 7 8 9 10

ŒUVRES D'AUGUSTE COMTE
NOUVELLE ÉDITION EN PRÉPARATION
RÉIMPRESSION FAITE PAR LES SOINS DE SES EXÉCUTEURS TESTAMENTAIRES
SEULE ÉDITION CORRECTE ET SEULE AUTORISÉE

Système de Politique positive, ou Traité de Sociologie, instituant la religion de l'Humanité, 4 vol. in-8°......... **10 fr.**
Tome I (juillet 1851), contenant le *Discours préliminaire* et l'*Introduction fondamentale*;
Tome II (mai 1852), contenant la *Statique sociale* ou le *Traité abstrait de l'ordre humain*;
Tome III (août 1853), contenant la *Dynamique sociale* ou le *Traité général du progrès humain* (*Philosophie de l'histoire*);
Tome IV (août 1854), contenant le *Tableau synthétique de l'avenir humain*. Ce volume est terminé par un appendice général, qui reproduit tous les opuscules primitifs de l'auteur sur la philosophie sociale.
Catéchisme positiviste, ou sommaire exposition de la Religion Universelle, en onze entretiens systématiques entre une Femme et un Prêtre de l'Humanité (octobre 1852)... **1 fr.**
Appel aux conservateurs (août 1855).................. **1 fr.**
Synthèse subjective, ou système universel des conceptions propres à l'état normal de l'Humanité : tome I, contenant le *Système de Logique positive* ou *Traité de Philosophie mathématique* (novembre 1856)............................. **3 fr.**
Testament d'Auguste Comte avec les documents qui s'y rapportent. *Pièces justificatives, Prières quotidiennes, Confessions annuelles, Correspondance avec Mme de Vaux*. Publié par ses exécuteurs testamentaires, conformément à ses volontés (septembre 1884)....................................... **2^f,50**
Idem, édition de luxe, *en vente*...................... **10 fr.**
Correspondance générale. Publiée par ses exécuteurs testamentaires, conformément au paragraphe D de son *Testament* (sous presse).

Le premier grand ouvrage d'Auguste Comte intitulé : *Cours de Philosophie positive*, œuvre de jeunesse, publié de 1830 à 1842, ne figure pas sur cette liste.
On trouvera, dans la lettre d'Auguste Comte au Dr Audiffrent, page 293 de notre volume, les raisons qui nous ont empêché de l'y faire figurer.
Voir aussi deux mentions à ce sujet, pages 270 et 296.

52248. — TOURS. — IMPRIMERIE DESLIS FRÈRES, 6, RUE GAMBETTA.

www.ingramcontent.com/pod-product-compliance
Lightning Source LLC
Chambersburg PA
CBHW070905170426
43202CB00012B/2199